serie enfoques

Historia II

El mundo entre 1945 y el siglo XXI.
De la polarización a la globalización.

Nicolás Hochman

longseller
EDUCACIÓN

Coordinación editorial
Beatriz Grinberg

Edición
María Virginia de Haro

Diseño de maqueta
Pablo Balcells

Diagramación
Karina Hidalgo

**Diseño e ilustración
de tapa**
Sebastián Cremonese

Documentación fotográfica
María Lía Alagia

Fotografía
Archivo Longseller

Cartografía
Miguel Forchi

EDITORIAL LONGSELLER S.A.

Maza 163, piso 2/163
C1161PEU CABA Argentina
(5411) 4954-3724/5
promocion@longseller.com.ar
www.longseller.com.ar

Queda hecho el depósito que dispone la ley 11.723
Libro de edición argentina
El copyright y propológico la ley la reproducción total y parcial de esta
Obra, en cualquier forma, por medio o mecánico, electrónico, informático,
magnético o indirecto o cualquier cualquier otro sistema de almacenamiento
de información. Se aplican especialmente las rigurosas correspondiente contra
del autor o la los derechos reservados, es ilegal constituye un delito.

Bloque 5

La globalización
y las incertidumbres

La voz de los intelectuales
La palabra de prestigiosos especialistas en cada tema es citada textualmente favoreciendo un acercamiento a la lectura de textos académicos más complejos.

Texto central
Desarrolla los contenidos fundamentales, complementando la explicación con gráficos, mapas, fotos e ilustraciones que facilitan la comprensión y la contextualización de los temas.

Actividades
Cada tema se cierra con actividades que promueven tanto la revisión de los contenidos aprendidos como la reflexión y la discusión acerca de los mismos.

La voz de los protagonistas
Los testimonios de diversos actores de la época permiten un acercamiento mayor a la situación estudiada.

CONCENTRADOS EN LA LECTURA
La lectura de estos textos permite situarse en el marco del proceso histórico que se desarrollará en el capítulo.

ALGUNAS FECHAS PARA CONTEXTUALIZAR
Cada capítulo presenta en una página inicial los principales acontecimientos del período, ordenados por fecha.

ESTUDIO DE CASO
La presentación de un fenómeno específico dentro del contexto estudiado contribuye a la comprensión del proceso histórico. Las actividades proponen un análisis pormenorizado del caso y de su relación con el contexto.

TEMAS EN DEBATE
Presenta un tema desde la perspectiva de diferentes historiadores. Las actividades están orientadas a analizar las diversas posturas y elaborar hipótesis propias.

ACTIVIDADES DE INTEGRACIÓN
Se retoman todos los temas vistos en el capítulo propiciando la relectura de los mismos.

1

La posguerra

*... la ruina fue y sigue siendo un impulso
poderoso de la nostalgia.*

Andreas Huyssen

Latinoamérica durante
la Segunda Guerra Mundial

Uno de los efectos económicos del conflicto mundial, a partir de 1939, fue el alza de los precios de materias primas directa o indirectamente empleadas en el esfuerzo bélico de las potencias en guerra. Los países latinoamericanos productores y exportadores de tales materias primas disfrutaron de un incremento considerable de sus ingresos nacionales, elevándose junto con ellos su ritmo productivo y su nivel de vida.

Más importante aún fue el impacto positivo que tuvo sobre las economías latinoamericanas la brusca disminución de ciertas exportaciones norteamericanas y europeas. (...) Latinoamérica se vio forzada, por las circunstancias, a iniciar un rápido proceso de sustitución de importaciones en una amplia gama de renglones.

(...) Se trataba de un proceso de industrialización autónomo. La escasez de bienes importados estimuló la creatividad de los países de América Latina. Surgieron burguesías nacionales industriales y se fortalecieron los núcleos empresariales progresistas ya existentes. Al mismo tiempo, creció y se desarrolló cualitativamente la clase obrera industrial, minera y de

Fábrica militar de aviones en Córdoba, en la década de 1940.

servicios en todo el continente latinoamericano. Asimismo, creció el número y la diversidad de profesionales y técnicos, integrantes de una clase media no tradicional, de mentalidad renovadora.

Por su misma naturaleza, esos nuevos grupos sociales ascendentes eran portadores de ideas democráticas y liberadoras. A los factores objetivos se sumó, además, el impacto ideológico internacional de la guerra antifascista. El ejemplo de la lucha de las potencias aliadas y la resistencia de los pueblos ocupados por fuerzas fascistas inspiró a los latinoamericanos un sentimiento de rebeldía contra las dictaduras, el imperialismo y las oligarquías.

Demétrio Boersner, *Relaciones internacionales de América Latina*, México, Nueva Imagen, 1982.

9

Investiguen qué es un proceso de sustitución de importaciones. ¿A qué se refiere el autor cuando señala que Latinoamérica se vio obligada a implementarlo durante la guerra en Europa?

Algunas fechas para contextualizar

Mahatma Gandhi.

Ernesto "Che" Guevara.

1927-1950	Guerra Civil China
1944	Creación del Banco Mundial
1945	Conferencia de Yalta
	Fin de la Segunda Guerra Mundial
	Creación de las Naciones Unidas (ONU)
	Creación del Fondo Monetario Internacional (FMI)
	Movimiento del 17 de Octubre (Argentina)
1945-1954	Guerra de Indochina
1946-1952	Primera presidencia de Perón (Argentina)
1947	Independencia de la India y Pakistán
	Se anuncia el Plan Marshall
	Se decreta el voto femenino en la República Argentina
1948	Creación del Estado de Israel
	División de Alemania
	Asesinato de Gandhi (India)
1948-1994	Instauración del apartheid en la República de Sudáfrica
1949	Creación de la OTAN
1949-1976	Presidencia de Mao Tse-Tung (China)
1952-1955	Segunda presidencia de Perón (Argentina)
1952	Batista toma el poder en Cuba
1953	Fidel Castro lidera un fallido ataque contra Batista (Cuba)
1954-1962	Guerra de Argelia
1955	Creación del Pacto de Varsovia

Naciones Unidas.

"Para uso exclusivo de personas blancas". Cartel en un espacio público de Sudáfrica.

Visión de paralaje

La palabra "paralaje" viene del griego, y su significado se relaciona con la idea de cambio o diferencia. Inicialmente, el concepto surgió de la mano de la Astronomía y hacía referencia a la diferencia entre las posiciones aparentes que un astro tiene en el espacio, según el punto desde donde se lo mire. Un ejemplo sencillo podría ser el hecho de enfocar un objeto específico que se encuentre a determinada distancia y sostener el dedo índice hacia él. Luego, al cerrar alternativamente un ojo y otro, se verá cómo el dedo y el objeto varían en su relación espacial. Es decir, se notará que, de acuerdo con el ángulo desde el cual se observe, su posición será una u otra.

Con los años, el término fue incorporado por la Fotografía y los estudios de Óptica. En otro ejemplo sencillo, la paralaje aparece en las cámaras de fotos con rollo, en las que el fotógrafo mira por un visor ubicado generalmente arriba, a la izquierda, estando la lente en el centro del aparato. Esa distancia entre un punto y otro es precisamente la visión de paralaje, que marca una desviación angular con respecto a un objeto determinado, de acuerdo con la perspectiva desde la cual se lo mire.

Cuando un investigador analiza fenómenos sociales, la paralaje siempre se halla presente. En mayor o menor medida, desde un ángulo u otro, con más o menos riesgo de error, la paralaje siempre está, porque es propia de la condición humana. Porque sujeto y objeto se encuentran unidos pero separados. Por supuesto, esto no impide que los trabajos sobre dichos fenómenos sociales se realicen; de hecho, en muchísimas ocasiones los resultados obtenidos son asombrosos. Sin embargo, y a menos que el investigador o el fotógrafo se quieran dejar llevar por los caminos del azar, deben tener en cuenta esa paralaje a la hora de iniciar su labor. Aceptar que esa brecha está ahí, que esa brecha existe, es fundamental para obtener resultados que se acerquen a lo esperado.

Cada historiador, cada analista económico, cada persona que escribe un libro, cada profesor y cada estudiante tienen sus propias paralajes. No hay ninguna que sea verdadera. Lo que puede ocurrir es que algunas estén más o menos centradas que otras, o que vean el mismo fenómeno o proceso desde lugares diferentes. Por eso es tan importante el debate, ya que mediante él las personas pueden empezar a entender la perspectiva de los demás, y modificar la suya a partir de eso.

Actividades

- Elijan cualquier noticia trascendente de actualidad de un diario y comparenla con la información que brinda otro periódico sobre ella. ¿Cuál es la paralaje de cada medio de comunicación? ¿Esto también aparece en la televisión? ¿Y en la escuela? ¿Por qué?

Consecuencias de la Segunda Guerra Mundial

La Segunda Guerra Mundial dejó como saldo la muerte de más de cincuenta millones de personas. A esa cifra se sumaron muchos otros millones de heridos, daños materiales incalculables en media Europa y gran parte de Asia, un precario equilibrio político internacional y un sistema económico mundial en crisis. Para 1945 estaban enormemente afectados los medios de transporte, las rutas comerciales y las industrias, y las epidemias amenazaban con convertirse en un problema muy serio.

Conferencia de Yalta.

Fue un momento en el que el mapa político cambió completamente. Si antes de la guerra las principales potencias eran Inglaterra, Francia y Alemania, tras los enfrentamientos en campo europeo y las consecuencias económicas que esto aparejó, se consolidaron como potencias hegemónicas Estados Unidos y la Unión Soviética, es decir, Rusia y los estados adheridos tras la revolución comunista de 1917.

Para hacer frente a las consecuencias desastrosas de la guerra y trazar las líneas de los nuevos planes a seguir, los principales líderes mundiales tuvieron una serie de reuniones en las que comenzaron a delinear las acciones futuras. Uno de estos encuentros, la Conferencia de Yalta, reunió a tres de los gobernantes más importantes del momento: Franklin Roosevelt por Estados Unidos, Winston Churchill por Inglaterra y Iosif Stalin por la URSS (Unión de las Repúblicas Socialistas Soviéticas). Entre otras cosas, se decidió crear un órgano de control internacional, las Naciones Unidas (ONU), del que finalmente la URSS no participó. También se resolvió exigir a Alemania el desarme militar; la partición de su territorio, dividiéndolo en varias zonas, que serían controladas por las principales potencias; y la indemnización por las pérdidas ocasionadas por la guerra.

Implícitamente, sin embargo, lo que empezó a definirse en esa reunión fue la partición del mundo en un sistema capitalista y otro comunista, con las nuevas consecuencias que eso traería de allí en más.

Actividades

- Debatan qué posición en el mundo comenzaron a ocupar Estados Unidos y la URSS, y a qué se debió ese cambio.
- Relacionen este nuevo posicionamiento con los sucesos ocurridos en la Conferencia de Yalta.

Los juicios de la posguerra

Otra de las consecuencias de la Conferencia de Yalta fue que, apenas terminó la guerra, se inició una "desnazificación" en Alemania, que tenía como objetivo enjuiciar a todos los criminales de guerra que, de un modo u otro, habían participado en el genocidio judío y el asesinato de otros millones de personas, ya fuera porque eran gitanos, gitanos, comunistas, negros, homosexuales o, simplemente, por no apoyar abiertamente las medidas del Estado nazi.

Estos juicios, que comenzaron en la ciudad de Núremberg, fueron muy diferentes de los que se suelen ver en los diarios o en películas. No se trataba de un juicio organizado desde un Estado hacia un individuo que había cometido algún tipo de delito, sino que un tribunal internacional dictaminaba sobre cientos de personas acusadas, con miles de testigos. Los máximos jerarcas nazis recibieron condenas que iban de unos pocos años de prisión hasta la pena de muerte. Otros fueron absueltos, y algunos consiguieron escapar.

Entre estos últimos estaba Adolf Eichmann, quien fue el responsable de implementar la "solución final"; es decir, era el encargado de la organización y logística del Holocausto. Eichmann había conseguido huir de Alemania y se encontraba refugiado en la Argentina, hasta que en el año 1962 fue capturado por el servicio secreto israelí, y trasladado hasta Israel, donde se inició otro de los juicios más importantes y simbólicos del siglo XX.

En dicho juicio, Eichmann se defendió argumentando que él no deseaba que ocurriera nada de lo que había pasado, sino que, simplemente, recibía órdenes y se limitaba a cumplirlas, como parte de sus tareas militares. Lejos de ser un fanático nazi, perverso y con un ferviente deseo de generar muertes, Eichmann era un ser humano de trato agradable y hasta amigable, que probablemente en otras circunstancias no hubiera hecho nada de lo que hizo. Sin embargo, su responsabilidad inexcusable en el asesinato de millones de seres humanos lo llevó a ser condenado a muerte. Esto encendió una viva polémica, que aún hoy no ha sido saldada: la filósofa alemana Hannah Arendt planteó, tras estudiar detenidamente el caso Eichmann, la hipótesis de "la banalidad del mal". Esta teoría consiste en admitir que lo que suele denominarse "el mal" no necesariamente está encarnado en individuos enfermos, psicópatas o monstruosos, sino que, por el contrario, como en el caso analizado, puede ser llevado a cabo por burócratas que no miden las consecuencias de sus actos, que no buscan ser crueles, o que simplemente cumplen órdenes, pero que, sin embargo, ocasionan desgracias, como lo fue el genocidio judío.

Juicios de Núremberg.

Una nueva estrategia económica

Cuando terminó la Primera Guerra Mundial y Alemania debió negociar los costos políticos, sociales y económicos con los países vencedores, estos fueron implacables. Para evitar que Alemania volviera a alzarse en su contra, pusieron en práctica una serie de medidas denigrantes que tenía como fin debilitar al Estado agresor. Le aplicaron castigos económicos muy severos, que tuvieron como consecuencia una crisis sin precedentes, que trajo consigo desocupación, hambre y una pobreza generalizada en toda Alemania. Esta fue una de las causas del ascenso del nazismo y de Hitler al poder, ya que prometían venganza por las humillaciones recibidas. Por supuesto, la llegada de Hitler estuvo también

George Marshall, Secretario de Estado estadounidense.

relacionada con otras cuestiones, especialmente ideológicas e históricas, que complicaban la situación política desde finales del siglo XIX.

Cuando la Segunda Guerra llegó a su fin, los líderes mundiales habían aprendido la lección. Lo que necesitaban no era un conflicto similar otra vez, sino tranquilidad, equilibrio y paz mundial, para poder desarrollar libremente sus intereses económicos, y que estos no se vieran interrumpidos por guerras, países agresores ni crisis financieras. Así nació el Plan Marshall, coordinado por Estados Unidos y destinado a otorgar ayuda económica a los países europeos que sufrían las consecuencias de la guerra.

Surgieron también nuevas estrategias económicas, que buscaban consolidar esas mismas ideas. En esta época se crearon el Fondo Monetario Internacional y el Banco Mundial, ambas instituciones, que continúan funcionando, tienen, teóricamente, como objetivo facilitar el comercio internacional y reducir la pobreza en el mundo, aunque en lo concreto terminan siendo funcionales a un sistema político-económico que, por el contrario, busca monopolizar las decisiones financieras de los gobiernos estatales. En la práctica, esto se traduce en obligar (o convencer) a algunos gobernantes a seguir los métodos propuestos por dichos entes financieros, a cambio de otorgarles préstamos que sirvan a su vez para pagar las deudas contraídas, generando, de esta manera, un aumento sistemático de la pobreza.

Para sostener ese sistema económico, la ONU creó un organismo llamado OTAN (Organización del Tratado del Atlántico Norte), que consistía en una alianza no solo política, sino también militar, para defender el modelo capitalista de posibles ataques de la Rusia comunista. A su vez, la URSS creó una organización similar, el Pacto de Varsovia, que nucleaba militarmente a todos los países en los que el Partido Comunista tenía preponderancia.

La Guerra Fría

Se dio el nombre de Guerra Fría al conflicto ideológico entre el bloque capitalista, liderado por Estados Unidos, y el bloque comunista, comandado por la Unión Soviética, que se desarrolló entre 1945 (finalizada la Segunda Guerra Mundial) y 1991, cuando la URSS se desmembró. Los problemas, derivados de la intención de imponer al resto del mundo sus respectivos modelos de gobierno, involucraron tanto áreas políticas como económicas, sociales, militares, culturales, informativas y tecnológicas, y se convirtieron en el eje más importante de la segunda parte del siglo XX.

Pese a que nunca existió un enfrentamiento armado entre la URSS y Estados Unidos, esa posibilidad siempre se mantuvo latente, motivando que se denominara a ese periodo "Guerra" junto al adjetivo "fría". Donde sí hubo permanentes conflictos armados fue entre diferentes países apoyados por estos Estados, que se enfrentaron en guerras más tradicionales en todo el mundo, amenazando con producir una Tercera Guerra Mundial. O al menos así lo vivían las sociedades en el planeta a lo largo de esos años.

Bloques enfrentados en la Guerra Fría y países neutrales

La voz de los intelectuales

La Guerra Fría presenta tres rasgos principales: una incompatibilidad total entre dos sistemas agrupados alrededor de dos ciudadelas, Estados Unidos, escudo del mundo occidental, y la URSS, defensora de las comunidades socialistas, una imposibilidad de desarrollar hasta el fin la lógica del conflicto, a partir del momento en que los dos sistemas centrales están equipados con armas nucleares, una propensión a utilizar estrategias indirectas para desestabilizar al otro. La Guerra Fría no desemboca, como los conflictos anteriores, en la eliminación del adversario.

J. González, *Historia del mundo contemporáneo*, Barcelona, Edebé, 2001.

Actividades

- Elaboren una definición personal de lo que fue la Guerra Fría.
- En un planisferio político marquen con colores diferentes los países que desarrollaron sistemas capitalistas y los que desarrollaron sistemas comunistas durante este periodo.

La hegemonía de Estados Unidos

A fines del siglo XIX Estados Unidos comenzaba a consolidarse como un país económicamente promotedor. Desde ese momento hasta la Segunda Guerra Mundial, comenzó a tener cada vez mayor peso en las decisiones internacionales. Sin embargo, fue recién a partir de entonces que su economía dio un salto gigantesco y el país se transformó en la potencia política, económica y militar más grande de la Tierra. ¿A qué se debió esto? A una suma de factores.

En primer lugar, a una organizada y detallada planificación y especulación por parte de su clase dirigente, ya desde la independencia de Inglaterra, en 1776. Segundo, a que la Guerra Mundial no afectó su territorio, pues las batallas se libraron siempre fuera de las fronteras de América. Esto no es un dato menor, ya que, si bien hubo muchas muertes y los costos económicos y sociales fueron altos, no tuvieron ciudades bombardeadas ni destruidas totalmente por ejércitos enemigos, como sí ocurrió en gran parte de Europa.

Estados Unidos era un país abocado cada vez más a las industrias. Cuando la Segunda Guerra Mundial estalló, muchas de ellas se reconvirtieron para comenzar a fabricar armas y vehículos militares, que potenciaron aún más sus ingresos. Además, ante la desaparición temporal de las industrias en Europa, Estados Unidos proveyó a países como Inglaterra y Francia, cobrándoles luego aquellas exportaciones con elevados intereses. De la misma manera, se otorcieron créditos financieros que también tenían tasas muy beneficiosas. A todo esto se sumó el crecimiento de la población, la fabricación de objetos de consumo y el desarrollo de nuevas tecnologías que estaban al alcance de muchas más personas.

Treinta años después, Estados Unidos había conseguido duplicar su riqueza e imponer en el plano internacional no solo sus decisiones políticas y su sistema económico, sino también las modas, las vanguardias artísticas, el cine de Hollywood y toda una forma de vida que hasta ese momento no se había popularizado: las comidas rápidas, los electrodomésticos, el dólar, etcétera.

Tío Sam. Representación gráfica del Gobierno de Estados Unidos.

Actividades

• ¿Cuáles fueron los motivos por los que Estados Unidos se convirtió en la primera potencia mundial? Reflexionen acerca de las consecuencias de este posicionamiento.

La caza de brujas

La década de 1950 fue uno de los momentos de apogeo de la Guerra Fría; mientras Rusia realizaba experimentos con la bomba atómica, Mao llegaba al poder en China, comenzaba la guerra de Corea y en Estados Unidos el clima ideológico era cada vez más tenso.

En ese contexto se hizo famoso un senador republicano llamado Joseph McCarthy, que comenzó a denunciar complots dentro del Gobierno estadounidense. Sus acusaciones de espionaje, traición, infiltración soviética o simpatía con el comunismo se hicieron populares en muy poco tiempo, y el apoyo de gran parte de la sociedad lo colocó en un lugar de poder sin precedentes. McCarthy se hizo cargo de la recientemente creada Comisión de Actividades Antiamericanas, que tenía como objetivo investigar y denunciar a cualquier ciudadano que viviera en Estados Unidos y pudiera ser un comunista encubierto.

Joseph McCarthy, senador republicano estadounidense.

De esta manera se inició una "caza de brujas", en la que, sistemáticamente, políticos, artistas y ciudadanos eran denunciados, enjuiciados y sentenciados con penas que podían ir desde la cárcel o la expulsión de sus trabajos hasta el destierro. Algunas de las víctimas del *macartismo* fueron Bertolt Brecht, considerado uno de los escritores y directores teatrales más importantes del siglo xx; directores de cine como Frank Capra y Elia Kazan; escritores como Howard Fast y Dashiell Hammett, uno de los "padres" de la novela negra policíaca; actores como Charles Chaplin, y científicos como Robert Oppenheimer, creador de la bomba atómica. Todos ellos, junto con otros miles de personas, fueron acusados de comunistas, que era uno de los crímenes más graves que se podían cometer en los Estados Unidos, en 1950.

Además de las denuncias, McCarthy intervenía activamente en la censura de la prensa, las películas y las publicaciones escritas. Así, fueron retirados de librerías y bibliotecas más de treinta mil libros que supuestamente eran afines al comunismo. Uno de ellos, por ejemplo, el clásico *Robin Hood*.

Actividades

- Definan lo que fue el *macartismo* en relación con su contexto sociopolítico.
- Establezcan las principales causas por las cuales su desarrollo tuvo tanta repercusión en Estados Unidos.

Stalin y la Unión Soviética

Cuando en 1917 estalló la Revolución rusa, los simpatizantes del comunismo eran unos pocos miles de personas. Tras una guerra civil, triunfó el sector más radical de los revolucionarios, el de los bolcheviques, quienes se instalaron en el poder con Lenin como líder político absoluto. A partir de entonces el comunismo avanzó rápidamente no solo en Rusia, sino también en otros países vecinos, y así se formó la Unión de las Repúblicas Socialistas Soviéticas, conocida por su sigla: URSS.

En 1924 Lenin murió, y tras un enfrentamiento interno entre sus sucesores, Iósif Stalin consiguió imponer su liderazgo en el Partido Comunista y en la dirección de la URSS. Su mandato, que se extendió hasta su muerte en 1953, estuvo caracterizado por un fuerte autoritarismo, una sangrienta represión hacia cualquier tipo de oposición interna, el triunfo sobre la Alemania de Hitler y el crecimiento económico gigantesco que tuvo la URSS durante ese período.

Iósif Stalin, líder del Partido Comunista soviético.

En esos años se construyeron en Rusia campos de trabajo forzado, llamados gulags, que estaban ubicados generalmente en zonas desérticas o de fríos extremos, como Siberia, adonde eran destinados todos aquellos que representaran una amenaza para la puesta en práctica de las ideas de Stalin. Esto era válido tanto para los presos de guerra como para los súbitos no comunistas, pero también para los miembros del Partido que no se sometían a sus órdenes. Estos ámbitos eran similares en muchos aspectos a los campos de concentración nazis.

Prisioneros abriendo el Bielomorkanal, 1931-1933.

Paralelamente, la URSS experimentó un crecimiento industrial sin precedentes, elevándose el nivel de vida de sus habitantes y convirtiéndose en la principal potencia económica, política y militar de su época, junto con Estados Unidos. En cuanto a la política internacional, Stalin creó una enorme línea de Estados que constituían un "cordón sanitario": países que separaban a la Unión Soviética comunista del mundo occidental capitalista. Estos países, también llamados "satélites" por girar siempre alrededor de la URSS, eran técnicamente libres e independientes, pero en la realidad dependían de las decisiones de Stalin. Entre ellos estaban Alemania Oriental, Hungría, Checoslovaquia, Bulgaria, Rumania, Polonia, Yugoslavia y Albania.

Actividades

- Investiguen cuál fue el rol de Iósif Stalin en la URSS y por qué era tan temido por todo su entorno.
- Debatan acerca de cuáles fueron los posibles motivos por los que fue duramente criticado.

La Guerra Civil China

Durante milenios, China fue gobernada por dinastías imperiales que, a finales del siglo XIX, comenzaron a perder prestigio y apoyo social, político, económico y militar. A principios del siglo XX una revolución derrocó a la última dinastía china, la Qing, e instaló en su lugar una república parlamentaria. La naciente República China poseía características mucho más modernas que la China imperial, lo cual era muy mal visto por las clases conservadoras. En poco tiempo el país se dividió, y el norte quedó ocupado, precisamente, por esas fuerzas tradicionalistas, conocidas como "los señores de la guerra".

Para enfrentar esta situación, se creó el Kuomintang, o Partido Nacionalista Chino, que poco después de su fundación comenzó a ser liderado por un militar llamado Chiang Kai-shek. Si bien el Kuomintang no era de ideología comunista, recibió el apoyo de la Unión Soviética, que veía con buenos ojos la guerra contra los conservadores del norte de China, es decir, en el límite con Rusia. La alianza entre el Kuomintang y el Partido Comunista Chino duró poco. Una vez que los señores de la guerra fueron sometidos, Chiang Kai-shek rompió con el comunismo, que intentaba alcanzar la revolución mediante el levantamiento de los trabajadores asalariados en las ciudades. Se instaló entonces una persecución hacia los comunistas, se arrestó a muchos de ellos y se organizaron fusilamientos masivos.

Escapando del Kuomintang, Mao Tse-Tung, el futuro líder de la China comunista, llegó a recorrer a pie, junto con su ejército, doce mil kilómetros en poco más de un año, trasladándose por áreas rurales alejadas de las grandes ciudades y que no eran controladas por el Gobierno. Mientras transcurría la Larga Marcha, el Partido Comunista Chino decidió modificar su estrategia para vencer al Kuomintang. Aprovechando la cercanía con los campesinos, que constituían el 90% de la población china, de casi 500 millones de habitantes en ese momento, los revolucionarios optaron por dejar de lado los enfrentamientos tradicionales, y se centraron en una guerra de guerrillas. Esto significó que no se luchaba abiertamente contra el oponente, sino que se libraban pequeños choques aislados, que buscaban mermar sus fuerzas poco a poco.

Chiang Kai-shek, líder del Partido Nacionalista Chino.

En 1949, tras un marcado desgaste de su influencia, Chiang Kai-shek debió abandonar la capital y dirigirse con sus soldados a la isla de Taiwán, donde se exilió y permaneció hasta su muerte. Luego de eso, Mao Tse-Tung proclamó la República Popular China, de rasgos comunistas, que se mantiene hasta hoy.

Pese a las muchas modificaciones que experimentó el régimen comunista en China, la figura de Mao continúa siendo fundamental para explicar la historia política y económica del siglo XX.

Mao y la República Popular China

El principal objetivo que tenía Mao cuando llegó al poder era la reconstrucción de China, enormemente dañada por los conflictos internos y externos de esos últimos años. En el plano político organizó, apoyado por la URSS, una democracia que se basaba en la unión de las cuatro clases sociales que él consideraba revolucionarias: obreros, campesinado, pequeña burguesía y burguesía nacional.

En lo económico dispuso cambios aún más importantes, expropiando tierras a los grandes terratenientes y redistribuyéndolas entre los campesinos. Con la ayuda de técnicos soviéticos, ideó una serie de planes económicos que buscaban convertir a China en una potencia mundial. Sin embargo, los resultados no fueron los esperados. El Gran Salto Adelante (nombre que se le dio a esta etapa) intentó industrializar el país a través de un rápido crecimiento sostenido que ocurrió tal como estaba planeado. Pero lo que los economistas

Bandera de la República Popular China.

no habían proyectado era que ese mismo crecimiento produciría altos índices de superpoblación en las ciudades, que no estaban preparadas para recibir y ubicar a tantas personas. Las nuevas planificaciones no habían tenido en cuenta al campesinado, y, por consiguiente, la agricultura tampoco se encontraba preparada para producir la cantidad de alimento necesaria.

En pocos años se produjo una crisis gigantesca, en la que alrededor de treinta millones de personas murieron por desnutrición. La URSS, ideóloga de la planificación, vio erosionadas sus

Mao Tse-Tung, Presidente de China comunista (1949-1959).

relaciones con China, que a partir de entonces comenzó a despegarse del modelo ruso. Mao, presidente de China hasta ese momento, debió dar un paso al costado y aceptar que el control político quedara en manos de otros dirigentes más moderados, que no apoyaban sus medidas y buscaban realizar una serie de reformas que se alejaban del comunismo mediante el cual él había llegado al poder.

Sin embargo, Mao no se retiró de la vida pública, sino que continuó siendo presidente del Partido Comunista Chino, desde donde ideó una nueva forma de regresar al poder.

Actividades

• Investiguen la historia de la bandera utilizada en China a partir de la llegada de Mao al poder. ¿Qué significados tienen los colores y las estrellas? ¿Qué semejanzas tiene con la bandera de la URSS y por qué? ¿Actualmente se sigue utilizando?

La Revolución cultural

En el año 1966 Mao encontró la manera de volver a convertirse en la primera figura política de China. El Partido Comunista, que él dirigía, inició una campaña de masas llamada Revolución cultural, desde la que se acusaba a diferentes líderes políticos e intelectuales de ser contrarrevolucionarios y querer convertir el país al sistema capitalista. A tales fines se creó la Guardia Roja, compuesta por jóvenes militares que se encargaban de buscar y castigar a estos "traidores", haciendo justicia por mano propia.

Con los medios de comunicación orientados en esta dirección, el apoyo del Ejército y el silenciamiento forzado de los intelectuales y opositores a Mao, el Partido Comunista se ocupó de reformular todos los contenidos de la educación. Se suprimieron los exámenes de ingreso a la universidad, se enfatizó la ideología por encima de la ciencia y el intelecto y se inició una feroz crítica a la tradición en todo lo que estuviera relacionado con los usos, las costumbres, las modas, la cultura, la escritura, la religión y el pensamiento anteriores a la China comunista, dejando como consecuencia la destrucción de obras de arte, libros, templos y otros edificios simbólicos. Por otra parte, la figura de Mao se exaltó hasta ser convertida en un icono, y comenzó a distribuirse el Pequeño Libro Rojo de Mao, que contenía citas y discursos suyos, tendientes a adoctrinar a las masas. Se estima que, desde sus primeras impresiones hasta hoy, el libro cuenta con alrededor de 900 millones de copias, cifra solo superada por la Biblia.

En cuestión de meses, la situación se descontroló y la violencia política se convirtió en algo cotidiano. Poco después, Mao le pidió al Ejército que reprimiera a la Guardia Roja y reinstalara el orden, y si bien la Revolución cultural terminó formalmente en 1969, continuó extendiéndose hasta la muerte de Mao, en 1976, y la transición política, económica y social que se inició entonces.

Sus casi treinta años de gobierno dejaron como saldo una cifra de entre 13 y 70 millones de muertos por enfrentamientos político-ideológicos (los historiadores no consiguen ponerse de acuerdo en tamaña diferencia). A la vez, se duplicó la esperanza de vida, que pasó de 32 a 65 años, y de 1949 a 1970 la tasa de alfabetización subió del 15% al 80%. Se redujo la mortalidad infantil, y China comenzó a ser considerada una potencia mundial, respetada y temida no solo por sus ejércitos y el poder económico, sino también por una ideología que fue reproducida, con evidentes modificaciones, en Asia, África y América: el maoísmo.

Actividades

- Investiguen de qué manera se implementó la guerra de guerrillas en América Latina y escriban un informe con todos los datos recabados.
- Busquen fuentes en las que se explicite la influencia del maoísmo en las luchas revolucionarias de América Latina y escriban un breve informe.

El proceso de las descolonizaciones

Se hace referencia a la "descolonización" porque, luego de la Segunda Guerra Mundial, muchos países que hasta ese momento eran parte de imperios europeos consiguieron su independencia. Y se habla de "proceso" porque las descolonizaciones se extendieron a lo largo de muchos años y afectaron a una gran parte del mundo, llegando sus consecuencias diversas hasta nuestros días, cuando muchos de esos conflictos aún no terminaron de ser resueltos.

Las descolonizaciones fueron posibles porque ni Estados Unidos ni la URSS (los principales actores políticos del período) estaban interesados en mantener ese sistema. Pero también porque las potencias imperialistas, poseedoras de colonias en otros continentes, atravesaban por un momento en el que mantener aquellas posesiones traía más problemas y gastos que beneficios. En ese mismo contexto, surgieron, en muchas partes del mundo, movimientos nacionales independentistas que luchaban en guerras de liberación.

La voz de los intelectuales

La descolonización constituye un proceso histórico de difícil acotación cronológica, pues si bien es indudable que ha tenido su máximo desarrollo entre 1947 y 1965, no puede afirmarse que se inicie y se extinga en las décadas siguientes a la Segunda Guerra Mundial. Antes bien, es más adecuado comprender el proceso de las independencias como una constante histórica vinculada a cada uno de los episodios coloniales desde el inicio de la Edad Moderna. En 1975, con la independencia de las últimas colonias, las del imperio portugués, concluía el ciclo colonial abierto a finales del siglo XV, el de los llamados "imperios marítimos europeos". Dadas las características de estos imperios –especialmente el británico y el francés–, resulta sorprendente la aparente celeridad con la que se desmoronaron.

(...) Los procesos de independencia de las primeras etapas de la historia poscolonial estuvieron marcados por una fuerte carga personalista y por una acentuada tendencia hacia el dirigismo y las constricciones. (...) A pesar de la facilidad con la que estos líderes elevaban discursos plenos de nacionalismo y de anticolonialismo, a pesar de que por la mayoría de los jóvenes países las conductas comerciales habían recibido duros reveses al ser nacionalizados por los gobiernos, el modelo de desarrollo económico, político y social de las nuevas naciones se construía sobre los pilares occidentales del liberalismo en el que habían sido formadas las elites afroasiáticas.

(...) Casi cualquier pretexto fue suficiente para que estallaran guerras interétnicas y entre vecinos (véase el caso aún hoy abierto de la India y Paquistán). Las fronteras trazadas por la colonización se transformaron en áreas para el enfrentamiento entre las nuevas naciones antes que para el encuentro y la construcción.

Montserrat Huguet, "El proceso de las descolonizaciones y los nuevos
protagonistas", en A. Gologol, J.; Buchrucker, C. y J. Saborido (comps.),
El mundo contemporáneo: historia y problemas, Barcelona, Biblos-Crítica, 2001.

Los movimientos tercermundistas

A partir de la finalización de la Segunda Guerra Mundial, y con el comienzo de la Guerra Fría, el planisferio quedó dividido simbólicamente en dos: el Occidente capitalista y el Oriente comunista, dos mundos antagónicos. En la práctica esto no era tan esquemático, ya que muchos países de Occidente estaban muy cerca del comunismo, y viceversa. Estos Estados, además de no pertenecer a un modelo socio-político-económico-militar absolutamente definido, se caracterizaban por no ser demasiado ricos y por tener fluctuaciones permanentes. Como representaban una alternativa a ese universo bipolar propuesto por la URSS y Estados Unidos, se los denominó "Tercer Mundo". Esta posición estuvo constituida por naciones de Asia y África, en un comienzo, y luego también por países de América y de Europa del Este.

La mayoría de los países que lo conformaban habían conseguido su independencia muy poco tiempo atrás y todavía estaban inmersos en las transiciones del proceso de descolonización. Esto favoreció el surgimiento de líderes y facciones nacionalistas, que luchaban contra la opresión de los dos grandes bloques de poder y buscaban el apoyo internacional de otros países en circunstancias similares.

Dentro de estos estados se vivían, como sigue sucediendo hoy, permanentes conflictos relacionados con cuestiones políticas e ideológicas, pero también con variables económicas, problemas fronterizos y luchas sociales internas, muchas veces étnicas, raciales o religiosas. Todas estas diferencias hicieron que con frecuencia las luchas de independencia, impulsadas por los movimientos tercermundistas, terminaran en graves enfrentamientos internos, pobreza extrema, guerras civiles, etcétera.

Mapa del proceso de descolonización de África

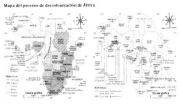

Independencia de la India y Pakistán

Para la misma época en que Colón llegaba a América y comenzaba la etapa de la Conquista, a fines del siglo XV, los europeos también desembarcaban en otros continentes con el mismo objetivo. En la India fueron los comerciantes los primeros en llegar. Los británicos se establecieron allí a mediados del siglo XVII, y en 1757 comenzaron a reinar de manera efectiva, luego de una invasión armada del ejército. De este modo la India, de extensos territorios, millones de habitantes y una enorme riqueza, empezó a ser parte del Imperio británico, del mismo modo que el actual territorio de la Argentina, por ejemplo, lo era del Imperio español.

Las primeras guerras de independencia comenzaron a mediados del siglo XIX, pero es recién con la finalización de la Segunda Guerra Mundial que la India consiguió expulsar a los británicos de su territorio. El líder de este movimiento fue Mahatma Gandhi, quien estaba en contra de la violencia y las revoluciones armadas. En 1947 la India se independizó, pero, pese a las propuestas de Gandhi, asesinado un año más tarde, la violencia se convirtió en el actor principal.

El problema más serio que aparecía tras la independencia era de origen religioso, ya que en el territorio convivían muchas religiones, siendo las principales el hinduismo y el islam. El fanatismo religioso, junto con algunas acciones políticas y conveniencias económicas, hicieron que el territorio se fraccionara entre la India (principalmente hinduista, aunque con otras religiones incluidas) y Pakistán (musulmán). Esta división produjo una serie de enfrentamientos que aún se mantienen en la actualidad, y causó alrededor de 500.000 muertos en los primeros años, tres guerras y la permanente migración de un lugar a otro por parte de millones de personas.

Mapa de descolonización en Asia

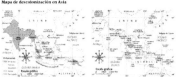

- Reflexionen y debatan entre ustedes acerca de cómo afectó el proceso de descolonizaciones a los países recientemente independizados.
- Observen los mapas de África y Asia, antes y después del proceso de descolonizaciones, y luego distingan los grandes cambios que se pueden apreciar en ellos.

Creación del Estado de Israel

La historia del pueblo judío tiene más de tres mil años. Aproximadamente en el año 1000 a. C., los judíos se instalaron en una zona desértica, actualmente Palestina, abandonando así una larga etapa nómada. Poco después de la llegada del Imperio romano a esa zona, los judíos fueron expulsados, iniciando un nuevo periodo de desplazamientos migratorios y fragmentación de su población, conocido como diáspora.

Desde entonces, los judíos se han dispersado por el mundo, y en algunos países, principalmente de Europa, no fueron bien recibidos a causa de su religión, ideas o actividades económicas. A esta hostilidad contra el pueblo judío se le da el nombre de antisemitismo; fue practicado en Europa desde aquel momento y, en ciertos sectores, aún continúa vigente. El momento de máxima intolerancia coincidió con la llegada de Hitler al poder en Alemania (desde 1933 hasta 1945). En aquel momento los judíos que vivían en Alemania o en los territorios conquistados por este país eran encerrados en campos de concentración, donde los obligaban a realizar trabajos esclavos, eran humillados y asesinados en masa.

Cuando la Segunda Guerra Mundial terminó, coincidiendo con el proceso de descolonización, Gran Bretaña decidió retirarse del territorio palestino que ocupaba desde largo tiempo atrás, en parte porque las negociaciones existían desde finales del siglo XIX, en parte por las presiones de los grupos sionistas (judíos que se habían constituido como un movimiento político internacional que buscaba la independencia de Israel), y en parte como un resarcimiento al pueblo judío por los horrores sufridos durante el nazismo.

La ONU autorizó la división de Palestina, que sería controlada por la liga de países árabes y por el Estado de Israel, del cual también se permitía su creación. Esto generó un enorme malestar en la comunidad árabe, toda vía precisamente en esa zona y cuyas facciones extremistas no solo no deseaban esto, sino que proponían la desaparición física de los judíos mediante intervenciones armadas.

Surgió entonces una serie de problemas ideológicos, políticos, religiosos y territoriales. Por un lado, los árabes argumentaban que ellos ocupaban las tierras palestinas desde hacía muchos años. Por otro, los judíos las reclamaban como los primeros en habitarlas, expulsados de allí por fuerzas extranjeras. Y si bien la comunidad internacional hizo otros intentos de instalar el Estado de Israel en otras zonas (como el sur de la Argentina o tierras desérticas de África), esto fue rechazado por impuesto precedente.

Tras la declaración del Estado de Israel (el primer y único estado judío del mundo) en 1948, se iniciaron las guerras árabe-israelíes, que causaron miles de muertos en ambos bandos. En la mayoría de estos enfrentamientos, Israel resultó vencedor, y se anexó territorios que originalmente no habían sido propuestos por la ONU, muchos de los cuales devolvió años después. En la actualidad los conflictos en la región continúan, y el entendimiento y la paz entre las partes parecen altamente improbables en el corto plazo.

Estado de Israel y países árabes

La voz de los Intelectuales

ERETZ ISRAEL fue la cuna del pueblo judío. Aquí se forjó su identidad espiritual, religiosa y nacional. Aquí logró por primera vez su soberanía, creando valores culturales de significado nacional y universal, y legó al mundo el eterno Libro de los Libros.

Luego de haber sido exiliado por la fuerza de su tierra, el pueblo le guardó fidelidad durante toda su Dispersión y jamás cesó de orar y esperar su retorno a ella para la restauración de su libertad política.

Impulsados por este histórico y tradicional vínculo, los judíos procuraron en cada generación restablecerse en su patria ancestral. En los últimos decenios retornaron en masa. Pioneros, maappilim y defensores hicieron florecer el desierto, revivieron el idioma hebreo, construyeron ciudades y pueblos, y crearon una sociedad pujante, que controlaba su economía y cultura propias, amante de la paz, pero capaz de defenderse a sí misma, portadora de las bendiciones del progreso para todos los habitantes del país, que aspira a la independencia y a la soberanía.

(...) La catástrofe que recientemente azotó al pueblo judío –la masacre de millones de judíos en Europa– fue otra clara demostración de la urgencia por resolver el problema de su falta de hogar, restableciendo en Eretz Israel el Estado Judío, que habría de abrir las puertas de la patria de par en par a todo judío y conferirle al pueblo judío el status de miembro privilegiado en la familia de las naciones.

Declaración de independencia de Israel, 14 de mayo de 1948.

En lo que se refiere a la historia israelí, una de las razones por las que saludo a los nuevos historiadores, o historiadores revisionistas, israelíes es que a través de su trabajo han revelado los mitos y la narrativa propagandística que han tratado de negar la responsabilidad israelí, en 1948 y a partir de entonces, a la hora de provocar efectivamente la catástrofe palestina. Afecto que, a menos que los dirigentes israelíes acepten oficialmente esta responsabilidad histórica, y que la sociedad israelí y sus partidarios en Occidente se enfrenten honestamente a ella, ningún acuerdo sobre el papel –como el que actualmente se proyecta– se puede concebir en paz. Hay todavía demasiados refugiados sin hogar (al menos cuatro millones), demasiadas reivindicaciones por resolver, demasiadas políticas de apartheid que discriminan explícitamente a los palestinos basándose en fundamentos étnicos y religiosos...

Edward Said, *Nuevas crónicas palestinas*, Barcelona, Mondadori, 2002.

Actividades

- Investiguen qué motivos impulsaron a crear el Estado de Israel tras la Segunda Guerra Mundial y expongan oralmente sus conclusiones.
- A partir del análisis del mapa de Israel y el mundo árabe, debatan acerca de los conflictos que aparecieron tras esta decisión.
- ¿Podemos decir que la declaración de independencia de Israel y el argumento de Edward Said son irreconciliables? ¿Por qué?

Guerras de Indochina y Argelia

El proceso de descolonización se caracterizó por ser particularmente violento. En la India y Pakistán esto no se vio reflejado en luchas contra las potencias imperiales que ocupaban esos territorios, sino entre los países vecinos; incluso muchas veces los enfrentamientos fueron internos.

En otros casos, las potencias debieron contender con sus colonias. Francia, por ejemplo, se vio involucrada en dos importantes guerras en las que perdió gran parte de su imperio colonial, tras la Segunda Guerra Mundial.

Una de ellas fue en Indochina, península asiática que está ubicada entre China e India. Allí los franceses dominaban el gobierno desde el siglo XIX, teniendo bajo su poder a los actuales Estados de Laos, Camboya y Vietnam. En 1945, Francia se hallaba enormemente debilitada como consecuencia de las guerras en Europa, y eso fue aprovechado por Ho Chi Minh, líder del Partido Comunista vietnamita, que declaró la guerra de independencia. Tras un permanente enfrentamiento que duró hasta 1954, Francia decidió asumir la derrota y retirarse de Indochina. Vietnam se dividió en dos: el Norte, comunista, con capital en Hanói, apoyado por China y la URSS; y el Sur, capitalista, aliado a Estados Unidos, con capital en Saigón.

Algo similar ocurrió en Argelia, colonia francesa en el norte de África. Allí los habitantes se sublevaron contra la opresión del Gobierno francés, comandados por el Frente de Liberación Nacional, y consiguieron su independencia después de más de un siglo de dominio europeo. La guerra, que se extendió entre 1954 y 1962, fue extremadamente sangrienta y se convirtió en un símbolo de la descolonización, marcando un nuevo punto de quiebre en el dominio político directo que la Europa capitalista mantenía en Asia y África.

La voz de los intelectuales

La guerra de independencia de Argelia fue una feroz guerra colonial en la que se calcula que perdieron la vida 300.000 argelinos y se vieron obligados a huir del país más de un millón de colonos europeos. El ejército francés sufrió más de 24.000 bajas; además, murieron alrededor de 6.000 colonos franceses.

(...) Las estrategias francesas de guerra contrarrevolucionaria, que posteriormente se convirtieron en modelos que se utilizarían en otras guerras en Indochina, Latinoamérica y África, conllevaron de forma creciente la reubicación forzada de decenas de miles de campesinos considerados simpatizantes de los rebeldes. (...) Más de un millón de campesinos fueron trasladados en campos rodeados de alambradas de espino donde las privaciones eran a menudo extremas.

AA. VV., *La situación de los refugiados en el mundo*. Barcelona, ACNUR-Icaria, 2000.

Sudáfrica y el *apartheid*

Contrariamente a lo que sucedía en el mundo respecto a la descolonización, en Sudáfrica los sucesos ocurrieron de otra manera. Debido a la riqueza de sus tierras, los europeos se las disputaron desde el siglo XVI; en un principio fueron ocupadas por los holandeses y, luego, también por los ingleses. Ambas potencias se enfrentaron permanentemente por el control de aquella región hasta que por último quedó bajo dominio británico. En 1910 Inglaterra le otorgó a Sudáfrica una independencia limitada, que se iría extendiendo en la década del sesenta.

En 1948 llegó al poder un partido nacionalista que representaba los intereses sudafricanos, pero solo los de una pequeña minoría. Se promulgó una ley, conocida con el nombre de *apartheid*, que tenía como función segregar a la población negra, con una al 80%. Entre las principales medidas implementadas se establecía que los negros no podrían tener cargos en el gobierno ni votar prácticamente en ningún caso. Tampoco podían ser titulares de comercios ni ejercer profesionalmente en las áreas establecidas para los blancos. Quedaban segregados en los transportes públicos, no podían ingresar a las zonas de vivienda de los blancos si no tenían un pase especial, y a los edificios públicos solo podían entrar por puertas laterales. Habitualmente, sus casas no tenían agua corriente ni electricidad, y los hospitales a los que tenían acceso no disponían de la capacidad para cubrir las necesidades de la población. Además, tenían prohibida la educación universitaria.

Nelson Mandela. Presidente de Sudáfrica 1994-1999.

Este sistema, que fue duramente criticado por los movimientos internacionales de derechos humanos y por la opinión pública en general, continuó imponiendo la discriminación extrema hasta la década de 1990. En el transcurso de esos años existieron numerosas protestas, disturbios y movimientos de resistencia, liderados por el Congreso Nacional Africano, que se convirtió en el partido político que canalizó los deseos y expectativas de la mayoría negra. Su principal figura, el dirigente Nelson Mandela, llegó a la presidencia de Sudáfrica, después de haber estado encarcelado 27 años, cuando en 1994 se organizaron las primeras elecciones libres, democráticas y con sufragio universal de la historia de su país.

Actividades

- La película *Invictus* (Clint Eastwood, 2009), protagonizada por Morgan Freeman y Matt Damon, aborda el tema del fin del *apartheid* en Sudáfrica. Vean el filme y elaboren un informe comentando las sensaciones y reflexiones que les provocó.

El expresionismo abstracto

La primera mitad del siglo XX estuvo caracterizada por una explosión de vanguardias artísticas en Europa, que incluyó movimientos tales como el dadaísmo, el surrealismo, el cubismo, el futurismo, el constructivismo y el ultraísmo, a su vez precedidos por el impresionismo y el expresionismo.

Tras la Segunda Guerra Mundial, no fueron tantas las nuevas tendencias que surgieron. Una de ellas, probablemente la más importante de aquellos años, fue el expresionismo abstracto, que hizo su aparición en Estados Unidos de la mano de Jackson Pollock, Franz Kline, Willem de Kooning y Mark Rothko. Estos artistas buscaban transmitir la angustia y el descontento por el que atravesaban después de los desastres políticos y económicos de los años anteriores, y eso puede verse reflejado en sus obras, de un gran impacto visual.

El expresionismo abstracto se convirtió en el primer movimiento artístico nacido en Estados Unidos, y obtuvo financiamiento tanto del Gobierno estadounidense como de mecenas privados. Este era el caso, por ejemplo, de la Fundación Guggenheim, dedicada a la promoción del arte moderno, que en la actualidad cuenta con varios museos en todo el mundo.

El éxito internacional de esta corriente se sumó a las dificultades que existían en la Europa de posguerra y a la prosperidad sin precedentes por la que atravesaba Estados Unidos. Esto favoreció la llegada de los artistas europeos más destacados, ya fuera para exponer sus obras por primera vez en América, o para radicarse allí definitivamente. De este modo Europa perdió su liderazgo en materia artística, que a partir de ese momento comenzó a ser ostentado por Nueva York, centro de las nuevas tendencias.

Detalle de una obra de Pollock.   Detalle de una obra de Rothko.   Detalle de una obra de Rothko.

Actividades

• Investiguen en libros, enciclopedias e Internet qué pasaba con el arte en la Unión Soviética durante la Guerra Fría. ¿Cómo se llamaba el movimiento artístico predominante? ¿De qué manera se relacionaba con el sistema político-económico-ideológico del comunismo?

El cine de posguerra

Cuando estalló la Segunda Guerra Mundial, las grandes productoras de cine de Hollywood se encontraban preparadas para hacer frente a un conflicto de tales dimensiones. Era necesario adaptarse a las circunstancias y bajar los costos de las enormes producciones a las que estaban acostumbradas. De esta manera consiguieron realizar importantes producciones, la mayoría de las cuales eran propagandísticas, a favor de los aliados y en contra de Hitler. Sin embargo, cuando la guerra terminó, comenzaron algunos problemas.

En primer lugar, muchas productoras fueron enjuiciadas por monopolio. A eso se le sumó la aparición de un peligroso enemigo de reciente nacimiento: la televisión. Y para completar un panorama de alta competencia, se agregaron las nuevas producciones cinematográficas europeas; gracias a diferentes ideas y maneras de entender el cine, se filmaron algunas de las películas que resultaron sumamente trascendentes en la historia del cine.

Entre estas nuevas corrientes cinematográficas, estaba el neorrealismo italiano, con directores como Federico Fellini, Luchino Visconti o Roberto Rossellini, que, al no disponer prácticamente de capital para financiar sus películas, trabajaba con actores no profesionales y buscaba retratar las realidades humanas de la época. Otra vanguardia cinematográfica clave de aquel momento fue la *nouvelle vague*, corriente francesa que modificó para siempre la manera de entender el cine. A las películas realizadas por directores como François Truffaut o Jean-Luc Godard se las llamó "cine de autor", en oposición al "cine de productor" estadounidense, en el que lo más importante no era la calidad del filme, sino la cantidad de dinero que se podía recaudar con su proyección.

El cine de Hollywood pudo superar la crisis sin inconvenientes. Para esto fueron fundamentales las innovaciones tecnológicas, la estandarización del cine en color y la creación de nuevos géneros, como el cine negro, o el resurgimiento de las películas épicas.

La voz de los intelectuales

... los historiadores estudian las largometrajes desde tres enfoques diferentes. Los dos más frecuentes –la historia del cine como actividad artística o industrial y el análisis del cine como documento que abre una ventana a aspectos culturales y sociales de una época– se sitúan dentro de los límites de la historia tradicional. Un poco más radical, por sus implicaciones, es estudiar cómo el medio audiovisual, sujeto a las reglas dramáticas y de la ficción, puede hacernos reflexionar sobre nuestra relación con el pasado.

Robert Rosenstone; *El pasado en imágenes*, Barcelona, Ariel, 1997.

La literatura cambia de rumbo

El siglo XX fue el más violento, sangriento y con mayor cantidad de guerras de la historia. Se modificaron bruscamente las fronteras de los Estados, las revoluciones fueron un actor protagonista de la época, aparecieron nuevas enfermedades y también adelantos tecnológicos que conmovieron al mundo. Al igual que ocurrió con las demás artes, la literatura no estuvo exenta de estos giros intempestivos.

Antes de la Segunda Guerra Mundial comenzaron a escribir sus obras algunos de los autores que se convertirían en clásicos y referentes fundamentales de la historia de la literatura universal a partir de aquellos años. Entre ellos suele destacarse a dos: el checo Franz Kafka y el irlandés James Joyce. Kafka, que murió en 1924, a los 40 años, transformó la literatura al escribir una serie de cuentos y novelas en los que retrata algunos aspectos de la sociedad que nunca antes habían sido abordados del modo que él lo hizo. La soledad, la angustia, la Ley, la burocracia, la desesperación, la alienación del sujeto y el absurdo fueron algunos de los grandes temas desarrollados por este autor, que, al mismo tiempo, resultaron centrales para poder entender la condición humana posterior a 1945.

Joyce, por su parte, se posicionó como uno de los escritores más renombrados del siglo, al elaborar una obra compleja, llena de trampas para el lector cotidiano y los críticos especializados. Como pocos, Joyce manipula las palabras para transformar el lenguaje en una herramienta totalmente distinta de la que los escritores habían utilizado hasta entonces. Su obra marca el inicio de una tendencia que, con los años, iría cobrando cada vez más fuerza, adelantándose a las ideas del siglo XXI.

La voz de los intelectuales

... descubrir lo que sólo una novela puede descubrir es la única razón de ser de una novela. La novela que no descubre una parte hasta entonces desconocida de la existencia es inmoral. El conocimiento es la única moral de la novela.

Kafka no profetizó. Vio únicamente lo que estaba "ahí detrás". No sabía que su visión era también una previsión. No tenía la intención de desenmascarar un sistema social. Sacó a la luz los mecanismos que conocía por la práctica íntima y microsocial del hombre, sin sospechar que la evolución ulterior de la historia los pondría en movimiento en su gran escenario.

Milan Kundera, El arte de la novela, Barcelona, Tusquets, 2004.

Actividades

- Enumeren las principales características del cine y la literatura de posguerra.
- A partir de la propuesta del historiador Robert Rosenstone, repasen lo visto en la película Invictus y analicen ese caso particular en la relación cine/historia.

América Latina
después de la guerra

Las consecuencias de la Segunda Guerra Mundial en América Latina fueron indirectas. Las batallas no se libraron en territorio americano, los países del continente que declararon la guerra al Eje, con excepción de Estados Unidos, no enviaron gran cantidad de tropas a Europa y las principales potencias mundiales estaban demasiado preocupadas por los sucesos de aquellos años como para centrar su atención en lo que ocurría en el hemisferio sur.

Sin embargo, hubo cambios significativos. En el plano político, muchos gobiernos latinoamericanos tenían expectativas de que Italia y Alemania ganaran la guerra, ya que había importantes intereses económicos de por medio, además de indudables simpatías ideológicas con el fascismo. Que estas potencias fueran derrotadas implicó que los gobernantes locales debieran cambiar de aliados y, en consecuencia, comenzar a manifestar abiertamente un giro ideológico, que no siempre era sincero. ¿Por qué debían hacer esto? Para no perder el apoyo de los países ganadores.

En lo económico, la Segunda Guerra abrió la posibilidad de generar un mercado que hasta ese momento no había tenido posibilidades de existir. Como Estados Unidos y las potencias europeas estaban dedicados a combatir y producir armamentos permanentemente, otras industrias que por tradición les habían pertenecido mermaron su producción o directamente desaparecieron por un tiempo. Esto implicaba que esos países no estaban en condiciones de exportar esos productos, como lo habían hecho hasta ese momento. Por otra parte, los enormes gastos que les generaba la actividad bélica imposibilitaban el hecho de importar mercancías que no estaban fabricando, aunque las necesitaran.

Esto generó un dilema en América Latina. Por un lado, existía la posibilidad de crear una industria inexistente hasta entonces. Por otro lado, esto era un proceso costoso y a largo plazo. Era sabido que, en lo inmediato, esas exportaciones se verían dificultadas no solo por motivos económicos, sino también logísticos: los barcos dedicados a trasladar mercancías a través del océano estaban casi exclusivamente destinados a fines bélicos, y eso se convertía en un gran problema a resolver, y su resolución no era sencilla. Por otra parte, las aguas tomes políticas y los movimientos sociales comenzaron a hacerse cada vez más importantes, lo cual también implicaba una gran incógnita para los gobernantes de los países latinoamericanos.

A partir de entonces, lo política, la economía, la sociedad y la cultura experimentarían grandes modificaciones, cuyas consecuencias se siguen manifestando aún hoy. Una nueva etapa, de crecimiento y conflictos, comenzaba en toda América Latina.

Centro y periferia

Cuando España y Portugal iniciaron sus viajes hacia América a finales del siglo XV, expediciones que luego se transformarían en la conquista del continente americano, comenzó una gigantesca serie de cambios que influyó también en el resto del mundo. Con la anexión de América a los mapas europeos, no solo se ampliaban las dimensiones del mundo conocido, sino que se abría un período de interrogantes que abarcaba todos los aspectos de la vida. La expansión territorial europea trajo como consecuencia el desarrollo de nuevas ideas, que a su vez afectaron el mundo político, religioso e intelectual. Al mismo tiempo, América aparecía como un continente desconocido, lleno de posibilidades económicas. Con su anexión al sistema económico europeo, inevitablemente las reglas del juego se modificaron, y poco a poco la economía cambió sus códigos, formas y objetivos, transformándose en un sistema-mundo.

Los europeos entendieron que América era una fuente inagotable de materias primas, y que ellos eran los indicados para trabajarlas y transformarlas en productos que luego se ocupaban de comercializar. La economía mundial empezó a dividirse en centro y periferia. Es decir, en países "centrales", que estaban ubicados en el medio de la producción, y otros "periféricos" que, alejados tanto geográfica como simbólicamente, proveían de todo lo que el centro necesitaba: materia prima, mano de obra, nuevos mercados, etcétera.

El centro era un mundo desarrollado, con un enorme potencial industrial, que en poco tiempo se desplegaría, ya que las industrias comenzaron a esparcirse en el siglo XVIII. Y la periferia, su complemento: un espacio empobrecido que exportaba lo que el centro imponía. Esta dominación económica, que comenzó con la conquista y se mantiene aún hoy, está ligada, además, a condiciones políticas, ideológicas y culturales.

Con el correr de los años, los países centrales fueron variando. A comienzos del siglo XVI, eran España y Portugal. Luego pasaron a ser Inglaterra, Francia y Alemania. En el siglo XX, Estados Unidos quedó ubicado hegemónicamente en esa posición, y se agregaron la URSS (hasta 1989) y más tarde Japón, China y algunos más. Con diferentes sistemas políticos, económicos e ideológicos, esos países poseían y siguen poseyendo la misma característica: todos están fuertemente industrializados.

En las representaciones cartográficas, esto también tiene su manifestación: los planisferios tradicionales ubican a Europa en el centro, y a los demás continentes alrededor. Esto es una construcción consciente por parte de los países europeos, que quisieron mostrar así que el "centro del mundo" era Europa.

La periferia también creció, incluso mucho más que el centro. Con el correr de los años, cada vez más zonas de América, África, Asia, y partes de Oceanía y Europa del Este se empobrecieron progresivamente, muchas veces a expensas de los países industrializados. Hoy esta situación sigue estando presente, condicionando las realidades políticas, sociales, económicas y culturales de los países de Latinoamérica, que en su mayor parte sigue siendo asociada a la periferia.

Desarrollismo y Teoría de la Dependencia

Con la finalización de la Segunda Guerra Mundial, la ONU creó una serie de comisiones económicas en todo el mundo, que tenían como objetivo encontrar soluciones a los diferentes problemas de cada región. En América Latina una de las más importantes fue la CEPAL, Comisión Económica para América Latina, que se convirtió en un actor central de las décadas de 1950 a 1970.

Tras algunos años de estudio, los miembros de la CEPAL dieron a conocer la Teoría de la Dependencia para explicar el atraso económico de América Latina durante el siglo XX. Utilizando las nociones de "centro y periferia" y "sistema-mundo", llegaron a la conclusión de que el nivel de desarrollo económico de un país era proporcional a su industrialización. Es decir que la pobreza era una consecuencia directa de la ausencia de industrias en un estado.

Frente a esto, propusieron una serie de medidas políticas, económicas y sociales que fueron implementadas por muchos dirigentes en sus respectivos países, buscando industrializar las ciudades y lograr la sustitución de importaciones. Esto significa fabricar productos que habitualmente son importados, dándoles trabajo a los obreros del propio país, reduciendo los gastos hacia el exterior y favoreciendo la economía local.

Las medidas sugeridas por la CEPAL tuvieron mucho éxito en lo inmediato, aprovechando el clima mundial generado por el Estado de Bienestar. A largo plazo, sin embargo, esto motivó serias críticas por parte de otros economistas, que vieron favorecidos sus argumentos por crisis económicas internacionales y por una serie de golpes de Estado que hicieron que, a partir de los primeros años de la década del setenta, el desarrollismo fuera dejado de lado.

Raúl Prebisch.

Celso Furtado.

Fernando Henrique Cardoso.

Actividades

• Investiguen cuál fue la influencia de la CEPAL en la economía latinoamericana, y cuál fue el destino de sus principales teóricos, en especial, Fernando Henrique Cardoso. Escriban un informe con los datos obtenidos.

La voz de los protagonistas

La contribución más importante de la CEPAL es su crítica a la teoría clásica del comercio internacional. Basada en el principio de las ventajas comparativas, esta teoría postula que cada país debe especializarse en la producción de bienes en que pueda lograr mayor productividad, la cual se encuentra por lo general determinada por la fertilidad del suelo, la disponibilidad de recursos minerales, etc. En la medida en que lo haga, esto asegura al país condiciones privilegiadas de competencia en el mercado mundial, llevando a que las transacciones que allí se realicen resulten beneficiosas para todas las partes.

La CEPAL dirá que, en los hechos, ello no pasa así. Por un lado, demostrará empíricamente que, a partir de 1870, se observa en el comercio internacional una tendencia permanente al deterioro de los términos de intercambio en detrimento de los países exportadores de productos primarios. Por otro lado, afirmará que dicha tendencia propicia transferencias de ingreso (...) las cuales implican que los países subdesarrollados, que exportan esos bienes, sean sometidos a una sangría constante de riqueza en favor de los más desarrollados, o sea, a una descapitalización.

Para la CEPAL, el deterioro de los términos de intercambio se debe a que el mercado mundial confronta países industrializados a países de economía primario-exportadora. Estos últimos, al no desarrollar su sector industrial o manufacturero, no están habilitados a producir tecnologías y medios de capital capaces de elevar la productividad del trabajo. Paralelamente, la inexistencia de ese sector limita la expansión de la oferta de empleo, llevando a que se registre en el sector primario una fuerza de trabajo excedente, que dificulta la elevación de la productividad y reduce su precio (o salario); eso redunda además en la formación de mano de obra excedente en el sector de servicios, donde genera los mismos efectos. Ésta es la razón de los bajos salarios que se verifican en las economías subdesarrolladas, los cuales tanto frenan al progreso técnico como no permiten la expansión y dinamización del mercado interno.

Inversamente, los países desarrollados serían aquellos que, con base en un sector secundario expansivo y una demanda dinámica de mano de obra, ostentan salarios elevados, los cuales inducen la introducción de innovaciones tecnológicas tendientes a reducir la participación del trabajo en la producción y, por ende, el impacto de los salarios en los costos. El alza de la productividad de allí resultante no sería transferida plenamente inmediatamente a los precios de los bienes que esos países exportan, llevando a que, en el comercio internacional, esos precios se mantuvieran en un nivel elevado. En consecuencia, se favorecería la traslación de riqueza de la periferia subdesarrollada al centro desarrollado.

El desarrollismo fue la ideología de la burguesía industrial latinoamericana, en especial de aquella que —respondiendo a un mayor grado de industrialización y compartiendo ya el poder del Estado con la burguesía exportadora— trataba de ampliar su espacio a expensas de esta última, recurriendo para ello a la alianza con el proletariado industrial y la clase media asalariada.

Ruy Mauro Marini, *América Latina, dependencia y globalización*, Bogotá, CLACSO y Siglo del Hombre editores, 2008.

Los movimientos sociales en América Latina

La etapa de posguerra fue una instancia decisiva para los movimientos sociales en América Latina. No tanto por los conflictos en Europa en sí, sino por la aparición de un nuevo clima político-ideológico de escala mundial: la Guerra Fría.

Con el globo terráqueo pendiente del enfrentamiento entre capitalismo y comunismo, las clases sociales más afectadas encontraron una posibilidad de cambio radical en sus vidas. Las propuestas de los partidos políticos de izquierda, fuertemente resistidas por diversos sectores de la sociedad, fueron aclamadas exitosamente por otros. Esto implicó el inicio de una oleada de enfrentamientos que ponían como eje del debate teórico, y también de las luchas armadas, los factores económicos, que eran mediatizados por el sistema político y la ideología que se deseaban implementar.

Los partidos de izquierda, algunas veces adoctrinados en la Unión Soviética y financiados por ella, comenzaron a propagarse por toda América Latina, buscando nuevos seguidores que acompañaran los movimientos revolucionarios. Estos, si bien existían desde hacía largo tiempo en todo el continente, encontraron en esta época un terreno fértil para el crecimiento y el desarrollo. Los movimientos sociales de izquierda no siempre estaban militarizados, aunque muchas veces las discrepancias internas de cada grupo hacían que hubiera diferentes sectores, algunos más radicales que otros.

Estos movimientos, heterogéneos y a veces en lucha unos contra otros, estaban constituidos tanto por obreros, campesinos, estudiantes, intelectuales, como por grupos feministas, de homosexuales, y sectores nacionalistas, de clase media, demócratas, agrupaciones étnicas, etcétera.

La voz de los protagonistas

Esta es una revolución con caracteres humanistas. Es solidaria con todos los pueblos oprimidos del mundo (...) Por eso luchamos por la independencia de todos los países, luchamos por la reivindicación de los territorios ocupados. Apoyamos a Panamá, que tiene un pedazo de su territorio ocupado por los Estados Unidos, llamamos islas Malvinas y no Falkland a las del sur de la Argentina. Y luchamos en el África, en el Asia, en cualquier lugar del mundo donde el poderoso oprime al débil.

Ernesto "Che" Guevara, Discurso ante el Consejo Interamericano Económico y Social, Uruguay, 1961.

Actividades

- Averigüen qué otras características tuvieron los movimientos sociales en América Latina y compartan sus conclusiones con sus compañeros.
- Investiguen y respondan en la carpeta las siguientes preguntas: ¿Quién fue y qué hizo el "Che" Guevara? ¿De qué movimientos sociales formó parte? ¿Cuál es su influencia actual en la sociedad argentina?

La Argentina peronista

La figura de Juan Domingo Perón es fundamental para entender la historia argentina a partir de la década del cuarenta. Militar de carrera, ingresó en la vida pública a partir del golpe de Estado de 1943, convirtiéndose en la figura principal del gobierno de Edelmiro Farrell. En ese tiempo, Perón ocupó progresivamente los cargos de ministro de Guerra, ministro de Trabajo y vicepresidente. Sus adversarios políticos, indignados por esa acumulación de poder y por las medidas que Perón tomaba en contra de sus intereses, decidieron sacarlo de la escena política y encarcelarlo en 1945. Sin embargo, una multitud, compuesta por miembros de las clases más pobres, principalmente obreros, salió a apoyarlo en una marcha multitudinaria. La manifestación popular fue tan grande que obligó a las autoridades a devolverle la libertad.

Esa marcha, acontecida el 17 de octubre de 1945, marcó un punto de quiebre en la historia argentina, que desembocó en la elección de Perón como presidente en 1946. Es un hito simbólico que marca el ingreso de las clases bajas y trabajadoras a la escena política local. A través de medidas sociales, políticas y económicas, sectores que hasta entonces estaban marginados se convirtieron en protagonistas y se vieron favorecidos por medidas hasta entonces inexistentes.

Juan Domingo Perón.

Perón impulsó leyes que permitieron que los trabajadores tuvieran vacaciones pagas; hoteles a precios muy bajos en ciudades como Mar del Plata, que hasta ese momento habían estado reservadas a la elite; cobertura médica gratuita; colonias de vacaciones gratis para sus hijos; jubilación y aguinaldo. Muchas de estas medidas fueron impulsadas por la Fundación que llevaba el nombre de la esposa del presidente: Eva Perón, quien ocupó un lugar fundamental en la vida de los integrantes de las clases más humildes, y fue amada y respetada por ellos, aun después de su muerte, en 1952. Eva Duarte de Perón distribuyó tierras, creó planes de vivienda, construyó comedores, repartió juguetes y contribuyó a generar un acercamiento con el pueblo, que fue clave para el gobierno de Perón.

El nivel de vida de los obreros tuvo importantes mejoras gracias al naciente proceso de industrialización que acompañaba el crecimiento de América Latina, después de la guerra. Las mujeres, que no tenían la posibilidad de votar en las elecciones, pudieron empezar a hacerlo debido a una reforma constitucional que también contemplaba muchos otros cambios en la manera de interactuar que a partir de entonces tendría la sociedad.

Fotografía tomada en la movilización popular del 17 de octubre de 1945, convertida en imagen emblemática del justicialismo.

El peronismo y la política

El ascenso del peronismo fue tan grande y vertiginoso que en muy poco tiempo contó con un apoyo sin precedentes en la política nacional. Entre las lógicas consecuencias que podía traer esto, estaba la dificultad de conciliar los deseos de tantos millones de personas, muchas veces contrapuestos y hasta excluyentes entre sí.

Perón canalizó sus acciones a través de un partido político creado para tales circunstancias: el Justicialismo. El Partido Justicialista nació como parte de un movimiento muy amplio y heterogéneo que agrupaba sindicatos, obreros, intelectuales y a ciertos sectores militares, algunos de los cuales eran simpatizantes del fascismo italiano y, en ocasiones, del nazismo alemán. Como ocurre con cualquier grupo amplio, los diferentes sectores que lo componían se enfrentaban permanentemente entre sí, haciendo que el peronismo no se caracterizara por ser un partido pacífico, sino en constante movimiento y transformación.

Apoyándose principalmente en los sindicatos, que alcanzaron un alto grado de organización y reconocimiento, y en el Ejército, Perón enfrentó a la oposición. Esta estaba compuesta por políticos más tradicionalistas, desde la UCR hasta los socialistas; grupos de las fuerzas armadas, principalmente la Marina; y las clases medias y altas, en especial los grupos adheridos a instituciones como la Bolsa de Comercio, la Sociedad Rural, etcétera. Tanto los empresarios como la Iglesia, que en un comienzo acompañaron a Perón, con el paso de los años fueron resistiéndose a sus medidas, convirtiéndose en fuertes opositores luego de su reelección, en 1952.

Los argumentos esgrimidos en contra de Perón eran muchos y muy variados. Se lo acusaba de populista, de déspota y de tirano, de corromper a la sociedad a través de políticas demagógicas como las que llevaba adelante la Fundación Eva Perón y de destruir los valores tradicionales de la Argentina, impartiendo desde la escuela primaria una ideología que idolatraba las figuras de Perón y Eva. Se criticó también el control sobre los medios de comunicación, invadidos por propaganda oficialista y a los que los partidos rivales no tenían acceso, y una limitación de las libertades públicas, debido a que algunos dirigentes de la oposición fueron encarcelados.

Si bien todas estas medidas generaron la crítica de amplios sectores de la sociedad, las políticas implementadas en relación con el mejoramiento de las condiciones de vida de los sectores menos favorecidos aseguraban a Perón el apoyo incondicional de gran parte de la población.

Actividades

- Elaboren un cuadro en el que aparezcan, por un lado, los sectores que apoyaban a Perón y, por otro, los que se oponían; las principales críticas que se hacían a su gobierno; las medidas sociales adoptadas por el peronismo y los motivos por los que resultaban tan chocantes para ciertos sectores de la sociedad.

La economía peronista

Desde su llegada a la presidencia en 1946, hasta el golpe de Estado que lo obligó a exiliarse en 1955, Perón implementó diferentes medidas económicas, en ocasiones muy diferentes, y para muchos analistas, hasta paradójicas. Su gobierno se caracterizó por el rol protagónico que tuvo el Estado en la diagramación de los planes económicos: se organizaron planes quinquenales como los que se llevaban a cabo en países comunistas como China o la URSS.

Se desarrollaron industrias, se nacionalizaron los servicios públicos (como los ferrocarriles y los teléfonos) y se hicieron grandes obras públicas. Todo esto trajo como consecuencia un alto índice de aumento en el empleo. En cuanto al comercio exterior, el peronismo también intervino activamente, centralizando las exportaciones y estableciendo medidas muy rigurosas al respecto. Uno de los aspectos más importantes fue la creación del Instituto Argentino para la Promoción y el Intercambio (IAPI), que tenía el monopolio del comercio de cereales, y que los compraba y los vendía para equilibrar la economía nacional. Todo esto, que en ocasiones favoreció ampliamente las finanzas del Estado y de los ciudadanos, muchas veces terminó siendo un rotundo fracaso, fervientemente criticado por toda la oposición.

Afiche de propaganda del IAPI.

En 1951 la economía inició un brusco descenso. La recuperación económica de las potencias mundiales luego de finalizada la guerra, una serie de malas cosechas y algunas consecuencias negativas provocadas por ciertas políticas estatales contribuyeron a generar una crisis económica que se fue extendiendo hasta debilitar enormemente la estabilidad del sistema. Los precios se dispararon, se expandió el gasto público, se redujeron los sueldos y se hicieron evidentes los problemas de la burocracia estatal para resolver los conflictos existentes.

Esto repercutió directamente en la sociedad, que, tras la muerte de Eva Perón, había perdido un gran referente y comenzaba a dudar de la eficacia del liderazgo de Perón. Se inició un período de huelgas, reprimidas por el Estado, y poco a poco la oposición comenzó a encontrar brechas para instalar un discurso agresivo que proponía abiertamente el derrocamiento de Perón y el modelo que este representaba. Para 1955 la situación se había vuelto insostenible, y el golpe militar era solo cuestión de tiempo.

Los próximos capítulos se centrarán en las consecuencias del proceso iniciado entonces.

Actividades

• Expliquen a qué se debió la crisis económica que se inició en 1951.

Las veinte verdades
del justicialismo peronista

Con motivo del quinto aniversario de la marcha del 17 de octubre que lo sacó de la cárcel, en 1950 Perón dio un discurso desde los balcones de la Casa Rosada, frente a una multitud que se encontraba en Plaza de Mayo. Ese día leyó una serie de máximas a las que denominó "las veinte verdades del justicialismo peronista". Se trata de las bases de un ideario, que, a partir de entonces, se convirtieron en parte de la ideología de lo que el peronismo era o debía ser, y que quedaron muy arraigadas en la cultura popular:

1. La verdadera democracia es aquella donde el gobierno hace lo que el pueblo quiere y defiende un solo interés: el del pueblo.
2. El Peronismo es esencialmente popular. Todo círculo político es antipopular, y por lo tanto, no es peronista.
3. El peronista trabaja para el movimiento. El que en su nombre sirve a un círculo, o a un caudillo, lo es sólo de nombre.
4. No existe para el peronismo más que una sola clase de hombres: los que trabajan.
5. En la nueva Argentina el trabajo es un derecho, y es un deber, porque es justo que cada uno produzca por lo menos lo que consume.
6. Para un peronista no puede haber nada mejor que otro peronista.
7. Ningún peronista debe sentirse más de lo que es ni menos de lo que debe ser. Cuando un peronista comienza a sentirse más de lo que es, empieza a convertirse en oligarca.

Juan Domingo Perón y Eva Duarte de Perón.

8. En la acción política la escala de valores de todo peronista es la siguiente: primero la patria, después el movimiento y luego los hombres.
9. La política no es para nosotros un fin, sino sólo el medio para el bien de la patria, que es la felicidad de sus hijos y la grandeza nacional.
10. Los dos brazos del peronismo son la justicia social y la ayuda social. Con ellos damos al pueblo un abrazo de justicia y amor.
11. El peronismo anhela la unidad nacional y no la lucha. Desea héroes pero no mártires.
12. En la nueva Argentina los únicos privilegiados son los niños.
13. Un gobierno sin doctrina es un cuerpo sin alma. Por eso el peronismo tiene una doctrina política, económica y social: el justicialismo.

14. El justicialismo es una nueva filosofía de la vida, simple, práctica, popular, profundamente cristiana y profundamente humanista.
15. Como doctrina política, el justicialismo realiza el equilibrio del derecho del individuo con el de la comunidad.
16. Como doctrina económica, el justicialismo realiza la economía social, poniendo el capital al servicio de la economía y ésta al servicio del bienestar social.
17. Como doctrina social, el justicialismo realiza la justicia social, que da a cada persona su derecho en función social.
18. Queremos una Argentina socialmente justa, económicamente libre y políticamente soberana.
19. Constituimos un gobierno centralizado, un estado organizado y un pueblo libre.
20. En esta tierra lo mejor que tenemos es el pueblo.

Eva Duarte de Perón estableció un contacto directo y personal con el pueblo.

B

1. Respondan en la carpeta las siguientes preguntas y consignas:
   a. ¿Quiénes eran los destinatarios de estas máximas?
   b. Analicen detalladamente los puntos 4, 6 y 8. ¿Qué significados pueden atribuir a esas tres ideas?
   c. Relean y analicen los puntos 15, 16, 17 y 18 y escriban un texto explicativo de diez líneas que desarrolle su contenido y establezca la relación entre ellos.
   d. ¿Qué otro líder político, ya estudiado en este capítulo, impartía una doctrina ideológica claramente definida a su pueblo?
      ¿Qué diferencias y similitudes encuentran entre él y Perón?
2. Reúnanse en grupos e inventen un partido político que tenga el perfil social y económico que prefieran darle. Luego redacten una serie de máximas como las que leyeron, pero que expresen concisamente sus propias creencias de lo que debería ser ese partido.
3. Busquen información acerca de la Fundación Eva Perón: qué era, cuáles eran sus objetivos, a quiénes beneficiaba, quiénes se oponían a ella y por qué, cuánto duró y qué papel cumplía Eva Perón allí. Luego respondan las siguientes preguntas:
   a. ¿Qué relación existía entre la Fundación Eva Perón y las 20 verdades del justicialismo peronista?
   b. ¿Con cuáles de esas máximas podrían definirse algunas de las acciones de la Fundación?
   c. ¿Qué simbolizaba la figura de Evita para las clases obreras?
   d. ¿Qué consecuencias tuvo su temprana muerte en 1952?
   e. ¿Cómo afectó esto al segundo gobierno de Perón?

La Guerra Fría en perspectiva

La historia está escrita por seres humanos, que piensan y hablan desde diferentes posiciones ideológicas determinadas. No hay ninguna persona que pueda opinar de manera objetiva, sin involucrarse de algún modo con lo que dice, desde una visión de paralaje específica. Menos aún cuando el tema abordado implica un compromiso ideológico tan fuerte como lo es la Guerra Fría y el enfrentamiento entre capitalismo y comunismo. A continuación aparecen algunas definiciones de lo que fue este proceso, según autores de diferentes corrientes de pensamiento:

"La Guerra Fría es la forma procedente del agresivo comunismo mundial, de la confrontación político-espiritual y psicológico-propagandística con el mundo no comunista. En la Guerra Fría, el comunismo mundial quiere, en primer lugar, dominar la conciencia de las masas. Por tanto, el mismo trata de que su influencia penetre en todos los ámbitos vitales de la sociedad de los Estados no comunistas. La meta suprema de la Guerra Fría radica en el completo dominio, desubicación u ocaso, del mundo no comunista. A tal efecto se utilizan preferentemente medios no militares. No obstante, de vez en cuando también puede recurrirse a medios militares. Los nexos comunistas en la Guerra Fría pueden conducir a situaciones revolucionarias".

"Manual de Temas Militares de la República Federal Alemana"
(Alemania Federal, 1963). En Juan Pereira Castañeda,
Los orígenes de la Guerra Fría, Madrid, Editorial Arco, 1997.

"La Guerra Fría constituye un rumbo político agresivo que tomaron los círculos reaccionarios de las potencias imperialistas, bajo la dirección de Estados Unidos e Inglaterra, a raíz de la Segunda Guerra Mundial 1939-1945 (...) La Guerra Fría está orientada a no permitir la coexistencia pacífica entre Estados de diferentes sistemas sociales, a agudizar la tensión internacional y a crear las condiciones para el desencadenamiento de una nueva guerra mundial (...) En la práctica la política de Guerra Fría se ha hecho patente en la creación de bloques político-militares agresivos, en la carrera de armamentos, en el establecimiento de bases militares en el territorio de otros Estados, en la historia de la guerra, en la intensificación de los pueblos amantes de la paz (...), en la desorganización de las relaciones económicas pacíficas, en los intentos de sustituir por la violencia y la dictadura las normas generalmente reconocidas de las relaciones diplomáticas entre los Estados".

Gran Enciclopedia Soviética (Moscú, 1970). En Juan Pereira Castañeda,
Los orígenes de la Guerra Fría, Madrid, Editorial Arco, 1997.

"Los cuarenta y cinco años transcurridos entre la explosión de las bombas atómicas (1945) y el fin de la Unión Soviética (1991) no constituyen un periodo de la historia homogéneo y único (...) Sin embargo, la historia de este periodo en su conjunto siguió un patrón único marcado por la peculiar situación internacional que lo dominó hasta la caída de la URSS. El enfrentamiento constante de las dos superpotencias surgidas de la segunda guerra mundial, la denominada Guerra Fría. (...) ¿Dice Hobbes que? "La guerra no consiste sólo en batallas, o en la acción de luchas sino que es un lapso de tiempo durante el cual la voluntad de entrar en combate es suficientemente conocida". La guerra fría entre Estados Unidos y la URSS fue un periodo de tiempo con esas características. Generaciones enteras crecieron bajo la amenaza de un conflicto nuclear global que, tal como creían muchos, podía estallar en cualquier momento y arrasar a la humanidad. La singularidad de la guerra fría estribaba en que, objetivamente hablando, no había ningún peligro inminente de guerra mundial. Más aún: pese a la retórica apocalíptica de ambos bandos, sobre todo del lado norteamericano, los gobiernos de ambas superpotencias aceptaron el reparto global de fuerzas establecido al final de la segunda guerra mundial. La URSS dominaba o ejercía una influencia preponderante en una parte del globo: la zona ocupada por el ejército rojo y otras fuerzas armadas comunistas al final de la guerra, sin intentar extender más allá su esfera de influencia por la fuerza de las armas. Los Estados Unidos controlaban y dominaban el resto del mundo capitalista, además del hemisferio occidental y los océanos, asumiendo los restos de la vieja hegemonía imperial de las antiguas potencias coloniales. En contrapartida, no intervenían en la zona aceptada como hegemonía soviética. La delimitación de influencias estaba clara en Europa y en Japón (...) La URSS aprendió durante la guerra fría que los llamamientos de Estados Unidos a "hacer retroceder al comunismo" no eran más que propaganda, ya que lo que primaba realmente era el respeto a la esfera de influencia soviética (...) Una vez que la URSS se hizo con armas nucleares, atómica 1949, hidrógeno 1953, ambas superpotencias dejaron de utilizar la guerra como arma política en sus relaciones mutuas, pues era el equivalente a un pacto suicida. Sin embargo, ambas superpotencias se sirvieron de la amenaza nuclear (...) la confianza de que no se utilizarían parecía estar justificada, pero al precio de destrozar los nervios de varias generaciones. El ejemplo más significativo es la crisis de los misiles cubanos".

Eric Hobsbawm, *Historia del Siglo XX*, Buenos Aires, Editorial Crítica, 2002.

1. Elaboren un cuadro con los argumentos que utilizan los primeros dos documentos para defender sus posiciones, haciendo hincapié en las diferencias más notables entre uno y otro.
2. ¿Por qué el historiador británico Eric Hobsbawm dice que no existía, en los hechos, la amenaza real de una nueva guerra mundial?
3. ¿Cuál es la situación político-militar en la actualidad? ¿Cuáles son los Estados líderes en los aspectos bélicos?
4. ¿Suponen ustedes que en el siglo XXI se mantiene la amenaza de la guerra nuclear?
5. ¿Hay otras amenazas igualmente preocupantes?

1. Reúnanse en grupos para ver y analizar una de las siguientes películas que tratan el tema de la Guerra Fría:
   * *La caza del Octubre Rojo*, de John McTiernan.
   * *¿Teléfono rojo? Volamos hacia Moscú*, de Stanley Kubrick.
   * *Juegos de guerra*, de John Badham.
   * *Trece días*, de Roger Donaldson.
   * *K-19*, de Kathryn Bigelow.

   A partir de la película y las informaciones que consigan en libros, enciclopedias e Internet, respondan las siguientes preguntas:
   a. ¿De qué año es la película?
   b. ¿De qué país es la productora que financió el film?
   c. ¿En qué época está ambientada la película?
   d. ¿Se evidencia de algún modo la ideología del director en el argumento?
   e. ¿Qué elementos de la Guerra Fría se pueden ver?
   f. ¿De qué modo se expresan los conflictos sociales y económicos de la posguerra?
   g. ¿Existen menciones directas o indirectas de la Segunda Guerra Mundial, el nazismo y los juicios por crímenes de guerra?
   h. ¿Cómo se muestra a Estados Unidos y a la URSS?
   i. ¿Aparecen referencias a la censura, la represión, la violación de los derechos humanos y la libertad de expresión?
   j. ¿Se nombran algunos países del Tercer Mundo? ¿Qué lugar ocupan? ¿Son importantes? ¿Por qué?

2. De manera individual realicen una entrevista a sus abuelos, o a alguna persona que haya vivido en la Argentina en la época de los primeros peronismos (1943-1955). Entre los datos a preguntar, averigüen lo siguiente:
   a. A qué se dedicaban ellos en esa época.
   b. El modo en que el peronismo afectó sus vidas.
   c. Si participaron en algún movimiento a favor o en contra de Perón.
   d. La opinión que tenían en ese momento de Perón, Eva y el movimiento obrero.
   e. Si modificaron esas ideas a lo largo de los años.

3. Redacten, de manera individual, un cuento de ficción en el que se narre una historia contextualizada en la Argentina de posguerra. Ustedes pueden ser los protagonistas, o bien puede estar basada en hechos reales (con personajes de los que se habla en este libro, o inventados por ustedes). Pueden contarlo desde la perspectiva de un líder político, de la de un obrero, un empresario, un extranjero que recién llega al país, un extraterrestre o desde cualquier mirada que les parezca interesante, siempre ateniéndose a las realidades analizadas en la clase.
   El relato tiene que contener elementos estudiados en este capítulo, como, por ejemplo:
   a. La situación económica.
   b. La relación con el desarrollismo.

c. Las políticas sociales.

d. Las medidas tomadas por el peronismo.

e. El contexto político internacional.

f. La posición de la Argentina y de América Latina como parte del Tercer Mundo.

g. El proceso de descolonizaciones.

4. Asocien la historia con la música.

a. Como primer paso, formen grupos y busquen una canción que conozcan y que mencione cualquiera de los temas que aparecen en este libro. Puede ser nacional o internacional. La tarea no parece fácil, pero, si prestan atención a las letras, van a descubrir que muchos artistas hablan de las guerras, de América Latina, de enfrentamientos ideológicos, de cuestiones políticas locales, etcétera.

b. Luego inventen ustedes una nueva canción. Para eso elijan la música de un tema que les guste. Luego escriban la letra, basándose en el tema que les haya parecido más interesante, o del cual quieran decir algo más.

c. Practiquen en sus casas, y luego armen un pequeño recital en la clase, cantando por grupos las canciones que eligieron: las ya existentes y las que compusieron ustedes.

5. Preparen afiches y folletos propagandísticos.

a. Para eso divídanse en grupos que, en partes iguales, representen al comunismo y al capitalismo.

b. Dibujen o copien y peguen en láminas los símbolos característicos de cada sistema. Inventen otros que representen otros aspectos de ese modelo.

c. Armen un folleto en donde haya imágenes, fotos y colores que tengan que ver con la ideología a la que pertenece su grupo.

d. Escriban en él algunas líneas tratando de convencer a la población de que elija un sistema y rechace el otro.

6. Mencionen al menos tres hechos fundamentales para explicar la historia mundial de este período. Luego:

a. Expliquen dónde radica su importancia.

b. Definan cuáles son sus causas, y cuál fue el proceso político-económico-social-ideológico que permitió que ocurrieran.

c. Sinteticen de qué modo se resolvieron, si es que esos hechos tuvieron una resolución.

d. Reflexionen acerca de los modos en los que esas circunstancias tienen influencia en otros acontecimientos de la actualidad.

e. Confronten los resultados con los de otros compañeros. ¿Alguno mencionó un hecho que los demás no tuvieron en cuenta?

2

Guerra Fría y populismos

*He tomado sobre mis espaldas el monopolio
de mejorar sólo a una persona, y esa persona
soy yo mismo, y sé cuán difícil es conseguirlo.*

Mahatma Gandhi

Los planes de Estados Unidos para América Latina

EE.UU. emergió de la Segunda Guerra Mundial con prestigio y una autoridad muy crecidos. La guerra sacó de la depresión a su economía y la introdujo en un ingente esfuerzo industrial. A diferencia de Europa o Japón no había sufrido daños internos; su economía estaba intacta y prosperaba... había construido el arsenal más importante que el mundo había conocido, culminando con la bomba atómica. La guerra también le proporcionó una red de alianzas que ofrecía una base de poder fuerte en la política internacional de posguerra.

(...) tras 1945, EE.UU. centró su preocupación en la recuperación de Europa y Japón. La administración Truman (1945-1953) y el Congreso, junto con algunos perspicaces empresarios, se dieron cuenta de que era esencial para su prosperidad que Europa tuviera una economía fuerte. El Plan Marshall apeló al aspecto humanitario y económico de la población estadounidense y ayudó a dirigir la atención especialmente hacia Europa.

¿Qué pasó con América Latina? Simplemente a los responsables políticos de EE.UU. no les pareció importante... la administración Truman parecía dar por sentado que continuaría recibiendo su leal respaldo casi como boca de cañón.

La relativa indiferencia se rompió por una amenaza exterior. Cuando las relaciones con la URSS comenzaron a enfriarse, la administración Truman decidió organizar una ofensiva de Guerra Fría en América Latina, que adquirió dos aspectos. El primero era conseguir que los gobiernos latinoamericanos rompieran relaciones con la URSS, lo cual tuvo un éxito notable, ya que todos con excepción de México, Argentina y Uruguay lo hicieron. El segundo aspecto fue presionar a los gobiernos latinoamericanos para que proscribieran los partidos comunistas. El éxito de esta campaña demostró lo sensibles que seguían siendo las élites latinoamericanas a las directrices de EE.UU.

Truman firma una proclamación que declara una emergencia nacional que inicia la intervención del Gobierno estadounidense en la Guerra de Corea.

Thomas Skidmore y Peter Smith, *Historia Contemporánea de América Latina*, Barcelona, Crítica, 1996.

Elaboren un cuadro con las diferentes etapas de las relaciones entre Estados Unidos y América Latina a partir de la Segunda Guerra Mundial, que se mantuvieron a lo largo de los siguientes años. Incluyan las excepciones más notorias e indiquen cuáles fueron sus características. Para eso, tomen en cuenta la información que brindan Skidmore y Smith, y otros datos que puedan extraer de Internet, libros y revistas.

Algunas fechas para contextualizar

1930-1945	Primera presidencia de Vargas (Brasil)
1945-1953	Presidencias de Truman (Estados Unidos)
1950-1953	Guerra de Corea
1951-1954	Segunda presidencia de Vargas (Brasil)
1951-1975	Independencia de más de 30 estados africanos
1952	Revolución boliviana
	Finaliza el régimen militar impuesto por Estados Unidos a Japón
1953	Muerte de Stalin
1953-1961	Gobierno de Eisenhower (Estados Unidos)
1953-1964	Gobierno de Kruschev en la URSS
1954	Intervención de Estados Unidos en Guatemala
1955	Revolución Libertadora (Argentina)
1955	Gobierno militar de Lonardi (Argentina)
1955-1958	Gobierno militar de Aramburu (Argentina)
1956	XX Congreso del PCUS
	Rebeliones en Polonia y Hungría contra la URSS

Revolución Libertadora. Bombardeo a Plaza de Mayo.

1957	La URSS lanza el primer satélite al espacio
1958-1962	Gobierno de Arturo Frondizi (Argentina)
1959	Revolución cubana
1961	Construcción del Muro de Berlín
1961-1963	Gobierno de John F. Kennedy (Estados Unidos)
1962	Crisis de los misiles
1962-1963	Gobierno de Guido (Argentina)
1963	Asesinato del presidente Kennedy
1963-1966	Gobierno de Arturo Illia (Argentina)
1964	Operativo Retorno de Perón
1966-1975	Guerra de Vietnam
1969	Llegada del hombre a la Luna

Yuri Gagarin, tripulante del primer satélite espacial ruso, Sputnik I.

El presidente Kennedy, minutos antes de su asesinato.

El Estado de Bienestar

Cuando la Segunda Guerra Mundial llegó a su fin, se hizo evidente para muchos políticos que era necesario un giro en el rumbo de las economías, ya que el modelo que otrora el liberalismo parecía agotado. Preocupados por el bienestar de su población, y su crecimiento y desarrollo, los estados occidentales idearon un nuevo modelo económico, al que llamaron Estado de Bienestar.

Se criticó al liberalismo por dejar indefensos a los trabajadores ante las demandas del mercado y sus continuas fluctuaciones. Frente a esto, el Estado comenzó a ofrecer una serie de garantías y nuevas posibilidades a la población, que inmediatamente pudo percibir las mejoras en su calidad de vida. Esto se tradujo en tasas muy altas de empleo y subsidios para aquellos que perdían su trabajo, o directamente estaban incapacitados para trabajar, vacaciones pagas, seguros médicos, atención prioritaria para los niños, educación y salud públicos, pensiones y jubilaciones, etcétera. En la Argentina esto coincidió con la llegada de Perón al poder, lo cual explica en gran parte sus acciones sociales.

Afiche de propaganda política de la época del Estado de Bienestar, en Estados Unidos.

La enorme cantidad de mano de obra desocupada que se había generado tras la guerra, fue incorporada a las industrias a bajos costos. Pero, para sostener las nuevas medidas de protección, el Estado debía aumentar los impuestos. Mientras que en 1875 estos rondaban el 1,9% de los ingresos de la población en Europa, en la posguerra llegaron a ser de aproximadamente un 40% en algunos países.

Otra de las causas que facilitaron la implantación del Estado de Bienestar fue la amenaza comunista. El comunismo podía parecer atentar a los occidentales por muchos motivos, pero algo que las masas no dejaban de notar era que, en los países que estaban bajo este régimen, no existían la indigencia ni el desempleo, y la distribución de la riqueza era mucho más equitativa que en los Estados capitalistas. Advertidos de esta situación, los gobernantes de Occidente encontraron en el Estado de Bienestar una solución para cubrir esas preocupaciones sociales.

Actividades

- Establezcan las principales razones que llevaron a la creación del Estado de Bienestar, y por qué la existencia y difusión del comunismo contribuyó a su desarrollo.
- Observen detenidamente la imagen que aparece aquí arriba. Se trata de una propaganda política de la época, con la que el Gobierno buscaba instalar la idea de que el Estado de Bienestar traería una serie de beneficios a la población. ¿Qué se puede desprender del análisis de esa imagen? ¿A quién va dirigida? ¿Qué elementos aparecen en ella? ¿Sería efectiva en el siglo XXI?

El fordismo

A comienzos del siglo XX, Henry Ford (creador de la marca de autos que lleva su apellido) empezó a fabricar el Ford "T", primer automóvil popular de la historia. Henry Ford era un empresario, y su objetivo era ganar la mayor cantidad de dinero posible. Hasta ese momento los autos estaban destinados solamente a las elites, ya que los obreros tenían bajos sueldos y el costo de los vehículos era demasiado alto. Esta fue la motivación para organizar un nuevo sistema económico que revirtiera la situación.

Por un lado, inventó la cadena de montaje, que permitía la producción en serie a través de un sistema tan simple como efectivo, que revolucionó la industria. Mediante la división de trabajo, cada obrero tiene un puesto específico dentro del armado del producto, remitiéndose a tareas repetitivas, exactamente iguales. Cada persona que integra esta cadena realiza una pequeña labor que lleva apenas unos segundos, e inmediatamente pasa el objeto al obrero de al lado, que a su vez realiza otra pequeña acción antes de pasar el producto a la persona que sigue, y así con cientos de personas que hacen lo mismo cada día. Esto permitió incrementar enormemente los índices de producción y optimizar los tiempos de trabajo, logrando una gigantesca disminución en el costo total de los autos, que salieron a la venta a tan solo el 25% del valor de los coches de otras marcas.

Por otro lado, Henry Ford realizó grandes aumentos en el sueldo de sus empleados, mejorando su calidad de vida y capacidad de gasto. De este modo, sus obreros eran los mejor pagados del mundo, y trabajaban muy conformes, sin organizar huelgas ni perder el tiempo; esto también contribuía al buen funcionamiento de la empresa. Pero había algo más: como sus sueldos eran altos, y los autos no eran tan costosos, cada uno de ellos ahorraba para comprarse un Ford "T", y esta demanda incrementó a su vez la producción en las fábricas, continuando con el círculo durante muchos años.

Muy poco tiempo después, el modelo de Henry Ford, el fordismo, se convirtió en el utilizado no solo por las demás empresas automotrices, sino también por la mayoría de las industrias de todo el mundo.

Cadena de montaje en una empresa automotriz.

La producción debía atender tanto al mercado interno como a la exportación.

Actividades

- El fordismo es criticado fuertemente por explotar a los trabajadores. Investiguen a qué se refieren las voces que hablan de explotación y elaboren una lista de ideas propias con las cuales podría revertirse esta situación de los trabajadores.

El nuevo rol de la mujer

Hasta mitad del siglo XX era muy mal visto socialmente que las mujeres trabajaran fuera de la casa, ya que por tradición se suponía que sus funciones eran tener hijos, cuidarlos, mantener la casa limpia y la comida lista para cuando llegara el marido. Durante la Segunda Guerra Mundial, millones de estadounidenses fueron a combatir a Europa. Mientras tanto, alguien debía salir a trabajar para mantener a sus familias. Esta función recayó en sus mujeres, que por primera vez en la historia tuvieron esta responsabilidad de manera masiva. Cuando los combatientes regresaron al hogar, descubrieron que la situación había cambiado. Millones de mujeres se negaban a retornar al contexto anterior, ya que habían descubierto un nuevo mundo en el cual tenían mayor participación y poder de acción y decisión.

Si bien esto implicó, lógicamente, problemas hogareños y una importante adaptación social, el capitalismo descubrió en ello una nueva fuente de riqueza. El Estado de Bienestar requería de abundante mano de obra, y las mujeres podían contribuir a ello. Los puestos relacionados con el sector terciario (comercio, finanzas, comunicación, turismo, ocio, cultura, espectáculos, atención al cliente, administración, etcétera) se multiplicaron, y la mayoría de ellos fueron ocupados por mujeres. Pero, a la vez, su participación en espacios que tradicionalmente estuvieron reservados para el hombre generó una fuerte competencia, que era aprovechada por las empresas para aumentar sus producciones.

Es durante esta época cuando se inventa y populariza la mayoría de los electrodomésticos que conocemos hoy: aspiradoras, lavarropas, licuadoras, cafeteras eléctricas, hornos, etcétera. Su existencia se debe al crecimiento industrial de la época, y su popularización, a que, debido a que las mujeres pasaban mucho menos tiempo en sus casas, buscaban la manera de hacer más rápidas y sencillas las tareas hogareñas. Al surgir los electrodomésticos, la demanda fue inmediata, primero en Estados Unidos y luego en todo el mundo.

Mujeres trabajando en una fábrica de baterías.
Hacia 1950.

La voz de los intelectuales

Fue considerable la expansión de la educación formal de las mujeres. El nivel secundario se amplió con un gran número de establecimientos y con nuevas modalidades de formación técnica y comercial para los jóvenes de ambos sexos. La enorme mayoría de las muchachas siguió optando, empero, por el magisterio o el bachillerato común y, en tercer lugar, aunque muy atrás, escogían la orientación 'comercial'. La enseñanza técnica, salvo algunas especialidades de 'artes y oficios' dedicadas a la 'formación femenina' en especialidades 'propias del género', no estuvo destinada a ellas.

Dora Barrancos, *Mujeres en la sociedad argentina*, Buenos Aires, Sudamericana, 2010.

¿Los años dorados o los años negros?

Muchos historiadores le dan el nombre de "los años dorados", o "los treinta gloriosos", al período que va desde el final de la Segunda Guerra Mundial hasta 1973, cuando hubo una importante crisis económica a mundial. En ese lapso las finanzas de los países capitalistas occidentales crecieron a un ritmo muy elevado, que contrastaba con los desastres de la guerra. Otros historiadores ven en esa misma etapa el comienzo de un proceso desastroso, que, si bien favoreció a gran parte de la población a corto plazo, resultaría contraproducente no sólo por las consecuencias económicas, sino también por la contaminación y los daños ecológicos irreparables que aparecieron en ese momento.

Como sea que se lo quiera entender, el período estuvo caracterizado por la expansión de las industrias en el mundo, un notorio aumento en la capacidad adquisitiva de las clases medias y bajas, y el cambio de ideologías que esto traía

consigo. La producción en masa iniciada por Henry Ford permitió que los automóviles llegaran a todas partes del mundo, pero también ocurrió lo mismo con muchos otros productos y servicios. McDonald's, por ejemplo, apareció en 1940, pero fue recién en 1955 cuando se instaló su primera franquicia. En 1960 ya había más de 200 establecimientos, y a finales de la década del setenta, casi 10.000. En la actualidad cuenta con más de 30.000 casas de comida, que atienden por día a aproximadamente 50 millones de personas en los 119 países en los que tiene sede. Este ejemplo es muy simbólico y representativo, no solamente porque habla del crecimiento mundial de una época, sino porque la marca se convirtió en un referente del capitalismo en todo el mundo, criticado por las consecuencias nocivas de su producción, por el método de trabajo que lleva a cabo y por la influencia que tiene en las finanzas de todos los territorios en los que fue asentándose.

La voz de los protagonistas

A ninguna persona hambrienta que esté también sobria se la podrá convencer de que se gaste su último dólar en algo que no sea comida. Pero a un individuo bien alimentado, bien vestido, con una buena vivienda y en general bien cuidado se le puede convencer de que escoja entre una maquinilla de afeitar eléctrica y un cepillo dental eléctrico. Junto con los precios y los costes, la demanda pasa a estar sujeta a la planificación.

John Kenneth Galbraith, El nuevo estado industrial, Barcelona, Ariel, 1967.

Actividades

- Averigüen quién fue John Kenneth Galbraith y cuál fue su importancia en las teorías políticas y económicas de mediados del siglo xx.
- A partir de eso, expliquen qué significa lo que dice más arriba, teniendo en cuenta su posición, el contexto en el que hablaba y la situación política internacional.

El Muro de Berlín

Cuando terminó la Segunda Guerra Mundial, los aliados decidieron permanecer algún tiempo en Alemania por razones de seguridad, y el país se dividió en dos: al Oeste, la República Federal Alemana, capitalista; y al Este, la República Democrática Alemana, comunista. Su capital, Berlín, fue dividida en cuatro sectores, controlados, respectivamente, por Gran Bretaña, Francia, Estados Unidos y la URSS. La ciudad se convirtió en un hervidero de conflictos no solo diplomáticos, sino también militares, ya que se encontraba en un punto estratégico de Alemania, que a su vez estaba ubicada en la frontera entre los países capitalistas y los comunistas.

El Muro de Berlín estaba provisto de un sistema muy completo de alambre de púas, fosos, barreras antitanque, recorridos por patrullas y torres de vigilancia.

Al principio, para evitar conflictos y traspasos de población de un lugar a otro, los comunistas construyeron vallas custodiadas por algunos soldados. Pero, como esto no resultaba eficaz, decidieron extremar las medidas, levantando, en 1961, un muro de más de tres metros de altura, a lo largo de 45 kilómetros, que partía a Berlín en dos. Esta construcción se convirtió, internacionalmente, en el símbolo más importante de la Guerra Fría y se mantuvo allí hasta 1989, cuando la URSS y el comunismo ya habían perdido fuerzas, con todos los cambios que esto traía consigo, y el muro fue derribado.

Mapa de Alemania y mapa del Muro de Berlín

Guerras de Corea y Vietnam

Estados Unidos y la URSS nunca se declararon la guerra formalmente, ni tampoco lucharon de manera directa en el campo de batalla. Sin embargo, el enfrentamiento era permanente porque participaban apoyando a uno u otro de los países más pequeños que sostenían guerras entre sí. Lo que estaba en juego era mucho más que cuestiones de delimitación política en lugares alejados de los centros de poder: era la primacía de una megapotencia sobre la otra.

Esta situación, que estuvo presente durante toda la Guerra Fría y se vio plasmada en diversos acontecimientos, tuvo particular importancia en dos conflictos bélicos del sudeste asiático, las guerras de Corea y Vietnam.

Mapa del sudeste asiático

La primera, ocurrida entre 1950 y 1953, se desató luego de finalizada la Segunda Guerra Mundial. Estados Unidos y la URSS ocuparon el territorio coreano, hasta ese momento en poder de los japoneses, aliados de Alemania, y derrotados por los aliados en la guerra. Se estableció un límite imaginario que dividía a Corea en dos: Corea del Norte estaba bajo la influencia comunista soviética, y Corea del Sur se encontraba apañada por el capitalismo estadounidense. Cuando el comunismo triunfó en China, la URSS se consideró lo suficientemente fuerte como para terminar de convertir los territorios asiáticos al comunismo, por lo que Stalin impulsó la invasión a Corea del Sur por parte de Corea del Norte. La respuesta de Estados Unidos y la ONU no se hizo esperar, y se envió a combatir a miles de soldados. El resultado final, tras una serie de triunfos y derrotas de ambos bandos, fue la aceptación de que hubiera dos Coreas separadas. En números, la guerra implicó la muerte de casi cinco millones de personas y dejó siete millones de desplazados y refugiados.

En Vietnam ocurrió algo similar, entre 1964 y 1975. Luego de la Guerra de Indochina, el territorio había quedado partido en dos: Vietnam del Norte, apoyado por el comunismo, y Vietnam del Sur, capitalista. Tras la invasión del Norte al Sur, Estados Unidos intervino en forma activa, enviando tropas e implementando una guerra química que mermó enormemente la población local y que le valió feroces críticas de los movimientos sociales de todo el mundo. Pese a ello, Vietnam del Norte (comandado por Ho Chi Minh) puso en práctica una guerra de guerrillas, que le permitió resistir e invadir el Sur, unificó ambos territorios en la República Democrática de Vietnam, y le causó a Estados Unidos la primera derrota militar de su historia.

Esa derrota no solo fue militar, sino que además implicó miles de soldados muertos, una gran conmoción social y el desprestigio internacional del Estado hegemónico.

El desarrollo japonés

En 1945 Estados Unidos tenía un producto bruto interno cinco veces superior al de Japón. Para 1980 Japón ya casi había conseguido alcanzarlo, sobre la base de un aumento de la industrialización sin precedentes en la historia. El "milagro japonés" del que habían muchos historiadores fue posible gracias al apoyo de Estados Unidos en la economía del país al que había arrojado dos bombas atómicas y luego invadido hasta 1952 para garantizar la paz en el mundo.

Este apoyo económico no fue casual ni realizado por generosidad, sino porque, para el occidente capitalista, era imprescindible contar con un aliado poderoso en el sudeste asiático, de fuerte predominio comunista. Tal es así que Japón se convirtió en un proveedor fundamental para los estadounidenses durante las guerras de Corea y Vietnam, consiguiendo duplicar su producción entre 1949 y 1953, y alcanzando un crecimiento del 10% anual entre 1966 y 1980.

Sin contar en su territorio con materias primas, como el petróleo o el hierro, Japón centró su crecimiento en una formidable capacidad de trabajo, volcada a la producción y exportación de tecnología avanzada, principalmente relacionada con las industrias automovilística y electrónica. Por ejemplo, en 1965 Japón produjo más de 24 millones de aparatos de radio, de los cuales más de 22 millones fueron vendidos fuera de la isla.

Un crecimiento similar, aunque sin la magnitud sostenida a lo largo de tantos años, fue alcanzado por los llamados "Tigres del Sudeste asiático": Taiwán, Corea del Sur, Hong Kong y Singapur. Todos estos países, que el occidente capitalista defendía del este comunista, fueron beneficiados por planes económicos e incentivados para producir a costos muy bajos, para luego exportar los productos a todo el mundo. Esto fue posible dada la abundancia de mano de obra y la pobreza en la que vivía gran parte de sus poblaciones, que, al no tener organizaciones obreras que los provegiesan, como ocurría en Europa o América, podían ser explotadas con altos beneficios para los empresarios e industriales, tanto los locales como los extranjeros.

Tokio, capital de Japón. Su área metropolitana tiene 34,5 millones de habitantes.

Osaka es la tercera ciudad de Japón, después de Tokio y Yokohama.

La economía comunista

En 1946 el Primer Ministro de Inglaterra manifestó que se había levantado una "cortina de hierro", o "telón de acero", que separaba el capitalismo occidental del comunismo del Este. La expresión se convirtió rápidamente en una frase de todos los días, que fue utilizada por otros políticos y medios de comunicación, consiguiendo una gran popularidad. La metáfora era muy representativa, ya que entre ambos bloques no existían prácticamente vínculos económicos.

A partir de 1945 la URSS extendió sus áreas de influencia, convirtiendo en estados "satélites" a países como Polonia, Hungría, Checoslovaquia, Yugoslavia, la República Democrática Alemana y Rumania. Si bien cada país tuvo diferencias con los demás en cuanto a las planificaciones económicas, básicamente las características de cada una eran las mismas.

En todos los casos el Estado ejercía un control directo sobre la producción y comercialización. Esencialmente, los ingresos se generaban a través de una importante red de industrias, también controlada por el Partido Comunista. Además, se creaban planes centralizados para que las economías siguieran rumbos fijados con anterioridad, que generalmente eran pautados para un lapso de cinco años. En todos los países comunistas, el consumo era mucho menor que en los capitalistas, tanto porque la oferta de productos y servicios era menor, como por las influencias político-ideológicas no siempre explicitadas que se producían desde el Gobierno. También estos países desarrollaron sistemas de protección social que brindaban a los habitantes planes de salud, seguros por enfermedad, vacaciones y otros beneficios. En todo esto, ocupaba un rol fundamental la burocracia estatal, compuesta por un número muy extenso de empleados administrativos del sector público.

La suma de todas estas características tuvo diversas consecuencias. A corto plazo, las economías comunistas crecieron más rápida y sostenidamente que las capitalistas, a un promedio del 7% anual, contra el 4,6% de los países occidentales. Sin embargo, a partir de la década del sesenta comenzaron a hacerse evidentes los inconvenientes del sistema burocrático, que era demasiado lento y pesado, y no permitía flexibilizaciones inmediatas que respondieran a las continuas fluctuaciones de un mundo en permanente cambio, además de ser muy propenso a la corrupción.

La voz de los intelectuales

La actividad económica del Estado socialista se basa en la propiedad social sobre los medios de producción y en las relaciones socialistas de producción condicionadas por dicho régimen de propiedad. (...)

El Estado nacionaliza los medios de producción más importantes pertenecientes a las clases explotadoras, ocupa los puestos de mando en la economía nacional. La propiedad socialista estatal (de todo el pueblo), desde los primeros pasos empieza a desempeñar el papel rector en toda la economía. Dirige el proceso de industrialización del país y la colectivización de la agricultura, ayuda a los campesinos a unirse en cooperativas de producción (...) El Estado concentra en sus manos la masa fundamental de los medios de producción, y ello le permite convertirse en el organizador del desarrollo de toda la economía del país.

Zhamin Borisov y Makárova. *Diccionario de economía política*. Madrid, Grijalbo, 1986.

La URSS después de Stalin

En 1953 murió el máximo dirigente de la Unión Soviética, Iósif Stalin, tras gobernar con mano dura los destinos de una gran parte del mundo por casi treinta años. Mientras vivió, su autoridad fue incuestionable: los medios de comunicación y las artes fueron censurados sistemáticamente, y tanto los opositores como aquellas figuras políticas o intelectuales que podían hacerle sombra fueron juzgados, encarcelados y, muchas veces, fusilados. Tras su muerte, el gobierno fue ocupado por un comité, que terminó siendo liderado por Nikita Kruschov, quien impuso una serie de medidas renovadoras para la URSS.

Nikita Kruschov, máximo dirigente de Rusia entre 1953 y 1964.

Durante el estalinismo, oficialmente se planteaba una realidad en la que el Partido Comunista, el Estado y el pueblo se encontraban unidos y sin fisuras, en una economía próspera y un sistema político triunfador. La otra realidad, no oficial, era que el partido se hallaba sumamente dividido; existían contradicciones sociales, problemas económicos, luchas por la sucesión del poder, crisis en la agricultura, desajustes en la industria; la burocracia entorpecía todas las acciones; no se podían satisfacer las necesidades de consumo de la población; había inconvenientes con las viviendas; los gastos militares eran desmesurados; la represión era masiva, y la Guerra Fría iba erosionando la confianza de la población. En definitiva, una situación realmente complicada.

El gobierno de Kruschov, advertido de todo esto, inició una serie de reformas que buscaban revertir el contexto. Se firmó la paz entre las dos Coreas, se suavizaron las relaciones diplomáticas con los otros líderes comunistas de Europa, se eliminó el culto a la personalidad que existía durante el estalinismo, se hizo una amnistía parcial con algunos presos políticos, se redujo el presupuesto de defensa, se revisó el código penal, se bajaron algunos impuestos y precios de productos de primera necesidad, se realizó una pequeña apertura cultural y disminuyó la represión.

Todas estas medidas intentaban suavizar la situación de la Unión Soviética en la década del cincuenta, en un clima de recrudecimiento de la Guerra Fría, tanto en el ámbito interno como externo. Los resultados no fueron los previstos, y la violencia y el descontento continuaron incrementándose. Junto con la censura, los estilos y el deterioro en la imagen de un sistema comunista que buscaba transmitir ideales cada vez más desprestigiados.

Actividades

• En el texto se habla de "culto a la personalidad". Averigüen de qué se trata y por qué se lo adjudica al gobierno de Stalin. Investiguen qué otros cultos a la personalidad fueron importantes en Europa y en América Latina, en el siglo xx.

El informe (no tan) secreto

Las atrocidades cometidas durante el estalinismo no eran conocidas más que por los servicios de inteligencia de la URSS. En el XX Congreso del PCUS (Partido Comunista de la Unión Soviética) de 1956, Kruschov presentó un informe en el que hacía un recuento de todo aquello que, hasta ese momento, no debía ser dicho. Entre otras cosas, lo que allí se explicitaba era que en la URSS nunca había habido democracia, sino un totalitarismo sin precedentes, y que, si bien a partir de entonces la gente podría expresarse un poco más libremente, las decisiones importantes seguirían correspondiendo solo al partido. El informe era secreto y no debía salir de aquel congreso, solamente destinado a los políticos rusos más encumbrados. Sin embargo, la información se filtró y fue publicada inmediatamente en toda Europa.

Los efectos no se hicieron esperar. Todos aquellos hombres y Estados que habían sido oprimidos durante los treinta años que Stalin estuvo en el poder vieron la posibilidad de rebelarse contra ese sistema, y muchos de ellos lo hicieron. Estallaron revoluciones populares en Hungría, liderada por un dirigente comunista llamado Imre Nagy, y en Polonia, liderada por otro comunista de renombre, Wladyslaw Gomulka. Ambos países, dominados por la URSS, pretendían independizarse y comenzar a tomar sus propias decisiones políticas, económicas, sociales y culturales.

Imre Nagy, estadista húngaro, miembro del Partido Comunista.

La reacción de la URSS tampoco demoró. Si bien en el XX Congreso se había hablado de otorgarles libertad a esos países comunistas, la idea quedó solo en palabras, porque inmediatamente se enviaron ejércitos soviéticos a que derrocaran a los líderes e impusieran nuevamente el orden, que, en efecto, estaba a cargo de la URSS y el PCUS. Aunque controlada la situación en lo inmediato, el malestar continuó acrecentándose en toda Europa del Este, y este tipo de levantamientos populares siguió existiendo hasta la caída de la Unión Soviética. En las décadas siguientes, el informe secreto de Kruschov se convertiría en un símbolo al que los opositores (internos y externos) harían permanente referencia, y del cual se valdrían para atacar al régimen. Otros levantamientos y guerras, en las que estuvo involucrada la URSS, estarían mediados por ese informe, que en definitiva no hacía más que demostrar las fallas de un sistema que hasta ese momento había elegido mostrarse como perfecto al exterior del partido. Esa contraposición, tan notoria, sería uno de los motores de creciente malestar que terminarían por remontar la imagen internacional del comunismo.

Wladyslaw Gomulka, secretario general del Partido Comunista polaco entre 1956 y 1970.

Esto no fue menor, ya que la pérdida progresiva de apoyo generó, finalmente, una crisis que, a la larga, acabaría con la caída del socialismo y de la URSS.

La carrera armamentística
y la Guerra de las Galaxias

Entre las consecuencias más importantes de la Guerra Fría estuvo el incremento desproporcionado de armas en todo el mundo. Tanto Estados Unidos como la URSS aumentaron sus presupuestos destinados a defensa de una manera nunca antes imaginada. Las armas, tanto los artefactos tradicionales como las bombas atómicas, de hidrógeno y todo tipo de nuevas invenciones bélicas, ya no se fabricaban para ganar la guerra, sino para disuadir al adversario de hacerla, lo que, paradójicamente, sirvió para mantener la paz durante esos años en los que la amenaza de una Tercera Guerra Mundial parecía inminente.

En la década del cincuenta apareció una gran novedad: la lucha por la conquista del espacio, a la que se le dio el nombre -un poco en broma, un poco en serio- de Guerra de las Galaxias. No es casual que la película de George Lucas, de 1977, lleve ese nombre, y que muchos críticos hayan entendido que su argumento central era una metáfora de la lucha entre el capitalismo y el comunismo, que planteaba que la Guerra Fría era una batalla entre el Bien y el Mal, sin quedar definido cuál representaba al Bien, y cuál, al Mal. En medio de este enfrentamiento, la URSS fue la primera en lanzar un satélite al espacio, el Sputnik, en 1957, y Estados Unidos, el primero en llegar con sus astronautas a la Luna, en 1969.

De esta misma época son las películas y series de espionaje y contraespionaje, como los clásicos *Misión Imposible*, *James Bond*, la parodia *Superagente 86*, y toda una amplia gama de literatura de espías y héroes que, apoyados por el Estado, salvan al mundo de las bombas, enfrentándose a peligrosos enemigos, presuntamente enviados por otro Estado.

La voz de los intelectuales

Con el fin de conseguir más apoyo del Congreso al incremento de los gastos de defensa, el complejo militar-industrial aprovechó repetidas veces el miedo de los ciudadanos de la Unión Soviética, para lo cual hizo estimaciones exageradas de las capacidades soviéticas.

Los soviéticos se vieron obligados a mantenerse a la altura de su adversario, más avanzado en el campo de la tecnología, y con el tiempo lograron igualar en número, aunque no en calidad, prácticamente todas las principales armas nucleares de Estados Unidos. Se dio la paradoja de que el resultado final de este ciclo de acción-reacción fue un incremento de la inseguridad tanto norteamericana como soviética. Cuantas más armas norteamericanas apuntaban a la Unión Soviética, más armas nucleares soviéticas apuntaban a Estados Unidos.

Ronald Powaski, *La guerra Fría. Estados Unidos y la Unión Soviética;
1917-1991*, Barcelona, Crítica, 2000.

La amenaza nuclear

El principal miedo que generaba la carrera armamentística era la amenaza de una guerra nuclear, con todas las desgracias que esto podía llegar a deparar. Como hemos visto en el capítulo anterior, las probabilidades reales de que la URSS y Estados Unidos tomaran ese camino eran prácticamente nulas, ya que los riesgos superaban por mucho lo que los líderes político y económicos estaban dispuestos a enfrentar. Sin embargo, esa amenaza nuclear se encontraba arraigada en las fantasías populares, que a su vez eran alimentadas por los mismos gobiernos, como veremos en el documento que leerán a continuación.

La voz de los protagonistas

Aprender a vivir con la Bomba

¿Usted puede sobrevivir? Usted puede sobrevivir a un ataque con bombas atómicas y no le harán falta equipos especiales, ni ropa de protección, ni un adiestramiento especial para lograrlo [...] ¿Cuáles son sus posibilidades? Si una moderna bomba cae sobre su ciudad sin previo aviso esta misma noche, sus posibilidades de sobrevivir serían, aproximadamente: Éstas: si usted fuera uno de los desafortunados que se encontraba justamente debajo de la bomba, no hay prácticamente esperanzas de sobrevivir. De hecho, en cualquier lugar a media milla (800 metros) del centro de la explosión sus posibilidades son de 1 sobre 10. Por otra parte, y esto es muy importante, de media milla a una milla de distancia del centro, sus posibilidades son de 50 por ciento. De una milla a una y media, la posibilidad de morir es sólo de 15 por ciento. Y en todos los puntos que distan desde la milla y media a las dos millas, las muertes descienden muchísimo, hasta sólo 2 ó 3 de cada 100. Más allá de las dos millas, la explosión no causará casi ningún fallecimiento. Naturalmente sus posibilidades de ser heridas son mucho mayores que las de resultar muerto. Pero hasta las heridas por radiactividad no significarían que usted quede lisiado o condenado a una muerte temprana. Sus probabilidades de conseguir una plena recuperación son más o menos iguales a las de los accidentes cotidianos. Estas estimaciones son válidas para bombas atómicas modernas lanzadas sin aviso. No se deje engañar por habladurías irresponsables sobre "super super bombas".

Folleto repartido por el gobierno estadounidense en las escuelas, 1950-1951.
En: Francisco Veiga, *La Paz Simulada*, 1941-1991, Madrid, Alianza, 1998.

Actividades

• Realicen un debate grupal en el que se cuestione la función social de lo que dice este documento, analizando también la relación del contenido con el tono que emplea. Redacten un folleto, dirigido a la misma sociedad en el mismo momento, aclarando cuáles eran los riesgos y las recomendaciones a tener en cuenta, llegado el caso de una guerra nuclear.

La izquierda en América Latina

El estallido de la Revolución rusa en 1917 demostró que la instalación del comunismo era algo posible. A partir de 1945, con la expansión del socialismo desde la URSS hacia el resto del mundo, esta idea cobró aún más fuerza.

En América Latina existían movimientos socialistas y anarquistas desde finales del siglo XIX, como consecuencia de la enorme inmigración de las clases trabajadoras desde Europa. Esos obreros fueron constituyéndose en agrupaciones, formaron partidos políticos y hasta comenzaron a presentarse a elecciones democráticas, aunque esta última medida fue criticada por los más extremistas. A mediados del siglo XX estos partidos se encontraban constituidos, con mucha fuerza en algunos países. Las nuevas tendencias políticas y el clima ideológico de la época contribuyeron a su desarrollo, que se vio facilitado por la enorme pobreza en la que se encontraba gran parte de América Latina.

Aparecieron entonces los primeros caudillos revolucionarios de izquierda, que organizaron levantamientos armados en varios países. Generalmente esos movimientos tenían al frente a una guerrilla compuesta por jóvenes idealistas, intelectuales y campesinos que buscaban cambiar el mundo a través de las ideas y las armas que llevaban consigo. Inspirados en las guerras de guerrillas libradas en la China de Mao, el Vietnam de Ho Chi Minh y las luchas independentistas de África, estos revolucionarios fueron cobrando cada vez más protagonismo en la historia.

En algunas ocasiones, la izquierda pudo derrocar a los gobiernos que ejercían el poder, y logró dirigir los destinos de esos Estados durante algún tiempo. El caso de Cuba es el más simbólico en este sentido, ya que la revolución de 1959, que llevaba varios años intentando tomar el poder, tuvo como consecuencia la implantación del socialismo en la isla.

Tanto los partidos políticos de izquierda como las guerrillas que se movían dentro de las diversas regiones contaban, en la mayoría de las ocasiones, con apoyo explícito de otros partidos internacionales. Al comienzo, la URSS ejercía el monopolio dentro del comunismo latinoamericano, pero, tras la experiencia de China y de otros estados socialistas, y por las consecuencias de la divulgación del Informe secreto de Kruschev, la izquierda se fragmentó ideológicamente en múltiples tendencias, muchas veces irreconciliables entre sí.

La voz de los protagonistas

Ningún pueblo de América Latina es débil, porque forma parte de una familia de doscientos millones de hermanos que padecen las mismas miserias, albergan los mismos sentimientos, tienen el mismo enemigo, sueñan todos un mismo mejor destino y cuentan con la solidaridad de todos los hombres y mujeres honrados del mundo. Esta epopeya que tenemos delante la van a escribir las masas hambrientas de indios, de campesinos sin tierra, de obreros explotados, la van a escribir las masas progresistas, los intelectuales honestos y brillantes que tanto abundan en nuestras sufridas tierras de América Latina.

Ernesto Guevara, discurso pronunciado ante la Asamblea General de la ONU, en 1964.

Los populismos en América Latina

El concepto "populismo" apareció por primera vez en la Antigua Roma para definir a aquellos gobernantes que veían en el pueblo la base de su poder político. Es decir, que tomaban medidas populares para contar con el apoyo de una gran cantidad de personas.

En América Latina el populismo fue una forma de gobierno muy común desde principios del siglo XX. Los líderes populistas elaboraron un discurso en contra de las oligarquías y el imperialismo extranjero, principalmente de Estados Unidos y Gran Bretaña, pero también de la URSS, que les valió la aclamación de las clases bajas oprimidas y el apoyo de los sectores nacionalistas.

Entre 1930 y 1940 aparecieron políticos ideólogos de los "populismos clásicos", Haya de la Torre en Perú, Gaitán en Colombia, y los que llegarían a ser presidentes de su país: Cárdenas, en México; Betancourt, en Venezuela, y Perón, en la Argentina. Se caracterizaron por apelar a la movilización de las masas urbanas, por estimular la organización y la sindicalización del movimiento obrero bajo el amparo estatal, y por ejecutar políticas nacionalistas.

Raúl Haya de la Torre. En 1924 había fundado la Alianza Popular Revolucionaria Americana (APRA), un movimiento que intentaba representar a las masas excluidas de la "América India", antiobligárquico y antiimperialista.

En las décadas de 1950 y 1960 continuaron apareciendo propuestas populistas, como las de Paz Estenssoro en Bolivia, Carlos Ibáñez en Chile y Getulio Vargas en Brasil. En muchos casos estos gobernantes aseguraban estar cerca de corrientes ideológicas de izquierda, sin embargo, los socialistas y comunistas los criticaron permanentemente, ya que aseguraban que el populismo era otra manera más de engañar al pueblo con palabras, cuando en los hechos no se hacía más que afianzar las medidas capitalistas.

Hacia la década de 1970, las élites consideraron que seguir atendiendo las demandas de las masas no solo generaba aumentos de sueldo, inflación y gasto público, sino que traía consigo el fantasma de la revolución cubana y el socialismo chileno. La intervención del ejército derivó progresivamente en el abandono de los populismos.

Carlos Ibáñez, presidente chileno, durante su segunda presidencia (1952-1958).

El presidente Lázaro Cárdenas decreta la nacionalización del petróleo en México, 1938.

Rómulo Betancourt, presidente de Venezuela entre 1959 y 1964.

Los caudillos y el autoritarismo

Los líderes populistas heredaron la tradicional figura del caudillo que existía en América Latina desde el proceso de independencias, aunque su imagen varió considerablemente. En la mayoría de los casos fueron acusados de autoritarios y hasta de fascistas por sus opositores, algo que sigue generando controversias en muchos países.

La realidad es que las experiencias populistas variaron mucho entre sí. Algunos caudillos llegaron al poder mediante un golpe de Estado militar, y se quedaron en el gobierno por largos años sin molestarse en llamar a elecciones ni prestar atención a las demandas de una apertura parlamentaria, división de poderes, etcétera. Lo que, técnicamente, es muy cercano a las definiciones de autoritarismo.

Sin embargo, en otras ocasiones esa acusación se centraba en aspectos más sutiles, ya que los caudillos llegaban democráticamente al poder, mediante el voto popular. Pese a eso, muchas veces la demagogia, la censura, la corrupción y, en algunos casos, la represión contribuían a incidir en la elección de los votantes. Los defensores de esos gobiernos argumentaban, por su parte, que muchas de esas medidas eran necesarias para poder darle al pueblo lo que el pueblo necesitaba, algo inviable si se respetaban los caminos tradicionales de la política.

Los dictadores Stroessner y Pinochet.

La voz de los intelectuales

Cuando se habla de caudillos, uno tiende a imaginar a los hombres a caballo, luchando por la independencia del yugo español; o a hombres a caballo en guerra sangrienta contra otros hombres a caballo, iguales a ellos. Al caudillo también lo imaginamos en uniforme verde olivo y medallas en el pecho. Pero los caudillos (...) son también hombres vestidos de traje y corbata, que juegan al tenis, van a la ópera e incluso llevar gorrita de béisbol a un mitin político.

Gabriela Polit Dueñas, *Cosas de hombres. Escritores y caudillos en la literatura latinoamericana del siglo xx*, Rosario, Beatriz Viterbo, 2008.

Actividades

- La discusión, en el fondo y atravesada por la ideología y los intereses, pasa por la pregunta que Maquiavelo ya se planteaba en el siglo xvi: si el fin justifica los medios. Organicen un debate grupal a partir de esta cuestión y reflexionen al respecto.

El Brasil de Vargas

Uno de los caudillos populistas más importantes de la historia de América Latina fue Getúlio Vargas, presidente de Brasil en cuatro ocasiones: 1930-1934, 1934-1937, 1937-1945 y 1951-1954. Llegó al poder mediante un golpe militar que buscaba terminar con el dominio político y económico del sistema del "café con leche", nombre que se le daba al modelo centrado en las regiones que se dedicaban a la producción y/o exportación de café y/o ganado.

Sus primeros tres gobiernos fueron dictaduras autoritarias que, pese a ello, tuvieron como objetivo la mejora en el nivel de vida de las clases trabajadoras de Brasil. En la primera etapa formó parte de una junta militar, ejerciendo plenos poderes. En la segunda gobernó de manera constitucional, aunque sin elecciones, permitiendo la reaparición de los partidos políticos y el normal funcionamiento del Congreso.

Pero, tras la denuncia de un plan comunista para tomar el poder, en 1937 Vargas realizó un autogolpe a su propio Gobierno, cerrando el Congreso, disolviendo todos los partidos políticos y creando una nueva constitución que lo habilitaba para gobernar de manera unipersonal el recién creado *Estado Novo*.

En 1945, con la finalización de la Segunda Guerra Mundial y la presión democrática que esta ejercía en distintos sectores de la sociedad, Vargas fue derrocado. Pese a ello siguió participando en la vida política al ser elegido senador. En 1951 se presentó a elecciones democráticas por primera vez y resultó ganador. En 1954 un nuevo golpe militar lo derrocó, y ese mismo día Vargas se suicidó, dejando una carta-testamento que marcó el fin de una época y el comienzo de una nueva, aún más conflictiva.

La voz de los protagonistas

Mi sacrificio los mantendrá unidos y mi nombre será vuestra bandera de lucha. Cada gota de mi sangre será una llama inmortal en su conciencia y mantendrá la vibración sagrada para resistir. Al odio respondo con perdón. Y a los que piensan que me derrotan respondo con mi victoria. Era un esclavo del pueblo y hoy me libro para la vida eterna. Pero este pueblo, de quien fui esclavo, no será más esclavo de nadie. Mi sacrificio quedará para siempre en sus almas y mi sangre tendrá el precio de su rescate.

Luché contra las privaciones en el Brasil. Luché con el pecho abierto. El odio, las infamias, la calumnia no abatieron mi ánimo. Les daré mi vida. Ahora les ofrezco mi muerte. Nada de temor. Serenamente doy el primer paso al camino de la eternidad y dejo la vida para entrar en la historia.

Getúlio Vargas, Carta-testamento del 24 de agosto de 1954.

Actividades

• Reflexionen sobre la historia de Brasil, de Vargas y del populismo en América Latina. ¿Qué elementos populistas pueden encontrarse en este fragmento de su carta-testamento? Imaginen las reacciones que puede haber suscitado en los diferentes sectores de la sociedad y, a partir de esta reflexión, elaboren un texto argumentativo.

La revolución boliviana

El territorio boliviano fue históricamente castigado por choques con otros países. A mediados del siglo XIX la Confederación Perú-Boliviana perdió la guerra con Chile, lo que ocasionó que Bolivia quedara sin acceso al mar, razón por la cual, años más tarde, se enfrentaría con Perú, y también sufriría grandes daños. Ya en el siglo XIX la Guerra del Chaco, contra Paraguay, le generaría aún más pérdidas de territorio y hombres, además de importantes gastos y una hoja de moral generalizada.

En Bolivia los "barones del estaño" eran quienes controlaban los recursos. Eran empresarios dueños de minas, que explotaban a los obreros para poder exportar mayor cantidad de minerales. El caso más representativo es el de Simón Iturri Patiño, quien pasó de ser empleado de las minas a comprar varias de ellas, controlando alrededor del 50% de la producción boliviana, con un personal de más de cien mil hombres y una fortuna superior a los trescientos millones de dólares, y con rentas superiores a las del Estado (un caso único en el mundo).

El presidente Paz Estenssoro dando lectura a un nuevo plan económico.

La sociedad boliviana, fuertemente explotada desde la época colonial, veía cómo progresivamente el Estado y las empresas expropiaban tierras a los indios. Según el censo de 1950, en Bolivia vivían poco más de tres millones de personas; de ellas, más de la mitad eran indios y se dedicaban a actividades agrícolas. Fue la suma de todos estos factores históricos, políticos, económicos y sociales la que condujo a la formación de un partido político que buscaba revertir la situación: el Movimiento Nacionalista Revolucionario. Tras un levantamiento militar fallido, el MNR se presentó a las elecciones y ganó por una diferencia abismal, pero los comicios fueron anulados por la elite minera, aduciendo un complot entre el MNR y el comunismo, que en la realidad era inexistente en Bolivia. Eso generó aún más simpatía por parte de las clases oprimidas hacia aquel partido.

Siles Zuazo asumiendo la presidencia el 31 de octubre de 1982.

En 1952 el MNR organizó nuevamente una revolución, comandada por Víctor Paz Estenssoro y Hernán Siles Zuazo, que consiguió llegar al poder y establecer una serie de medidas, esencialmente agrarias, que buscaban mejorar el nivel de vida de las clases bajas y trabajadoras. Se nacionalizaron las minas, el Estado tomó el monopolio de exportación del estaño, se decretó el voto universal y se llevó a cabo una gran reforma educativa.

Aunque ideológicamente los gobiernos de Paz Estenssoro y Siles Zuazo fueron los más independientes de la historia de Bolivia, en lo económico estuvieron totalmente atados a las directivas financieras de Estados Unidos, que otorgó préstamos millonarios para sostener las reformas que se buscaba realizar.

Intervención estadounidense en Guatemala

Hasta mediados de la década de 1940 Guatemala estuvo gobernada por dictadores, que respondían a los intereses de la United Fruit Company. Esta era una compañía multinacional estadounidense que se dedicaba a la producción de frutas (principalmente bananas) en los países de América Central y el Caribe, para luego exportarlas a todo el mundo. La United Fruit tenía pleno control de los puertos, las rutas y más del 40% de las tierras de Guatemala, algo similar a lo que ocurría en muchas otras regiones del continente.

En 1944 un golpe militar derrocó al presidente guatemalteco de turno, y la junta militar que ocupó el poder llamó a las primeras elecciones democráticas desde 1930. El ganador, Juan José Arévalo, impulsó reformas constitucionales que se asemejaban mucho a algunas políticas consideradas socialistas. Su sucesor,

La United Fruit Company en Guatemala, alrededor de 1950.

Jacobo Árbenz, continuó con estas medidas, ahondando aún más en ellas. Su gran apuesta fue la implementación de una reforma agraria, que tenía como objetivo quitarle las tierras a la United Fruit Company y distribuirlas entre el pueblo, que padecía una enorme pobreza.

Frente a esto, la United Fruit recurrió a la ayuda del presidente de Estados Unidos, Dwight David Eisenhower, reclamando la intervención del Gobierno. Acusaban a Árbenz de ser comunista, y tanto el peso que la compañía bananera tenía en el mercado estadounidense como el contexto de macartismo que se vivía contribuyeron para que Eisenhower tomara la decisión de actuar a favor de estos intereses.

Durante un año la CIA estuvo organizando en secreto un golpe militar para derrocar al presidente Árbenz y poner en el poder, nuevamente, a una figura seleccionada por ellos, que respetara las conveniencias de la United Fruit. Este golpe, que efectivamente ocurrió en 1954, fue el primero de una larga lista que seguiría acrecentándose en los años siguientes. A partir de entonces la CIA adquirió un papel fundamental en la política de los países latinoamericanos, contribuyendo a poner y sacar gobiernos mediante operaciones militares encubiertas que tenían fines económicos e ideológicos, siempre favorables para Estados Unidos.

Actividades

- ¿Qué puntos en común encuentran entre la United Fruit Company y las actividades mineras del barón del estaño, Simón Iturri Patiño?
- ¿Cuáles son las principales características de esta compañía multinacional?
- ¿Conocen alguna empresa que, en la actualidad, reúna características similares?

Antecedentes de otras intervenciones estadounidenses

El caso de Guatemala fue sumamente violento y simbólico, pero no fue el primero ni el último. Estados Unidos procedía de maneras similares desde comienzos del siglo xx, como veremos en el siguiente texto.

La voz de los intelectuales

En 1909 Taft y Knox (Presidente y Secretario de Estado de Estados Unidos) comprobaron que Honduras adeudaba sumas considerables a acreedores ingleses (...) El gobierno norteamericano forzó al hondureño a aceptar que un grupo financiero privado de Estados Unidos tomara a su cargo la deuda externa del país centroamericano. Cañoneras e infantes de marina se hicieron presentes para garantizar la operación.

En 1910 se efectuó una operación parecida en la República de Haití. Bajo la protección de infantes de marina y unidades navales estadounidenses, un grupo bancario compró el Banco Nacional haitiano y lo manejó de acuerdo a sus propios intereses como sucursal de Wall Street.

Otra intervención de Taft se llevó a cabo en Nicaragua, república de particular importancia no sólo económica (grandes inversiones en la producción y exportación de bananas) sino también estratégica (...) Para 1909, el mandatario nicaragüense de orientación nacionalista, José Zelaya, había disgustado al gobierno y a los grupos privados norteamericanos por su política independiente. Estados Unidos dio su apoyo a un conato de golpe contra Zelaya. El enérgico gobernante debeló la intentona y mandó a fusilar a dos mercenarios norteamericanos capturados en el transcurso de la acción represiva. El gobierno de Washington protestó, expulsó al encargado de negocios nicaragüense y envió barcos de guerra al país centroamericano. Zelaya cayó y fue reemplazado por un gobierno provisional, que fue obligado, bajo amenaza de cañones y desembarco de marines, a suscribir un acuerdo por el cual Nicaragua recibía un préstamo norteamericano y, a cambio de ello, entregaba sus aduanas a un administrador estadounidense, designado en 1911. Posteriormente, entre 1912 y 1931, los infantes de marina entraron a Nicaragua varias veces.

En 1913, antes de entregar el gobierno a Wilson, Taft había obligado a Nicaragua a aceptar la entrega a Estados Unidos, por un lapso de 99 años, de dos islas en el Golfo Fonseca, a cambio de la cancelación de las deudas pendientes con los bancos norteamericanos.

Demetrio Boersner, *Relaciones internacionales de América Latina,*
México, Nueva Imagen, 1982.

Sandino, los Somoza y Nicaragua

Al igual que todos los países de América Central y Caribe, Nicaragua sufrió la influencia de Estados Unidos desde el momento de su independencia de España. Como ocurría en Guatemala, los estadounidenses dominaban política y económicamente el país, poniendo y sacando gobiernos de acuerdo con sus intereses y explotando las tierras según sus conveniencias.

A mediados de la década de 1920 apareció un caudillo que se opuso férreamente a estas medidas, y que tampoco se aliaba con los liberales ni los conservadores nicaragüenses, que, aunque opuestos entre sí, terminaban buscando el apoyo de Estados Unidos. Augusto Sandino inició una serie de luchas armadas que tenían como objetivo la autonomía del país, alcanzando altos índices de popularidad y apoyo por parte de la población, que colaboraba en la guerra de guerrillas que él comandaba. Los principales objetivos eran las ocupaciones estadounidenses, muchas de las cuales estaban en manos de la ya conocida United Fruit Company. La respuesta de Estados Unidos fue crear la Guardia Nacional de Nicaragua, un ejército

compuesto por soldados nicaragüenses que tenía como objetivo reprimir cualquier oposición al Gobierno.

Sandino consiguió por fin lograr sus objetivos y expulsar a los estadounidenses. Una vez firmados los tratados de paz, la guerrilla sandinista aceptó desarmarse, y ese fue el momento aprovechado por la Guardia Nacional para asesinar a Sandino y tomar el poder en Nicaragua.

El jefe de la Guardia, Anastasio "Tacho" Somoza, inició en 1937 una etapa de dictaduras militares que duraría, con algunos intervalos, hasta 1979, gobernando con mano dura y atendiendo a los intereses económicos e ideológicos de Estados Unidos. No solamente ejerció el poder en dos ocasiones (1937-1947 y 1950-1956), sino que además instaló un sistema político en el que también participaron sus hijos, Luis Somoza Debayle (1956-1963) y Anastasio "Tachito" Somoza Debayle (1967-1972 y 1974-1979). Los Somoza fueron el sello de una época. Además del autoritarismo, sus gobiernos estuvieron marcados por la corrupción, la violencia, la intolerancia y la negligencia.

NOTA AL CAPITÁN HATFIELD

12 de Julio de 1927

Campamento de El Chipote, Vía San Fernando.
Al Capitán G. D. Hatfield
El Ocotal

Recibí su comunicación ayer y otras extraviadas de ayer. No me rendiré y aquí los espero. Yo quiero patria libre o morir. No les tengo miedo, cuento con el orden del patriotismo de los que me acompañan.

Patria y Libertad
A. C. Sandino

CIRCULAR DE HATFIELD

11 de Julio 1927

A todos aquellos que pueda interesarles:

Augusto C. Sandino, en un tiempo Gral. de los Ejércitos Liberales, se ahora un individuo fuera de la ley, en rebelión contra el Gobierno de Nicaragua. Por consiguiente, aquellos que anden con él y permanezcan en su territorio ocupado de sus fuerzas, lo hacen bajo propia responsabilidad, y si el Gobierno de Nicaragua, ni el de los Estados Unidos de América, serán responsables por los muertos o heridos que resulten de las operaciones militares de las fuerzas nicaragüenses o americanas en el territorio ocupado por Sandino.

G. D. Hatfield
Cap. U.S. Marine Corps.,
Commanding Nueva Segovia.

Sandino rechaza así la intimación a rendirse que el capitán estadounidense le había formulado dos días antes. Hatfield responde ratificando su proscripción.

La revolución cubana

Cuba fue el último país americano en independizarse de España; lo hizo recién en 1898. A partir de ese momento quedó bajo la influencia de Estados Unidos, que indirectamente controlaba su economía, basada en la exportación del azúcar. A comienzos de la década del cincuenta la prosperidad de la que había gozado la isla iba en descenso, y el gobierno había quedado a cargo de un dictador proestadounidense, Fulgencio Batista.

En 1953 una facción de estudiantes universitarios nacionalistas, liderados por Fidel Castro, intentaron tomar el poder por las armas y fueron derrotados. Batista los encarceló, pero consiguieron exiliarse en México, donde se reorganizaron, y volvieron poco tiempo después. Al desembarcar nuevamente en Cuba, las tropas de Castro volvieron a ser derrotadas, pero un grupo de supervivientes se internó en la selva de Sierra Chica. Allí se reorganizaron una vez más y, con el apoyo de los campesinos, fueron avanzando poco a poco sobre las poblaciones, tomando cada vez más territorio.

Fidel Castro y Ernesto "Che" Guevara.

El 1 de enero de 1959 este Ejército Rebelde, liderado por el médico argentino Ernesto "Che" Guevara, ocupó La Habana, capital de Cuba. Batista, cuyo apoyo popular había ido desapareciendo año tras año, se escapó de la isla. Los revolucionarios tomaron el poder, que fue ejercido desde ese momento por Fidel Castro, quien se mantuvo en esa posición hasta que las enfermedades lo obligaron a ceder el rol a su hermano, Raúl Castro, en el año 2008.

El Gobierno revolucionario encarceló, expulsó o fusiló a los opositores e, incluso, muchas veces a sus propios miembros, cuando estos no apoyaban las medidas de Castro y su cúpula directiva inmediata. Eso permitió tener el espacio necesario para llevar a cabo una inmensa e intensa reforma agraria, educativa, sanitaria y política, que afectó los intereses de la burguesía. Se realizó un formidable reparto de tierras a expensas de las empresas extranjeras y se reformuló todo el sistema económico de la isla. Como era de preverse, estas medidas socialistas, sin precedente en América Latina, enfrentaron al nuevo Gobierno con Estados Unidos, en un contexto donde la Guerra Fría era el principal asunto de interés internacional.

La voz de los intelectuales

La revolución cubana tenía de todo: romance, héroes en las montañas, líderes estudiantiles que ofrecían la generosidad sin límite de su juventud –los más veteranos apenas pasaban de los treinta años–, el júbilo de un pueblo al ritmo de la rumba en un paraíso turístico tropical. Y lo mejor, podía atraer a todos los líderes de la izquierda revolucionaria.

Eric Hobsbawm, *op. cit.*

Cuba y la crisis de los misiles

En 1961 el Gobierno de Estados Unidos envió una expedición naval a derrocar a Fidel Castro. Si bien los que iban al frente eran cubanos opositores, la operación fue digitada por el Gobierno estadounidense, que intentó que la CIA tuviera resultados similares a los de Guatemala, cuando expulsaron a Jacobo Árbenz y sustituyeron la influencia empresarial. Sin embargo, la expedición fue derrotada por los revolucionarios.

Esto hizo que Fidel Castro tuviera que rever algunas cuestiones ligadas al apoyo internacional. Si en un primer momento había intentado no quedar pegado a la URSS y el comunismo, la invasión estadounidense lo persuadió de la necesidad de formar parte de un bloque mayor. Así, se proclamó abiertamente socialista y buscó la protección política, económica y militar de la URSS.

A cambio de esto, la Unión Soviética de Kruschov intentó instalar misiles atómicos en Cuba, en 1962. La situación generó un conflicto de proporciones desmesuradas, y durante unos días la amenaza de una Tercera Guerra Mundial de carácter nuclear pareció ser algo inminente. Finalmente los gobiernos de Estados Unidos y la Unión Soviética llegaron a un acuerdo, y los rusos retiraron los misiles que habían trasladado hasta allí.

La voz de los protagonistas

En el nombre del Gobierno soviético y el pueblo soviético, yo le aseguro que sus conclusiones con respecto a las armas ofensivas en Cuba son infundadas. (...) De hecho, en la realidad, las mismas formas de armas pueden tener interpretaciones diferentes.

Usted es un hombre militar, y yo espero me entienda. Permítanos tomar un cañón simple por ejemplo. ¿Qué clase de medios es esto: ofensivo o defensivo? Un cañón es un medio defensivo si es fijo a defender límites o un área fortificada. Pero si uno concentra la artillería, y agrega a él un número necesario de tropas, entonces los mismos cañones se vuelven un medio ofensivo.

¿Cómo puede uno, por consiguiente, dar tal interpretación completamente incorrecta como usted está dando ahora, de que algunas clases de medios en Cuba son ofensivos? Todos los medios localizados allí, y yo le aseguro de esto, tienen un carácter defensivo (...) Sr. Presidente, justed piensa muy en serio que Cuba puede atacar a los Estados Unidos, y que incluso nosotros junto con Cuba podemos atacado desde territorio de Cuba? ¿Usted realmente puede pensar así? ¿Cómo esto es posible?

Carta de Nikita Kruschov a John Fitzgerald Kennedy. Moscú, 26 de octubre de 1962. En *Documentos sobre la amistad soviético-cubana.* Moscú, Pravda, 1963.

Actividades

• Redacten, de manera individual, una posible respuesta al máximo líder de la URSS. Para hacerlo, imaginen que son el presidente de Estados Unidos, y que de sus cartas depende el destino del mundo. Tengan en cuenta el contexto político, histórico e ideológico del mundo en 1962, y los intereses que Estados Unidos tenía en este asunto.

El *boom* latinoamericano

Históricamente, la literatura latinoamericana nunca tuvo demasiada repercusión fuera de sus propias fronteras. Sin embargo, durante las décadas de 1960 y 1970 la situación se revirtió. Los sucesos políticos e ideológicos que mantuvieron a América Latina en ebullición durante esos años hicieron que el mundo le prestara mucha más atención. Esto fue aprovechado por el mercado editorial europeo, principalmente español, que impulsó la venta internacional de autores latinoamericanos de ficción.

El *boom* permitió que la literatura de América Latina pasara a primer plano y se hicieran mundialmente famosos novelistas, cuentistas y poetas como Julio Cortázar y Ernesto Sábato (Argentina), Carlos Fuentes y Juan Rulfo (México), Gabriel García Márquez y Álvaro Mutis (Colombia), Mario Vargas Llosa y Alfredo Bryce Echenique (Perú), José Donoso y Jorge Edwards (Chile), Augusto Roa Bastos (Paraguay), Juan Carlos Onetti y Mario Benedetti (Uruguay), Alejo Carpentier y José Lezama Lima (Cuba) y Jorge Amado (Brasil), entre muchos otros.

La mayoría de estos autores escribía a partir de una tendencia de la época, el realismo mágico, que consistía en introducir elementos excepcionales en contextos de vida cotidianos. Casi todas sus historias están ambientadas en ciudades o pueblos latinoamericanos, donde la "gente común" suele ser protagonista de las historias.

Este auge tuvo innegables beneficios para muchos escritores que participaron entonces. Sin embargo, terminó por convertirse en una exigencia del mercado, que impuso sus intereses al estilo, las ideologías y las propuestas de los autores que aparecieron años después. Las grandes editoriales internacionales asociaron América Latina al realismo mágico, desechando cualquier otro proyecto que intentara mostrar otras realidades sociales.

La caída de Perón

En 1955 un golpe militar derrocó a Perón, quien debió exiliarse de la Argentina. Básicamente, las causas de su caída fueron tres. La primera, la reforma constitucional de 1949, que lo habilitaba para ser reelecto presidente, como ocurrió en 1952, lo que fue severamente cuestionado por los opositores. La segunda, la falta de legitimidad de su Gobierno frente a muchos sectores de la sociedad que eran, esencialmente, aquellos que habían resultado vencidos en las elecciones, y los respectivos grupos de presión a los que estos representaban. La tercera, las reacciones frente a la expansión del Estado en la vida pública y privada, con las consecuencias que esto trajo.

Si bien se criticaron fuertemente sus móviles, la legalidad de su Gobierno nunca fue un punto de discusión, incluyendo la mencionada reforma constitucional. Tampoco influyeron en su caída las políticas económicas que implementó (con los que casi toda la oposición coincidía), sino que jugaron en contra las consecuencias más o menos

directas de esas medidas, como, por ejemplo, la movilidad social, que alteró el orden cotidiano, cosa que los sectores conservadores y tradicionalistas no estaban dispuestos a admitir.

Perón ganó todas las elecciones a las que se presentó. Sin embargo, su forma de gobernar no era estrictamente democrática. Eso se vio reflejado en el hecho de que ejercía el poder sin prestar atención a las recomendaciones ni a las críticas de la oposición, pero tampoco a las de sus propios partidarios.

Con su caída, en 1955, la sociedad argentina se dividió entre aquellos que seguían incondicionalmente a Perón, y aquellos otros que lo odiaban profundamente, pero los cambios sociales que se iniciaron con las medidas tomadas durante sus presidencias no pudieron ser desmantelados ni revertidos. La clase obrera consiguió con él un espacio que no estaría dispuesta a resignar, y ese fue uno de los puntos más conflictivos para los gobiernos de los años posteriores.

La voz de los intelectuales

La década peronista había dividido profundamente a la sociedad argentina entre quienes se habían beneficiado por las "conquistas sociales" y quienes aborrecían la ausencia de libertad (...) Parecía que el precio de la justicia social había sido la supresión de los derechos políticos y la libertad civil. La tragedia de las dos décadas siguientes fue que ambas versiones del peronismo eran ciertas para sectores opuestos de la sociedad.

Samuel Amaral, "De Perón a Perón", en *Nueva Historia de la Nación Argentina*. Tomo VII, Academia Nacional de la Historia, Buenos Aires, Planeta, 2001.

Actividades

• Samuel Amaral habla de dos versiones del peronismo, por parte de dos sectores opuestos de la sociedad. Identifiquen cuáles son esas versiones y cuáles, esos sectores, y qué intereses y expectativas tenía cada uno.

La Revolución Libertadora

Los intentos de derrocar a Perón se remontan a 1951, cuando el general Benjamín Menéndez se sublevó junto a una parte del Ejército, siendo finalmente reprimido. Más tarde, hubo un segundo intento en junio de 1955, que contó con un explícito apoyo de la Iglesia Católica, y que tuvo como puntos más impactantes el bombardeo de Plaza de Mayo (con más de 300 muertos) y la posterior represalia por parte de sectores peronistas, que quemaron más de diez iglesias.

La revolución que derrocó a Perón en septiembre de 1955 contó con apoyo de altos mandos militares y de muchos grupos civiles, algunos integrados por reconocidas figuras públicas, lo que marcaba una gran diferencia con los anteriores golpes de 1930 y 1943. La revolución comenzó en Córdoba, y rápidamente se extendió por todo el país. Tras los enfrentamientos, en los que se hizo evidente que ya no podía continuar en el poder, Perón pidió asilo en la embajada de Paraguay, gobernado dictatorialmente por Alfredo Stroessner desde 1954 hasta 1989, quien le facilitó la salida del país en uno de sus barcos de guerra.

El general Eduardo Lonardi junto a revolucionarios, septiembre de 1955.

Lo voz de los intelectuales

Es difícil encontrar un período de la historia argentina al que se le hayan aplicado tantas metáforas como el iniciado en 1955 con el derrocamiento del presidente Perón. Si para sus protagonistas y las generaciones que los precedieron fue una "revolución libertadora" o "fusiladora", según el cristal con el que se miraba, para los estudiosos que intentan comprenderla se abrió un nuevo período histórico que fue descripto en términos de "semidemocracia" por la proscripción del peronismo, "parlamentarismo negro" por el ejercicio de la política fuera de los canales institucionales, "empate" porque cada uno de los actores tenía la capacidad para bloquear los proyectos de sus adversarios pero era incapaz de realizar los suyos o "juego imposible" dadas las dificultades de ganar las elecciones sin contar con el voto peronista y de conservarse en el Gobierno sin el apoyo del Ejército que proscribía al peronismo.

César Tcach, "Golpes, proscripciones y partidos políticos", en David James (director), *Violencia, proscripción y autoritarismo*, *Nueva historia argentina*, Tomo IX, Buenos Aires, Sudamericana, 2003.

Los "libertadores"
Lonardi y Aramburu

El general Lonardi, líder de la revolución iniciada en Córdoba, asumió como presidente provisional, designando vicepresidente al almirante Isaac Rojas, representante de la Marina y del más ferviente antiperonismo. Ambos eran apoyados por los grupos nacionalistas y clericales más fuertes del país.

El discurso y las políticas de Lonardi se articularon a partir de su frase más representativa: "Ni vencedores ni vencidos". Esto quería significar que el objetivo del nuevo Gobierno era tener cierta tolerancia con los peronistas, pero no con Perón, a quien se buscaba eliminar definitivamente de la escena política. El deseo de Lonardi era mantener toda la estructura del peronismo, pero cambiándola de figura de Perón por la suya. Esto, por supuesto, no funcionó, ya que nadie estuvo dispuesto a aceptar esta situación. Lonardi se vio obligado a presentar su renuncia, y quien asumió como presidente fue otro destacado general que había participado en el levantamiento, Pedro Eugenio Aramburu, quien mantuvo en la vicepresidencia al almirante Rojas.

Aramburu extremó las medidas de Lonardi, combinando la represión hacia los opositores con intentos de persuasión. Intervino la CGT, disolvió el partido peronista, prohibió a sus miembros ejercer empleos públicos, inhabilitó a los líderes sindicales para ocupar cargos y, por supuesto, proscribió a Perón, sus imágenes

y la mera mención de su nombre y el de Evita, siendo todos delitos fuertemente castigados. Sin embargo, al igual que Lonardi, Aramburu albergaba la ambición de controlar la estructura sindical que había legado el peronismo, un botín que cualquier político de la época hubiera querido para sí. Por eso, aunque intervenida, la mantuvo intacta. Eso permitió que el peronismo siguiera involucrado en las medidas gubernamentales, ocupando un lugar central en los hechos de aquellos años.

Aramburu derogó la Constitución de 1949 y la reformó nuevamente en 1957. Sin tener claras reales de ocupar el poder efectivo por mucho más tiempo, la junta militar convocó a elecciones constituyentes, en las que el peronismo estuvo proscripto. El ganador fue el voto en blanco (ordenado por Perón desde el exilio), y luego la UCR, que se había dividido en dos: la Unión Cívica Radical del Pueblo (UCRP), liderada por Ricardo Balbín, y la Unión Cívica Radical Intransigente (UCRI), de Arturo Frondizi.

Resistencia e integración

Exiliado, Perón no se sometió al deseo de sus opositores de desaparecer de la escena política. Primero desde los países de América Latina en los que pidió asilo (Paraguay, Panamá, Venezuela y Santo Domingo), luego desde España, intervino permanentemente en las cuestiones públicas. Su objetivo era retornar a la Argentina y asumir nuevamente la presidencia, y para eso necesitaba debilitar el sistema político vigente.

Sus llamados a la insurrección fueron permanentes. Se comunicaba con sus voceros intermediarios, y estos hacían llegar a la Argentina cartas, grabaciones y hasta videos en los que Perón les comunicaba a sus seguidores la necesidad e importancia de rebelarse ante las autoridades. Así surgió la resistencia peronista, de la que formaban parte enormes facciones de los sectores trabajadores que se oponían al gobierno de turno mediante huelgas, boicots, marchas y enfrentamientos armados.

Otros sectores seguidores de Perón, por el contrario, optaron por integrarse al nuevo sistema. Eran personas o grupos que, aunque simpatizaban con el líder y le debían sus nuevas y mejoradas condiciones de vida, entendían que aquella etapa ya había pasado y que, para mantener sus puestos de trabajo, era necesario ceder algunas cosas y modificar otras. A cambio de votos o el apoyo a los nuevos gobernantes, estos trabajadores conseguían ventajas sobre los otros, que se manifestaban abiertamente a favor de Perón.

Los movimientos de resistencia e integración enfrentaron permanentemente estas dos grandes tendencias. En ocasiones, esas luchas se dirimían en las urnas electorales, con candidatos peronistas apoyados por Perón o por alguno de sus antiguos colaboradores, convertidos en los más feroces contrincantes, que proponían un "peronismo sin Perón", o que alegaban que lo mejor manera de salvar a Perón era estando en contra suya. Entre estos líderes, probablemente el más destacado haya sido Augusto Timoteo Vandor, de quien hablaremos más adelante. Muchas otras veces, en cambio, los problemas se resolvían de manera más violenta, tanto en luchas frente a frente, como en atentados que marcaron esta época.

Relato de no ficción que narra el enfrentamiento en el que muere Rosendo García, dirigente sindical.

• En *¿Quién mató a Rosendo?* el escritor y periodista Rodolfo Walsh narra el tiroteo que se produjo en la confitería La Real el 13 de mayo de 1966. Ese día dos grupos de la dirigencia sindical peronista se enfrentaron a tiros, y murió Rosendo García, dirigente de la Unión Obrera Metalúrgica. Investiguen quién fue el supuesto responsable de esa muerte y qué lugar ocupaba en la política argentina de esos años. Luego reflexionen acerca de la importancia que pudo tener esta obra para el periodismo.

La voz de los protagonistas

... desde el comienzo de la rebelión militar contra Perón surgió en las bases peronistas una fuerte resistencia a las nuevas autoridades. Esa posición se centró primero en la toma de los sindicatos por los dirigentes gremiales libres y en los arrestos que ya se efectuaban tanto de líderes como de activistas. Principalmente aquella actitud reflejó una sensación general de miedo, incertidumbre y confusión y se cristalizó en torno de temas como la ofensiva antiperonista para obtener el control de la estructura sindical. En general, durante el breve período de tiempo de Lonardi esa ofensiva antiperonista no llegó hasta el nivel del sitio de trabajo mismo, en el taller o la planta.

Esto había de cambiar inmediata y radicalmente con el nuevo gobierno provisional de Pedro Eugenio Aramburu y el almirante Isaac Rojas. La política del nuevo gobierno se basó en el supuesto de que el peronismo constituía una aberración que debía ser borrada de la sociedad argentina, un mal sueño que debía ser exorcizado de las mentes que había subyugado. Concretamente, la política del nuevo gobierno con la clase trabajadora siguió tres líneas principales. Ante todo, se intentó proscribir legalmente un estrato entero de dirigentes sindicales peronistas para apartarlos de toda futura actividad. Esto concordó con la nueva intervención de la CGT y la designación de supervisores militares en todos sus sindicatos, lo que habría de preparar el camino para la creación de "bases democráticas en los sindicatos, y la elección de dirigentes con autoridad moral".

En segundo término, se llevó a cabo una persistente política de represión e intimidación del sindicalismo y sus activistas en el plano más popular y básico. Finalmente, hubo un esfuerzo concertado entre el gobierno y los empleadores en torno del tema de la productividad y la racionalización del trabajo, proceso que marchó de la mano de un intento de frenar los salarios y reestructurar el funcionamiento del sistema de negociaciones colectivas.

La primera línea de esa política fue la de cumplimiento más fácil. Además de los centenares de dirigentes gremiales de nivel nacional arrestados por el gobierno de Aramburu al declararse ilegal la huelga de noviembre, miles de activistas de nivel intermedio fueron destituidos. La preponderante actitud de inercia y confusión en que estaban sumidos y que ya hemos descripto no había de serles muy útil para enfrentar los rigores del período en que ahora entraban. El gobierno formó una comisión especial para investigar los delitos e irregularidades cometidos por los dirigentes sindicales peronistas. Las nuevas autoridades también aprobaron el decreto 7101, de abril de 1956, que excluía de cualquier actividad gremial a todos los que hubiesen tenido entre febrero de 1952 y septiembre de 1955 una posición de liderazgo en la CGT o sus sindicatos.

Daniel James, *Resistencia e integración*, Buenos Aires, Siglo XXI, 2010.

Frondizi, la integración y el desarrollo

Las elecciones constituyentes de 1957 demostraron que quien quisiera ejercer el poder tendría que contar con los votos peronistas. Frondizi, más cercano que Balbín a algunas de las políticas de Perón, terminó por hacer un pacto con él. El acuerdo que cerraron fue que Perón instaría a sus partidarios a votar en masa por Frondizi, y a cambio este levantaría la intervención de los sindicatos y la proscripción del peronismo para presentarse a elecciones nuevamente.

Las propuestas de la UCRI previas a las elecciones presidenciales de 1958 buscaban abarcar tanto a obreros como a empresarios, eran sutiles en sus relaciones con la Iglesia Católica y aseguraban terminar con las persecuciones a los partidarios de la izquierda política. Su lema era "integración y desarrollo". Lo apoyaron tanto los comunistas como los nacionalistas de derecha, el clero y la clase trabajadora, y en los resultados finales superó a Balbín por más de un millón y medio de votos, quedándose además con todas las gobernaciones de las provincias y una amplia mayoría en el Congreso.

Durante su presidencia se dio el momento de máximo esplendor del desarrollismo en la Argentina, sistema que Frondizi apoyaba fuertemente, junto con su equipo de economistas, ligados a la CEPAL. Dio amnistía a los líderes sindicales perseguidos por la Libertadora, levantó la prohibición de utilizar símbolos peronistas y concedió un aumento salarial del 60%, además de sostener a los sindicalistas peronistas en sus correspondientes gremios. De este modo, se rompió la línea que había instalado el golpe de 1955.

El presidente Frondizi en una destilería de Comodoro Rivadavia, en 1959.

Sin embargo, cuando estaban por realizarse las primeras elecciones de su período, Frondizi no levantó la proscripción. Perón denunció públicamente el incumplimiento, y la situación política se tensó de nuevo en la Argentina. Comenzó una etapa convulsionada, donde las huelgas fueron declaradas ilegales, se proscribió el Partido Comunista y se iniciaron intervenciones militares destinadas a reprimir cualquier tipo de desorden, amparadas por el Plan CONINTES (Conmoción Interna del Estado).

En 1962 hubo nuevamente elecciones. La situación política era muy compleja, y Frondizi se vio obligado a permitir que el peronismo se presentara a elecciones. Este ganó en diez provincias, incluida Buenos Aires. Los resultados resultaron intolerables para los militares, quienes decidieron intervenir, y exigir la renuncia inmediata del Presidente Arturo Frondizi.

Actividades

• Las elecciones de 1962 fueron cruciales para que Frondizi se viera forzado a renunciar. Sin embargo, no fue el único motivo. Investiguen qué otros factores políticos, económicos e ideológicos contribuyeron a su caída. Redacten un informe, citando las referencias bibliográficas de las fuentes consultadas.

Guido, azules y colorados

Los militares que sacaron a Frondizi de la presidencia no tenían claro qué hacer después. En los hechos no existía ninguna solución probable para que la política funcionara de un modo pacífico y constructivo, y tampoco había una figura de las Fuerzas Armadas que tuviera el apoyo y la legitimidad suficientes para acceder al poder de manera directa. La solución que encontraron fue nombrar presidente a José María Guido, titular del Senado.

Guido, de perfil bajo y sin aspiraciones políticas, formó un gobierno de transición con ministros liberales, conservadores, antiperonistas y hombres de Frondizi. Sin ningún tipo de autoridad ni autonomía, el gobierno de Guido fue manipulado completamente por la cúpula militar, que era quien realmente tomaba las decisiones.

Sin embargo, los militares estaban muy divididos entre sí, y el clima de la época determinó que el Ejército se enfrentara abiertamente en luchas armadas callejeras. Por un lado estaba la facción colorada, compuesta por los más rabiosos antiperonistas; por el otro, la de los azules, que, si bien no era menos antiperonista, creía que era necesario permitir un acceso restringido de ciertos líderes peronistas al poder. De este modo, suponían, se evitaría la radicalización de estos grupos, frente al miedo al comunismo que reaparació con la Revolución cubana de 1959. Además, eso permitiría el correcto funcionamiento de las instituciones, disminuyendo los riesgos no solo políticos y sociales, sino también económicos.

Los enfrentamientos se hicieron abiertos, y ambos bandos sacaron los tanques a la calle, realizaron bombardeos y lucharon activamente en algunas zonas de la ciudad de Buenos Aires y alrededores. El bando azul resultó vencedor, y su líder, el general Onganía, fue designado por Guido como Jefe del Ejército.

Con la llegada de Guido al poder, nadie dudaba que aquella fuera una época de transición, que precedía al desenlace no tan claro de algo que venía fermentando desde hacía mucho tiempo.

La voz de los protagonistas

Esa noche, varias horas o varios siglos más tarde, llegué a mi casa. Fui directamente al dormitorio, me sequé el saco, me desplomé sobre la cama y le dije a mi señora solamente esto: -¡En la que me he metido!

José María Guido, En Félix Luna, "En memoria de Guido",
Todo es Historia, N.° 99, 1975.

Illia y el imposible gobierno

Guido llamó a elecciones para 1963. Fue elegido presidente una figura secundaria de la UCRP, Arturo Illia, un médico cordobés que fue candidato debido a que los líderes más importantes de su partido creían que no iban a ganar, y no querían que sus nombres aparecieran como perdedores otra vez. El porcentaje con el que Illia ganó fue mínimo: 26%, no solo debido a su falta de popularidad, sino a que el peronismo estaba proscripto nuevamente, y Perón volvió a ordenar el voto en blanco, que fue del 28%. Si este no fue mayor, se debió a que se presentaron muchos partidos neoperonistas.

Illia, un político de perfil bajo, honesto y responsable, debió gobernar en un contexto sumamente problemático. Sin legitimidad popular, tuvo que aliarse a otros partidos para poder tener mayor peso en el Congreso. Con el peronismo proscripto y las Fuerzas Armadas controlando cada paso que daba, atacado por opositores, sindicalistas, empresarios y militares, la situación era ingobernable.

Aunque con un rumbo económico diferente del de Frondizi, Illia siguió implementando las medidas que sugerían los técnicos de la CEPAL, incrementando la producción local y las exportaciones. Illia se ganó la antipatía de empresarios internacionales al imponer medidas como la creación de la Ley de Medicamentos, que regulaba la actividad de los laboratorios, y la anulación de los contratos petroleros que había firmado Frondizi, donde se permitía a empresas extranjeras explotar y explotar las reservas petroleras en la Argentina.

La oposición hablaba de la lentitud de Illia para tomar medidas políticas y de los obstáculos que ponía permanentemente para el crecimiento económico, y los medios de la época lo caricaturizaron como una tortuga. Pese a eso, su gobierno fue uno de los más democráticos y de mayor desarrollo económico de la historia argentina. En 1966 un nuevo golpe militar lo derrocó, instalando otra dictadura en el país. Rechazando el coche oficial que el Gobierno ponía para que se fuera a su casa, Illia salió a la calle y se tomó el primer taxi que pasó por Plaza de Mayo.

El presidente Illia durante un discurso presidencial.

• Busquen en revistas de la época, como *Tía Vicenta, Panorama, Confirmado, Primera Plana, Gente* y *Siete días* (que pueden conseguir en bibliotecas, hemerotecas o Internet), otras caricaturas y dibujos sobre líderes políticos de la época. Realicen un breve *informe* explicando cómo caracterizaban a cada uno.

El movimiento obrero
y la burocracia sindical

Estando Perón en el exilio, la clase obrera se vio obligada a reorganizarse, y se dividió entre aquellos que estaban a favor de la resistencia y los que preferían la integración. Entre estos últimos se encontraba Augusto Timoteo Vandor, máximo dirigente de la Unión Obrera Metalúrgica (UOM), uno de los sindicatos más fuertes de la época. En el ámbito sindical, donde las alianzas fluctuaban constantemente, donde se cuestionaba todo el tiempo la posesión del liderazgo, los juegos de poder se convirtieron en moneda corriente.

Vandor había conseguido organizar un movimiento muy grande, en sus comienzos apoyado e incentivado por Perón. Sin embargo, poco a poco Vandor comenzó a demostrar cierta autonomía, desafiando las directivas del líder exiliado. El enfrentamiento entre ellos dos, y, paralelamente, de los amplios sectores a los que representaban, empezó siendo sutil e invisible para la mayoría, y terminó convirtiéndose en una lucha explícita.

Vandor, John William Cooke, Perón y Framini, reunidos en Madrid en 1962, organizando estrategias de la resistencia peronista.

Vandor, al igual que muchos otros líderes obreros de la época, basaba su inmenso poder en el control férreo que ejercía sobre su sindicato. La Ley de Asociaciones Profesionales sancionada durante el gobierno de Frondizi establecía que cada industria podía tener solamente un único sindicato, lo que era aprovechado por estos dirigentes para ejercer un monopolio total sobre miles de personas. Cada sindicato controlaba de manera sumamente burocrática los aportes que sus afiliados realizaban mes a mes, llegando a manejar cifras millonarias que destinaban no solamente a las medidas sociales, sino también a campañas políticas y a sus propios intereses.

Lo voz de los intelectuales

La conocida observación de Vandor de que "si dejaba la cartera perdería el gremio en una semana" era un reconocimiento realista de esa situación. Cuando la independencia de los dirigentes sindicales se convertía en una amenaza, Perón podía contradecir la naturaleza relativa de su poder. Dentro del sector sindical siempre había rivales que él podía movilizar para contrarrestar a Vandor.

Daniel James, "Sindicatos, burócratas y movilización", en *Nueva historia argentina*, op. cit.

El Operativo Retorno

Uno de los momentos más simbólicos del enfrentamiento entre Perón y Vandor ocurrió a finales de 1964, con el denominado Operativo Retorno. Perón se hallaba exiliado en Madrid, España, y su intención era regresar a la Argentina, algo que los militares no estaban dispuestos a autorizar. Para esa época Vandor y Perón ya habían empezado a tener los primeros cruces fuertes de opinión, pero aún no se habían explicitado sus diferencias. Vandor no desafiaba todavía públicamente la figura del líder del movimiento, y hablaba con él en forma periódica, buscando la manera de que regresara al país.

En ese contexto, Vandor viajó a Madrid para entrevistarse con el expresidente, le propuso un plan secreto para que retornara en un avión de línea a la Argentina y lo convenció. Perón tomó el vuelo, pero, al llegar a Brasil, donde el avión hacía escala, el Gobierno brasileño lo obligó a volver a España, declarándolo persona no grata. ¿Por qué ocurrió esto? Porque el Gobierno argentino de Illia, advertido de la llegada indeseada de Perón, se comunicó con sus pares de Brasil para pedirles que extraditaran al expresidente. El Gobierno brasileño, que se hallaba bajo la presión de los herederos políticos de Getúlio Vargas (asociado al populismo de Perón), quiso evitar problemas y, alegando una conspiración para sublevar a la población local, lo obligó a abandonar el continente.

Perón debió regresar, frustrado, a España. El gobierno de Illia consiguió mantenerse todavía durante un tiempo más. Y Vandor, quien sabía de antemano que el retorno era imposible en esas condiciones, encontró un argumento para poder actuar con mayor libertad.

La voz de los intelectuales

[El Operativo Retorno] se ajustaba mejor a la estrategia de Vandor que a la de Perón: si volvía, caería en la telaraña que aquél había tejido; si no volvía, fuese por voluntad propia o ajena, su imagen se esfumaría más para sus seguidores y dejaría el campo libre para el accionar de la maquinaria [sindical] (...) El gobierno radical se vio obligado a frenarlo en Río de Janeiro, en diciembre de 1964, porque no estaba en condiciones de contener a las fuerzas que deseaban su llegada, especialmente el sector colorado del ejército y la marina (...) La frustración del retorno y la ausencia de un golpe gorila fue una derrota para Perón y un triunfo para Vandor.

Samuel Amaral y Mariano Ben Plotkin, "Del exilio al poder: la legitimidad recobrada". En Perón: del exilio al poder. Buenos Aires, EDUNTREF, 2004.

Doctor Zhivago y Un día en la vida de Iván Denisovich

Los primeros años que siguieron a la muerte de Stalin fueron denominados de *deshielo*, nombre obtenido del título de un libro de un autor ruso, Iliá Ehremburg. Si Stalin había acallado a la *intelligentsia* (los intelectuales rusos), su sucesor, Nikita Kruschov, la hizo salir a la superficie, otorgándole algunos pequeños espacios públicos, aunque ello no significa que la dejara renacer libremente. El caso paradigmático de este deshielo es el que protagonizó el novelista Boris Pasternak en 1958, dos años después del XX Congreso del PCUS y de la mediatización del informe secreto, quien, con su novela *Doctor Zhivago* (una fuerte crítica al régimen comunista), se hizo acreedor al premio Nobel de Literatura. La consagración hizo que en toda la URSS se desatara una serie de críticas al autor, a quien se acusó de traidor por aceptar el premio. Humillado y amenazado, Pasternak rechazó la opción del exilio, que le hubiera permitido confirmar su obra, y optó por retractarse y manifestar su sumisión al régimen.

El escritor académico francés François Furet dice lo siguiente:

> "... lo siniestro del mundo soviético, que salía a flote con el motivo del 'caso Pasternak', no debe ocultar las novedades que presagia. Para empezar, Pasternak está vivo, mientras que 20 años antes habría sido enviado a prisión, deportado y finalmente muerto. Además, su libro se publicó, mientras que antes el manuscrito habría sido confiscado y destruido. Por último, su caso se ventila públicamente, mientras que antes hubiera sido soterrado".

> François Furet, *El pasado de una ilusión. Ensayo sobre la idea comunista en el siglo xx*, México, Fondo de Cultura Económica, 1996.

Furet entiende que el "caso Pasternak" no es más que una consecuencia lógica y una confirmación imprevista del informe publicado en 1956. La contradicción que generó Kruschov con la publicación del informe fue inmensa, y con el deshielo hizo más que darles espacio y entidad a los testigos de todo ese proceso.

Sin embargo, la política desestalinizadora continuó, y en 1962 hubo un nuevo pico con la autorización para publicar *Un día en la vida de Iván Denisovich*, de otro novelista ruso deportado, Alexandr Solzhenitsyn, muy similar en varios aspectos a *Doctor Zhivago*. La actitud de Kruschov, que aprendió la lección de la humillación internacional en el caso anterior, fue absolutamente opuesta a la del "caso Pasternak". En lugar de censurar a Solzhenitsyn y su libro, intervino personalmente para evitar que la historia se repitiera, ya que necesitaba del apoyo de la *intelligentsia* para llevar a cabo sus reformas. Desafortunadamente para él, brindó apoyo a quien no le convenía, porque si Pasternak encubría en su novela las deficiencias del comunismo ruso, Solzhenitsyn las hacía completamente explícitas, sin contar con que el grado de agresión era mucho mayor. Dice Furet:

> "En su búsqueda de un aliado, el primer secretario (Kruschov) ha tropezado con el más implacable antisoviético del universo. Kruschov, que pretendía poner de su parte la literatura, de pronto ha hecho del diputado el personaje central y casi único 'héroe positivo' de las letras de la URSS".
>
> François Furet, *óp. cit.*

---

1. Investiguen la biografía de los dos autores rusos citados más arriba, centrándose en los motivos que tenían para estar en contra del régimen soviético.

2. El historiador francés François Furet militó en el comunismo hasta 1956, cuando se dio a conocer el informe de Kruschov. ¿Por qué es importante conocer este dato a la hora de entender sus argumentos?

3. Busquen información sobre otros opositores famosos que tuvo el comunismo.

4. ¿Y los que estaban a favor? ¿Quiénes eran? ¿Qué argumentos esgrimían para defender este sistema?

5. Conociendo un poco la historia del capitalismo y el socialismo, ¿qué opinión tienen ustedes al respecto? ¿Con qué sistema se quedarían? ¿Qué cambios harían en cada uno para que fuera un gobierno en el que les gustaría participar?

6. ¿Qué tipo de gobierno tenemos en la Argentina en este momento? ¿Qué críticas harían? ¿Qué cosas mantendrían?

La violencia en la Argentina durante el exilio de Perón

Durante el exilio de Perón, la situación política en la Argentina no dejó de complicarse. Algunas luchaban para que regresara, otros se adaptaban a su ausencia y otros preferían que no retornara. En todo caso, tanto su presencia como su ausencia se constituyeron en uno de los ejes de la vida política argentina. Los grupos políticos se enfrentaron permanentemente por el control de la situación (que nunca pudo ser establecida), sumiendo al país en un clima de violencia casi permanente. A continuación veremos algunas de las posiciones planteadas por aquellos actores al respecto.

El nacimiento del neoperonismo

"Proscribiendo al Partido Peronista y prohibiendo la formación de nuevos partidos bajo el control directo de Perón, el gobierno de Aramburu abrió el camino para el surgimiento de los partidos neoperonistas. Estos partidos apoyaban la doctrina y las políticas de Perón, pero no seguían sus directivas, ajustándose así al Estatuto de los Partidos Políticos de 1956. El gobierno de Aramburu toleró a los partidos neoperonistas en parte porque esperaba que ayudara a fragmentar el voto peronista".

James McGuire, "Perón y los sindicatos". En *Perón: del exilio al poder*, óp. cit.

La libertadora y la desperonización

"(Durante la Revolución Libertadora) Se suponía que el apoyo de las clases populares a dicho movimiento (el peronista) era atribuible a una política demagógica, que a través de dadivas había logrado manipular a un electorado con escaso conocimiento político y bajos niveles educativos. En ese contexto, la 'desperonización' de las masas populares pasaba por un proceso de 'educación democrática', que debía revelar no sólo los aspectos manipulatorios y 'totalitarios' del régimen sino también modificar los valores autoritarios que habían presidido la incorporación de las masas al sistema político. Para esta propuesta, entonces, la 'solución' de la cuestión peronista se traducía en la desaparición del peronismo. No sólo Perón y el partido peronista debían ser excluidos de la escena sino también el electorado peronista debía perder su identidad como tal. La primera 'solución' propuesta era indudablemente una empresa ambiciosa. Además de incluir la proscripción de Perón y del partido, la solución requería la destrucción de la identidad colectiva. A fin de alcanzar estos objetivos, la 'Revolución Libertadora' presentó un dispositivo que incluía, además de la represión abierta, reglas que establecían la disolución del partido peronista, la prohibición de su reorganización futura, así como la prohibición de la propaganda y difusión de ideas peronistas".

Catalina Smulovitz, "En busca de la fórmula perdida: Argentina 1955-1966", Buenos Aires, Documento CEDES/51, 1990.

La violencia alentada por Perón

"A Su caída, Perón esperaba retornar al poder por la insurrección popular. Alentó desde el exilio la violencia de un modo tal que sus antiguos enfrentamientos con los otros sectores políticos se agudizan (...) Antes que el llamado de Perón a la insurrección llegara a la Argentina, ella había comenzado. Los peronistas la llamaron "Resistencia", tomando esa palabra que había identificado a la lucha antifascista (...) La violencia era practicada de un modo demasiado desorganizado para que Perón pudiese utilizarla con algún otro fin que no fuese el caos por el caos mismo. La violencia era útil para Perón porque servía para recordar a los otros actores políticos que el todavía lo era y para mantener viva la llama de esperanza entre los peronistas. Pero la violencia no era útil para todos los peronistas. Muchos de ellos, dirigentes políticos y sindicales, tenían más que sus cadenas para perder. Por este motivo, y porque el peronismo era muy atractivo botín, los esfuerzos del gobierno y de los otros partidos (buscaban) provocar la ruptura del vínculo entre Perón y el peronismo..."

Samuel Amaral, "Perón en el exilio: la legitimidad perdida".
En Samuel Amaral y Mariano Ben Blotkin (compiladores),
Perón: del exilio al poder, óp. cit

El discurso militarista de Perón

"En el discurso peronista de la resistencia aparecen fuertes componentes de un lenguaje militarista que alude permanentemente a la situación del país como un 'territorio ocupado' y a los distintos gobiernos como representantes del 'ejército de ocupación'. Entonces, la lucha contra esos gobiernos aparecía legitimada porque se estaba luchando por la patria y por liberarla de los invasores. De ahí el paso a la justificación de cualquier método de acción, incluso la vía armada, apareció entre algunos sectores como un corolario lógico".

Mónica Gordillo, "Protesta, rebelión y movilización: de la resistencia
a la lucha armada, 1955-1973". En *Violencia, proscripción y autoritarismo,
Nueva historia argentina, óp. cit.*

---

a

1. Elaboren un cuadro comparativo con las opiniones de cada uno de los cuatro autores con respecto a la violencia durante el exilio de Perón.
2. Después de debatir sobre todos los aspectos considerados, redacten individualmente un texto en el que, a partir de las lecturas desarrolladas hasta aquí, se expliquen las causas de la caída del peronismo y el desarrollo de la situación que siguió en los años posteriores.

1. Reúnanse en grupos para realizar una entrevista a una persona que haya trabajado en una fábrica en los años sesenta, y a otra que trabaje en la actualidad, o por lo menos que lo haya hecho a partir de 1990. Averigüen, entre otras cosas:
   a. Qué características tenían esas fábricas.
   b. Qué se producía y cómo.
   c. Si se aplicaba la cadena de montaje.
   d. Si los entrevistados oyeron hablar de fordismo, y si es así, qué significa para ellos.
   e. Qué cambios hubo en la fábrica mientras trabajaron allí.
   f. Cómo asocian su experiencia laboral con el contexto histórico de aquel momento.

2. A partir de las dos entrevistas, reflexionen sobre las diferencias entre una y otra, y elaboren un informe, también grupal, en el que se consignen los siguientes puntos:
   a. Relación de lo que el entrevistado dijo con lo visto en este libro.
   b. ¿Qué pasaba en la década de 1960 en la Argentina?
   c. ¿Quién estaba en el poder?
   d. ¿Cómo funcionaba la economía?
   e. ¿Qué sucedía en el mundo?
   f. ¿Había relación entre el contexto internacional, el local, y lo que esa persona vivía en la fábrica?

3. Revisen en sus casas algunos electrodomésticos, aparatos eléctricos y tecnológicos en general. A partir de eso completen individualmente el siguiente cuadro:

PRODUCTO	DESCRIPCIÓN VISUAL	LUGAR DE FABRICACIÓN	ORIGEN DE LA MARCA
(Radios, televisores, heladeras, relojares, computadoras, calculadoras, autos, etc.)	(Qué forma tiene, de qué color es, en qué estado se encuentra, si parece resistente, etc.)	(El país donde el producto fue hecho)	(El país del cual la empresa es originaria)

   a. ¿Dónde se fabricaron la mayoría de los objetos?
   b. ¿De qué países proceden más marcas?
   c. ¿Qué conclusiones pueden sacar a simple vista?
   d. Comparen sus cuadros con los del resto de la clase y elaboren uno nuevo, en el pizarrón, donde se incluyan las cantidades globales.
   e. ¿Qué nuevas conclusiones se pueden extraer de esa información?

4. Busquen en diarios y revistas de la actualidad noticias en las que se hable de revoluciones, levantamientos armados, movimientos sociales y bruscos cambios de gobierno. Realicen un informe a partir de las siguientes cuestiones:

   a. ¿Qué diferencias y similitudes encuentran con los estudiados en este capítulo?

   b. ¿Se percibe la influencia directa o indirecta de alguna potencia extranjera en esos conflictos?

   c. ¿Se habla del enfrentamiento entre capitalismo y comunismo?

   d. ¿Se mencionan las herencias de la Guerra Fría?

   e. ¿Hay algún tipo de propuesta explicitada por parte de esos nuevos gobiernos, revoluciones, levantamientos o movimientos sociales?

   f. ¿Cuáles son los reclamos efectuados?

   g. ¿Qué opinión personal tienen de cada caso?

5. Observen los siguientes afiches de propaganda comunista soviética, y luego respondan:

   a. ¿Cómo describirían los afiches? ¿Qué los caracteriza?

   b. ¿Qué color predomina? ¿Por qué?

   c. ¿Quiénes aparecen en las imágenes? ¿Por qué?

   d. ¿Qué diferencias y similitudes tienen con los afiches políticos de la actualidad?

   e. Si tuvieran que elaborar un afiche político, ¿cómo lo harían?

Una etapa de quiebres y transiciones

Prohibido prohibir. La libertad comienza por una prohibición.

La vida está en otra parte.

En los exámenes, responda con preguntas.

No hay pensamiento revolucionario. Hay actos revolucionarios.

Sean realistas: pidan lo imposible.

Grafitis encontrados en las paredes
de París, en mayo de 1968.

El existencialismo es un humanismo

El hombre es el único que no solo es tal como él se concibe, sino tal como él se quiere, y como se concibe después de la existencia, como se quiere después de este impulso hacia la existencia; el hombre no es otra cosa que lo que él se hace. Este es el primer principio del existencialismo. Es también lo que se llama la *subjetividad*, que se nos echa en cara bajo ese nombre. Pero ¿qué queremos decir con esto sino que el hombre tiene una dignidad mayor que la piedra o la mesa? Pues queremos decir que el hombre empieza por existir, es decir, que empieza por ser algo que se lanza hacia un porvenir, y que es consciente de proyectarse hacia el porvenir. El hombre es ante todo un proyecto que se vive subjetivamente, en lugar de ser un musgo, una podredumbre o una coliflor; nada existe previamente a este proyecto; nada hay en el cielo inteligible, y el hombre será, ante todo, lo que habrá proyectado ser. No lo que querrá ser. Pues lo que entendemos ordinariamente por querer es una decisión consciente, que para la mayoría de nosotros es posterior a lo que el hombre ha hecho de sí mismo. Yo puedo querer adherirme a un partido, escribir un libro, casarme; todo esto no es más que la manifestación de una elección más original, más espontánea que lo que se llama *voluntad*. Pero si verdaderamente la existencia precede a la esencia, el hombre es responsable de lo que es. Así, el primer paso del existencialismo es poner a todo hombre en posesión de lo que es, y asentar sobre él la responsabilidad total de su existencia. Y cuando decimos que el hombre es responsable de sí mismo, no queremos decir que el hombre es responsable de su estricta individualidad, sino que es responsable de todos los hombres. (...) Sí, por otra parte, la existencia precede a la esencia y nosotros quisiéramos existir al mismo tiempo que modelamos nuestra imagen, esta imagen es valedera para todos y para nuestra época entera. Así, nuestra responsabilidad es mucho mayor de lo que podríamos suponer, porque compromete a la humanidad entera. (...) Y si quiero —hecho más individual— casarme, tener hijos, aun si mi casamiento depende únicamente de mi situación, o de mi pasión, o de mi deseo, con esto no me comprometo yo solamente, sino que encamino a la humanidad entera en la vía de la monogamia. Así soy responsable para mí mismo y para todos, y creo cierta imagen del hombre que yo elijo; eligiéndome, elijo al hombre.

(...) El existencialista no cree en el poder de la pasión. No pensará nunca que una bella pasión es un torrente devastador que conduce fatalmente al hombre a ciertos actos y que por consecuencia es una excusa; piensa que el hombre es responsable de su pasión.

Jean Paul Sartre, "El existencialismo es un humanismo", Conferencia de 1945.

---

①

1. ¿Cuáles son los argumentos de Sartre para llegar a la conclusión de que un hombre tiene más dignidad que una piedra o una mesa?
2. Investiguen quién fue Jean Paul Sartre y por qué su pensamiento fue tan importante en las décadas de 1960 y 1970.

Algunas fechas para contextualizar

Jimi Hendrix en el Festival de Woodstock.

El general Augusto Sandino, en un viaje a Méjico.

1956-1961
1958
1961

1961-1964
1961-1970
1963
1964
1965

1966-1970
1966
1967
1967-1976
1968
1969

1970-1973
1970-1971
1970

1971-1973
1972
1973

1973-1974
1976

1974-1976
1979

Alianza para el Progreso

A comienzos de la década del sesenta, Estados Unidos impulsó un plan destinado a América Latina, en el que ofrecía ayuda económica y social para resolver importantes conflictos del continente relacionados con la pobreza y el lento crecimiento industrial. La idea no tenía nada de altruista, sino que buscaba contrarrestar la influencia del comunismo y reducir el impacto de los grupos revolucionarios que habían aparecido en los últimos años. La revolución cubana de 1959 fue el detonante directo, que hizo que el presidente Kennedy diera a conocer el plan en 1961.

Entre los objetivos de la Alianza para el Progreso estaba el apoyo a los gobiernos desarrollistas, financiando una serie de ítems de vital importancia para el crecimiento de América Latina. Se impulsaron reformas agrarias puntualizadas y de corto alcance que no tenían comparación con las aplicadas en Guatemala, Bolivia o Cuba), destinadas a mejorar la producción agrícola. Se estimuló el libre comercio entre los países americanos, se modernizaron las infraestructuras comerciales e industriales, se crearon nuevos impuestos y se llevaron a cabo planes de vivienda. Otro de los puntos que buscaba incentivar la Alianza para el Progreso era la mejora en las condiciones de vida de las clases más bajas, a través de la construcción de hospitales y escuelas, y la reforma de los sistemas educativos en numerosas regiones, para que las ideas del socialismo no tuvieran tanta penetración.

Las medidas fueron resistidas por los sectores más radicales de los países latinoamericanos que, liderados por Cuba, en las protestas que se hacían al respecto, denunciaban que de ese modo Estados Unidos intervenía de manera indirecta en las políticas y la economía de los países en desarrollo.

La Alianza finalizó en 1970, y resultó un fracaso en la mayoría de los aspectos que intentó abordar. Por un lado, esto se debió a la corrupción de los países a los que llegaba la ayuda económica, ya que el dinero se perdía en los intermediarios por vías ilegales. Por otro lado, la intervención de Estados Unidos continuó siendo mal vista y rechazada por diversos sectores sociales, lo que motivó continuos roces en las políticas internacionales.

El presidente Kennedy dirigiendo un mensaje a la Nación en junio de 1963.

• Elaboren un cuadro con los principales objetivos que se proponía la Alianza para el Progreso. Debatan sobre la pertinencia de su implementación a partir de las críticas que realizaban los sectores de izquierda.

El fin de la prosperidad

A principios de la década del sesenta, el Estado de Bienestar entró en crisis en todo el mundo, y los rápidos sucesos de la época motivaron que dejara de implementarse en casi todos los países en los que había sido instalado por el sistema-mundo de la época.

Los precios, que habían ido subiendo año a año, terminaron por dispararse y generar una enorme inflación, acompañada por un estancamiento económico del que resultaba difícil salir. Las empresas dejaron de vender, y consecuentemente se frenó la producción industrial, motivando un fenómeno mundial muy complejo. Ante esto, las empresarios decidieron reducir sueldos y personal, lo que dio comienzo a un período de frecuentes huelgas y nuevas protestas por parte de la clase obrera, que en pocos años perdió gran parte de los beneficios que había adquirido tras la Segunda Guerra Mundial, y se vio rápidamente empobrecida.

Los críticos del Estado de Bienestar denunciaban que los países que lo implementaban tenían gastos públicos desproporcionados, por lo que era necesario reducir el Estado a sus bases mínimas, eliminando puestos de trabajo innecesarios. Fataldamente, la expectativa de vida había aumentado mucho, y esto traía como consecuencia directa que el Estado tuviera que pagar mucho más en jubilaciones, pensiones y atenciones sanitarias, generando un déficit imprevisto, de enormes proporciones.

Con los despidos se alcanzaron altísimos índices de desocupación y un aumento extremo de la pobreza. Los trabajadores perdieron el poder adquisitivo del que habían gozado hasta entonces, y eso repercutió directamente en las empresas y las industrias. Muchas debieron cerrar, y la mayor parte de las que dependían del Estado fueron privatizadas. Los sindicatos, consecuentemente, perdieron el apoyo y la fuerza que habían tenido, y que luego no pudieron recuperar.

A partir de ese contexto, el Estado de Bienestar comenzó a ser desmantelado sistemáticamente, dando inicio a un nuevo período de la historia, donde las medidas serían muy diferentes. Hacia la década del ochenta, el Estado de Bienestar prácticamente había desaparecido, y el neoliberalismo o "capitalismo" salvaje se hallaba instalado o en vías de hacerlo en todos aquellos espacios donde antes había existido el otro sistema económico.

Actividades

- En el texto se menciona una relación estrecha entre el crecimiento de la capacidad adquisitiva produc-ida por el Estado de Bienestar, el aumento de la expectativa de vida y el costo de las jubilaciones. ¿Cómo podrían explicar esta asociación? ¿Cómo funciona el sistema actual al respecto? ¿Cómo es el funcionamiento en la Argentina en este momento? Investiguen acerca de esto y luego debatan grupal-mente sobre las causas y consecuencias de los diferentes modelos.

La crisis del petróleo

En octubre de 1973 Egipto y Siria atacaron a Israel, y comenzó la cuarta guerra árabe-israelí, conocida como Guerra de Yom Kipur. Si bien los enfrentamientos duraron apenas veinte días, fue un punto de inflexión en las políticas económicas de la época. Los países árabes, que desde algunos años atrás habían formado la OPEP (Organización de Países Exportadores de Petróleo), decidieron no exportar más petróleo a los países que habían apoyado a Israel. Básicamente, esto afectaba a casi todo el mundo occidental, especialmente a Estados Unidos.

Como el petróleo es una de las materias primas más importantes que se utilizan en la mayoría de las industrias modernas, la crisis internacional fue inmediata. El petróleo cuadruplicó su precio en pocos meses, los costos de los productos se multiplicaron y los organismos financieros perdieron miles de millones de dólares en tan solo unas semanas. Los países de la OPEP, paralelamente, comenzaron a amasar fortunas increíbles, que convirtieron a esos Estados en los más ricos del mundo en muy poco tiempo.

La crisis del petróleo tuvo como principal consecuencia la muerte del Estado de Bienestar. Si este modelo económico se encontraba en franco declive desde hacía años y las críticas que recibía eran cada vez más y más fuertes, el contexto inmediato a 1973 marcó su final abrupto. Para hacer frente a los costos de esta crisis, los países tuvieron que ajustar sus economías y recortar una enorme cantidad de gastos, medidas opuestas a las que se venían sosteniendo desde la finalización de la Segunda Guerra Mundial.

Países integrantes de la OPEP

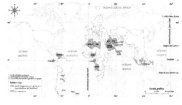

El toyotismo

A partir del momento en que se hizo evidente que el modelo económico que proponía el Estado de Bienestar había entrado en franca caída, y con la crisis del petróleo indicando el final de una época, los empresarios debieron buscar una alternativa transformadora.

El fordismo, que había marcado el ritmo de varias décadas de producción industrial, llegó a su final. Las fábricas ya no podían contar con tantos empleados, y los que quedaban debían aceptar disminuciones en sus sueldos y cambios en las condiciones laborales, que eran mucho peores que las de los años anteriores. Además, la era de incertidumbres que se abría indicaba que no era conveniente fabricar en grandes cantidades, como se venía haciendo con el objetivo de generar un amplio stock.

El modelo que reemplazó al fordismo fue llamado "toyotismo", creado a partir del modo de trabajo de otra fábrica de automotores, Toyota, de origen japonés. La economía del sudeste asiático, principalmente la de Japón y Corea del Sur, venía desarrollándose a un ritmo muy acelerado, como vimos en el capítulo anterior, y fueron sus métodos los que mejor se adecuaron a las necesidades e intereses de aquellos años.

La producción en cadena dio paso a la flexibilidad laboral, en la que los empleados no tenían puestos fijos en una línea de montaje, sino que se alternaban en un lugar u otro, realizando diferentes tareas, de acuerdo con las necesidades de cada día. Esto no solo beneficiaba a los patrones por el hecho de necesitar menos mano de obra, sino que además hacía que nadie fuera imprescindible. Si un empleado faltaba o se negaba a trabajar, otro lo reemplazaba sin inconvenientes. El objetivo del "stock 0" apareció como una prioridad, y se prescindió así de las bodegas y grandes depósitos de almacenamiento, que generaban altos costos.

Para lograr que los obreros no protestaran por la baja de sus sueldos, los dueños o inversores comenzaron a ofrecer una serie de beneficios indirectos y alternativos, como eventos empresariales para ellos y sus familias, acercamiento a obreros y jefes a través de vínculos más emocionales, creación de nuevas oficinas de Recursos Humanos, canastas navideñas como obsequio, etcétera. En definitiva, se otorgaban elementos que mantenían conformes a los empleados, y que resultaban mucho menos costosos para las empresas, que, a expensas de este tipo de métodos, pudieron incrementar sus ganancias. De este modo, el toyotismo se convirtió en el recurso que el capitalismo encontró para salir de la crisis del Estado de Bienestar y continuar con su expansión y desarrollo en todo el mundo.

Planta de producción de Toyota.

Actividades

• Redacten un texto breve en el que se explique la relación entre los conflictos de Israel con el mundo árabe, la Guerra de Yom Kipur, la crisis económica de 1973, la caída del Estado de Bienestar, el enriquecimiento de los países miembros de la OPEP y la implementación del toyotismo.

El estructuralismo

A mediados del siglo XX surgió en Francia una corriente de pensamiento que abarcó diferentes áreas de conocimiento (filosofía, historia, antropología, economía, etc.), a la que se llamó *estructuralismo*. Este se basaba en las ideas del lingüista suizo Ferdinand de Saussure, y en la aplicación práctica que hizo de sus ideas un antropólogo francés, Claude Lévi-Strauss.

El estructuralismo es un enfoque metodológico aplicable a las ciencias humanísticas, como la Antropología, la Lingüística o la Historia. Basa su enfoque en la determinación de las estructuras que rigen los fenómenos sociales. Estas estructuras son modelos explicativos teóricos, hipótesis acerca del funcionamiento de las relaciones entre los diversos componentes de un sistema. Considera que la sociedad es un *sistema*, entendiendo por tal a un conjunto de elementos que se relacionan de modo que la modificación de cualquiera de ellos implica una modificación en todos los demás. Por ejemplo una sociedad se rige por estructuras de pensamiento, convenciones, signos, palabras, modales, ideas y costumbres compartidas por todos sus integrantes, que hacen que las personas actúen dentro de marcos más o menos restringidos. El mismo ejemplo puede darse para un partido de fútbol, un programa de televisión o las clases en una escuela. Todo, según este pensamiento, está compuesto por estructuras que lo abarcan y contienen.

El estructuralismo fue adoptado como método de investigación por muchos pensadores, que empezaron a explicar las diferentes realidades sociales a través de esta perspectiva, intentando aproximarse a la objetividad teórica del estudio científico y a la posibilidad de predecir comportamientos y reacciones ante cambios en la estructura.

Esto fue fuertemente criticado por otros pensadores, que fueron apareciendo años después. Su principal argumento era que la objetividad es imposible, ya que el investigador siempre está afectado por el objeto estudiado, lo que le impide ser completamente imparcial. Por otra parte, en el estudio de las ciencias sociales, el componente fundamental de las estructuras son personas que pueden cambiar, contradecirse y que muchas veces actúan de forma excepcional, eliminando la posibilidad de predicción, que es una de las aspiraciones del método.

Entre los estructuralistas más importantes, además de los citados, se encontraban también Jacques Lacan, Michel Foucault, Roman Jakobson y Louis Althusser. Algunos de ellos, con los años, fueron modificando su pensamiento y hasta negaron haber pertenecido alguna vez a esta corriente.

Sin embargo, el estructuralismo constituyó un importante aporte a las ciencias sociales, proponiendo un nuevo enfoque y conceptos fundamentales, especialmente en el marco de la Lingüística y de la Antropología cultural.

Actividades

» Busquen información sobre los pensadores estructuralistas que se mencionan aquí. ¿Qué características tenían en común y cuáles los diferenciaban?

El psicoanálisis

El psicoanálisis es una teoría y un método de investigación concebido por el médico austriaco Sigmund Freud (1856-1939), que consiste esencialmente en evidenciar la significación inconsciente de las palabras, actos, producciones imaginarias (sueños, fantasías, delirios) de un individuo. Este método se basa principalmente en las asociaciones libres del sujeto.

Sostiene que en la mente hay un sector inconsciente donde están contenidos los impulsos que generan tanto la expresión creativa de la persona como sus angustias e inhibiciones, y que estas fuerzas constituyen la motivación contante de nuestra conducta.

Esta teoría ofreció una manera de comprender lo irracional de la vida humana a partir de lo racional. Resaltó la importancia de la sexualidad en las motivaciones humanas y destacó el valor fundamental de la niñez. Reconoció que el conflicto psíquico y la angustia constituyen elementos ineludibles de la condición humana. Puede decirse que el psicoanálisis modificó por completo la forma en que los habitantes de las sociedades de Occidente nos vemos a nosotros mismos. Una gran cantidad de conceptos psicoanalíticos se han incorporado al discurso habitual: actos fallidos, libido, simbolismo de los sueños, represión, inconsciente, etcétera.

Podría decirse que el objetivo del psicoanálisis es que el individuo se conozca mejor y sea más tolerante con sus aspectos no tan positivos. Según la psicoanalista británica Hanna Segal, tener un mejor conocimiento de uno mismo y del mundo no garantiza la felicidad ni el éxito, pero sí un mejor uso de las potencialidades externas e internas.

Acerca de la elección del término "psicoanálisis", nada mejor que ceder la palabra a quien forjó el término en la misma época en que efectuaba su descubrimiento: "Llamamos psicoanálisis al trabajo mediante el cual traemos a la conciencia del enfermo lo psíquico reprimido en él. ¿Por qué "análisis", que significa fraccionamiento, descomposición, y sugiere una analogía con el trabajo que efectúa el químico en las sustancias que encuentra en la naturaleza y que lleva a su laboratorio? Porque tal analogía es efectivamente fundada, en un importante aspecto. Los síntomas y manifestaciones patológicas del paciente son, como todas sus actividades psíquicas, de naturaleza altamente compuesta; los elementos de esta composición son, en último término, motivaciones, mociones pulsionales. Pero el paciente nada sabe, o muy poco, de estas motivaciones elementales. Le enseñamos, pues, a comprender la composición de estas formaciones psíquicas altamente complicadas, referimos los síntomas a las mociones pulsionales que los motivan, señalamos al enfermo en sus síntomas la intervención de motivaciones pulsionales hasta entonces ignoradas por él, en forma similar a como el químico separa la substancia fundamental, el elemento químico, de la sal en la cual, al combinarse con otros elementos, resultaba irreconocible. De igual modo mostramos al enfermo, basándonos en las manifestaciones psíquicas consideradas como no patológicas, que él sólo era imperfectamente consciente de su motivación, que otras mociones pulsionales, que permanecían ignoradas para él, han contribuido a producirlas.

Laplanche y Pontalis, *Diccionario de Psicoanálisis*, Barcelona, Paidós, 1996.

El existencialismo

Otra de las corrientes de pensamiento que aparecieron por aquellos años fue el existencialismo, que tuvo como principales exponentes a los filósofos Martin Heidegger (alemán) y Jean Paul Sartre (francés), influenciados a su vez por otros pensadores del siglo XIX, como Friedrich Nietzsche (alemán) o Søeren Kierkegaard (danés). Sin embargo, al ser uno de los movimientos filosóficos e ideológicos más importantes y difundidos del siglo, el existencialismo cuenta con muchísimas figuras de renombre que lo tomaron como base para pensar la sociedad: escritores, líderes revolucionarios, intelectuales académicos, científicos y artistas; por ejemplo, Albert Camus, Hermann Hesse, Karl Jaspers o Miguel de Unamuno.

Probablemente, el postulado más importante del existencialismo sea que no hay una "sustancia" o "esencia" que le dé forma al hombre y determine su destino. Por el contrario, los existencialistas creen que cada hombre es libre y responsable de sus actos, y que su identidad pasa por lo que hace, que determina lo que es. Esa libertad tiene sus ventajas y sus desventajas. Por un lado, el ser *libre* contribuye a que el hombre pueda ser dueño de sus acciones; pero por otro, esa libertad es a la vez una condena, ya que no existen terceros a los que responsabilizar cuando la persona fracasa o no puede sentirse realizada como ser humano. La existencia precede a la esencia.

La existencia (o co-existencia, estar por fuera) busca siempre un lugar en el mundo, pertenecer a la especie humana, poder *estar ahí*. Por este motivo, uno de los conceptos más importantes del existencialismo es la angustia, un sentimiento que le muestra al hombre que está vivo, que es, que su situación trasciende en el mundo. Es decir, que no permanece como un ente indiferente a todo cuanto lo rodea.

El existencialismo fue rápidamente absorbido por los movimientos sociales que buscaban romper los vínculos tradicionales de dominio, jerarquía y explotación. Principalmente fueron los jóvenes quienes se apropiaron de este discurso, haciéndolo parte de levantamientos populares y revoluciones, y convirtiéndolo en el estandarte de una época muy convulsionada socialmente.

Con los levantamientos del Mayo Francés, el existencialismo estuvo en boca de todos y se popularizó como una moda, de la cual participaban millones de personas en todo el mundo. Aunque con los años sus ideas fueron perdiendo fuerza y vigencia, todavía en el siglo XXI sigue siendo una de las filosofías más conocidas por la juventud, que encuentra en las ideas existenciales una identificación política e ideológica muy fuerte.

• Relean los párrafos anteriores. ¿Sienten alguna identificación con los valores del existencialismo? ¿Con cuáles, con cuáles no? ¿Por qué?

El movimiento *hippie*

Así como luego de la guerra surgieron el estructuralismo, el psicoanálisis y el existencialismo, apareció también un movimiento social masivo mucho más informal, alejado en sus orígenes de las universidades y los centros intelectuales. El movimiento *hippie*, que apareció en California (Estados Unidos) y desde allí se exportó rápidamente a todo el mundo occidental, era la consecuencia de una época de mucha represión, durante la cual, tanto la política como la vida cotidiana se hallaban bajo el dominio de lo moral, el *deber ser/deber hacer* y el sostenimiento de valores tradicionales y conservadores.

Los *hippies* dieron forma a toda una contracultura, predicando la libertad individual, el sexo libre y la despreocupación por el futuro. Muchos de ellos instalaron comunidades en zonas desérticas o alejadas de las grandes ciudades, predicando un retorno a la vida natural. Recurrían al uso de alucinógenos, buscando experimentar estados mentales distintos, que favorecieran su expresión artística, tal como lo había hecho el surrealismo.

Los sesenta fueron la época del *boom* del *rock and roll*, de la psicodelia y el *folk* contestatario; la música era uno de los canales preferidos como símbolo de la rebelión en contra del sistema. A la voz de la paz y en contra de la guerra, los *hippies* se oponían al modelo consumista del capitalismo, y organizaban marchas y manifestaciones para que Estados Unidos retirara sus tropas de países como Vietnam. Apoyaban el ecologismo, la meditación en cualquiera de sus formas, la vida bohemia, el nomadismo y las expresiones artísticas. La imagen más clásica es la del símbolo de la paz. El movimiento *hippie*, emparentado con la *generación beat*, marcó una época, trazando un antes y un después en el que la juventud comenzó a tener un rol protagónico, que antes no tenía.

Imagina a toda la gente
Viviendo el hoy...
Imagina que no hay países,
No es difícil de hacer.
Nadie por quien matar o morir,
Ni tampoco religión.
Imagina a toda la gente,
Viviendo la vida en paz...
Imagina que no hay posesiones.
Quisiera saber si puedes,
Sin necesidad de gula o hambre,
Una hermandad de hombres,
Imagínate a toda la gente
Compartiendo el mundo.
Puedes decir que soy un soñador,
Pero no soy el único.
Espero que algún día te unas a nosotros,
Y el mundo vivirá como uno.

"Imagine", de John Lennon (fragmento).

Actividades

• Conversen en la clase sobre qué otras imágenes e ideas tienen del movimiento *hippie*. ¿Qué otros artistas conocen que hayan pertenecido al hippismo? ¿Escucharon alguna vez a estos músicos? ¿Qué sensaciones les dejaron sus canciones?

El feminismo

El feminismo es un movimiento político, social y cultural que, si bien apareció en Europa a fines del siglo XIX, tuvo su momento más efervescente en las décadas de 1960 y 1970, principalmente en Estados Unidos. Coincidió con el *boom* del movimiento *hippie*, el psicoanálisis y el surgimiento de nuevos grupos sociales masivos, y muchos adherentes al feminismo reclaman desde entonces la igualdad entre el hombre y la mujer. Probablemente una de las frases más representativas de aquellos años haya sido una de Simone de Beauvoir, compañera de Jean Paul Sartre y una de las mentes más lúcidas y creativas del siglo XX, quien dijo que no se nace mujer, sino que se llega a serlo; por otra parte, es una de las máximas del existencialismo.

El feminismo, convertido en una amplia y heterogénea teoría social, intervino tanto en cuestiones relativas al sufragio de la mujer y a sus condiciones laborales, como al maltrato femenino, la maternidad, los métodos anticonceptivos, etcétera. En los últimos años las teorías feministas se fueron diversificando, y debido a la magnitud mundial que llegó a alcanzar este movimiento, se produjeron evidentes rupturas y diferencias irreconciliables dentro de él. Hoy en día existen feminismos de todo tipo, que se centran en cuestiones diversas: de familia, económicas, laborales, religiosas, políticas, culturales, filosóficas, ecológicas, nacionales, etcétera.

Simone de Beauvoir

La voz de los intelectuales

Las reflexiones y denuncias de Simone de Beauvoir me convocaron también a mí a pensar sobre el lugar que, en esta contemporaneidad, ocupamos las mujeres en la construcción de la sociedad y la cultura. [...] Me pregunto en este momento si elegimos nosotras qué lugar ocupar o, por el contrario, estos lugares ya están designados de antemano y las mujeres nos acomodamos a ellos pensando que fuimos las protagonistas de esa decisión. Recuerdo haber leído sobre de Beauvoir y su vida con Sartre, que convivieron juntos hasta la muerte de él y jamás formalizaron su unión, tampoco tuvieron hijos. Ella fue una mujer comprometida ideológica y políticamente con su tiempo, una feminista. Para su época todo –y es solo una pequeña muestra– era una verdadera bofetada a una sociedad en la que el casamiento, la vida de hogar, y la maternidad para las mujeres, era lo establecido, lo que "debía ser".

Es decir, de Beauvoir hizo praxis de aquello que gritaba a cuatro voces –sus denuncias a la sociedad patriarcal por el trato diferenciado a la mujer– pero en esta lucha no estuvo sola. En diferentes momentos de la historia hubo mujeres que levantaron su mismo estandarte, sencillamente, porque habían despertado de una larga noche de sumisión.

Silvia Carnero, "La condición femenina desde el pensamiento de Simone de Beauvoir",
A Parte Rei. Revista de filosofía, N.º 40, julio de 2005.

El Mayo francés

Todo este clima de ideas terminó detonando una situación de protesta masiva en todo el mundo. Su inicio y epicentro fue en Francia, más concretamente en París, en mayo de 1968. Allí los estudiantes comenzaron a manifestarse en contra del retrógrado sistema educativo, que era cerrado y convertía a los profesores en seres prácticamente inalcanzables, haciendo inimaginable cuestionar su autoridad.

A la protesta rápidamente se le sumaron miles de estudiantes, y a ellos les siguieron obreros industriales (paradójicamente, algunos de ellos eran los mejor pagados del mundo) y luego, aunque sin mucho entusiasmo, los sindicatos y el Partido Comunista Francés. Las quejas ya no solo iban en contra de la educación, sino también del sistema económico, ya que eran los años de descenso del Estado de Bienestar, cuando la desocupación comenzaba a crecer. Tras los primeros días de marchas, las protestas abarcaron también al sistema político, criticaron las inter-

Miles de personas se sumaron al reclamo de los estudiantes.

venciones francesas en Indochina y Argelia, y la de Estados Unidos en Vietnam. Las consignas que los hippies llevaban como estandartes también se hicieron oír, y la revolución sexual se convirtió en otra de las exigencias de los manifestantes. Francia quedó paralizado por una huelga general, la más grande de su historia, que alcanzó a nueve millones de trabajadores.

El movimiento no tuvo una organización previa ni un único líder que lo dirigiera, y su carácter fue más bien espontáneo; sin embargo, consiguió un eco importantísimo en muchas otras partes del mundo, donde nuevas manifestaciones hicieron tambalear a los gobiernos de turno. Pese a eso, muchos intelectuales salieron a apoyar fuertemente las medidas exigidas por esa juventud sedienta de transformaciones hacia sociales. Probablemente el intelectual más aclamado de aquel momento haya sido Jean Paul Sartre, pero también se hicieron muy populares otros, como Michel Foucault, Guy Debord, Wilhelm Reich, Herbert Marcuse, Louis Althusser y Pierre Bourdieu.

En lo inmediato, el Mayo francés produjo la caída del presidente de Francia, Charles de Gaulle. A mediano y largo plazo muchas de las exigencias fueron implementadas por el Gobierno y las instituciones, y se produjeron enormes transformaciones en los ámbitos educativos, las empresas y la vida pública en general.

Actividades

• Elaboren una red conceptual en la que se integren los objetivos, ideas y consecuencias del psicoanálisis, el existencialismo, el movimiento hippie y el feminismo, y su relación con el Mayo francés.

La voz de los protagonistas

—Dicen que vivimos en la sociedad de la abundancia, pero en la Universidad solo hay abundancia de alumnos y carencia de todo lo demás. En 1965 había unos ciento veinte mil estudiantes en las universidades francesas (...). No cabemos en las aulas y debemos escuchar las clases desde los corredores, a través de un sistema de magnavoces. Más de treinta mil estudiantes desean utilizar la biblioteca, pero solo hay cupo para quinientos lectores. Nos vemos obligados a leer y preparar clases y exámenes en los cafés, en los jardines públicos (cuando el tiempo lo permite) o en los cuartos de criada que nos alquilan en el Barrio Latino por 250 francos al mes. En estas circunstancias, hemos perdido el contacto con los profesores. Casi todos se limitan a dictar la misma cátedra desde hace treinta años, sin que el alumno tenga la menor posibilidad de poner en duda esa enseñanza casi siempre petrificada, rara vez revisada o puesta al día. El trabajo de seminarios es prácticamente desconocido. La iniciativa del estudiante es desanimada; la mayoría es lea libros, solo los apuntes mimeografiados para pasar exámenes a fin de año. El objeto de la actual Universidad es memorizar una cultura muerta dentro de un sistema de remoto paternalismo. Es decir: la Universidad está hecha a la imagen del Estado burgués.

—¿Qué proponen ustedes para remediar esa situación?

—A un nivel inmediato, la reforma universitaria. Una relación nueva, no jerárquica, entre estudiantes y profesores. La Universidad es un reflejo de la vieja estructura napoleónica de las instituciones públicas: un centralismo jerarquizado, donde todo proviene, como un don gracioso, de arriba hacia abajo. Proponemos comisiones mixtas de profesores y estudiantes a fin de discutir la forma y el contenido de la enseñanza. Gracias a la revolución, se ha conquistado ya una base de cooperación, nos acercamos a procedimientos de reciprocidad y respeto. Queremos una gestión paritaria de la Universidad. No que nos «enseñen», sino ejercer un control real sobre la enseñanza a fin de adquirir una cultura que vaya más allá del comercio o de la especialización. Queremos un nuevo contrato de enseñanza, pruebas de control en vez de exámenes, con participación de estudiantes en el jurado. Queremos instituciones más ligeras, renovables, abiertas y modernas y esto no solo por razones inferiores, sino en beneficio del estudiantado de origen obrero. Actualmente solo el 20 por ciento de los estudiantes universitarios son hijos de obreros.

Carlos Fuentes, Los 68. París, Praga, México, Buenos Aires, Debate, 2005.

Actividades

• ¿Cuáles eran las exigencias que presentaban los estudiantes en 1968 según este texto de Carlos Fuentes? ¿Cuáles otras agregarían ustedes, en la actualidad?

El Brasil post-Vargas

Cuando Getúlio Vargas se suicidó, en 1954, Brasil quedó sumido en la incertidumbre. Repentinamente había desaparecido quien había sido la figura pública más importante del país desde 1930. La solución a ese vacío de poder que encontraron las clases más poderosas fue convertir la política y la economía brasileñas en parte del movimiento desarrollista que estaba en boga en aquellos años en América Latina, y que, en cierta medida, había comenzado a introducir Vargas en su último mandato.

Bajo la presidencia de Juscelino Kubitschek (1956-1961), la economía brasileña se desarrolló como nunca antes lo había hecho. Este presidente impulsó importantes obras públicas, como la construcción de rutas que unieron el amplio territorio de Brasil y el traslado de la capital. Durante años esta había estado en Río de Janeiro, pero, debido a la superpoblación y a la necesidad de descentralizar las actividades administrativas, Kubitschek mandó a construir una nueva ciudad, llamada Brasilia, que resultaba funcional y sirvió como un símbolo del crecimiento del país en el mundo. Bajo su mandato también se impulsó el desarrollo de la ciudad de San Pablo como la más importante de América del Sur en cuanto a cantidad de población e índices de producción y exportación.

Cuando terminó su presidencia, comparada con la de Arturo Frondizi en la Argentina, fue elegido presidente Jânio Quadros, quien duró pocos meses en el gobierno. En lugar de gobernar seriamente, este presidente (exgobernador de San Pablo y de mucha trayectoria política) se ocupó de medidas menores, como prohibir las bikinis en los concursos de belleza, los lanzaperfumes y las riñas de gallos. Quadros había llegado a la presidencia con un amplio caudal de votos, el 48%, pero pocos meses después no contaba con ningún apoyo que le permitiera continuar.

Fue sucedido por su vicepresidente, Joâo Goulart, quien representaba a otro partido político, el Partido Brasileño de los Trabajadores. Heredero del populismo de Vargas, Goulart implementó medidas sociales que favorecían a los sectores trabajadores y las clases bajas. Tuvo un acercamiento con la URSS, condecoró abiertamente al "Che" Guevara y realizó algunas reformas que fueron consideradas demasiado subversivas para los sectores de derecha y demasiado conservadoras para los grupos más revolucionarios. Jaqueado desde todos los flancos, fue derrocado por un golpe militar en 1964, que abriría una larga etapa de dictaduras en Brasil.

La ciudad de Brasilia tiene una arquitectura moderna y funcional, ya que fue concebida como centro de las actividades administrativas del país.

En la década de 1960, la ciudad de San Pablo ya tenía un perfil industrial.

La organización de las guerrillas

La Revolución cubana de 1959 abrió las puertas a la ilusión revolucionaria en América Latina. Los líderes de izquierda comprendieron que el camino de la revolución y la instalación de un sistema socialista era algo posible. Estados Unidos también lo vio de esa manera, y por eso se ocupó de que esos intentos fueran cada vez menos probables y menos realizables.

Rápidamente se extendieron por todo el continente movimientos revolucionarios armados que buscaban realizar cambios radicales. En estos años aparecieron guerrillas muy importantes, como las Fuerzas Armadas Revolucionarias Colombianas (FARC), el Movimiento Izquierdista Revolucionario en Venezuela, el Frente de Izquierda Revolucionaria y el Ejército de Liberación Nacional en Perú, el Frente Sandinista de Liberación Nacional en Nicaragua, el Comando de Liberación Nacional y el Movimiento Revolucionario en Brasil, Tupamaros en Uruguay, el Frente Farabundo Martí para la Liberación Nacional en El Salvador y Montoneros y el Ejército Revolucionario del Pueblo (ERP) en la Argentina, entre muchos otros.

Generalmente estos grupos eran reducidos y comenzaban sus tareas en áreas rurales, selváticas o montañosas, lejos de las ciudades. Su objetivo era ir formándose poco a poco, ganando la confianza de los campesinos y las clases bajas, quienes, se suponía, debían integrarse al movimiento revolucionario a medida que este fuera avanzando. De ese modo, según pensaban los líderes de izquierda, el pueblo entero terminaría por ser parte de grandes levantamientos armados que expulsarían de cada país a los gobernantes corruptos y capitalistas que explotaban a las clases dominadas, instalando un nuevo régimen que privilegiara los intereses de los que menos tenían.

Sin embargo, esto no ocurrió así. Los grupos guerrilleros pocas veces conseguían sumar más voluntarios a sus causas y acercarse a las clases bajas, paradójicamente, no adhirieron a sus propuestas, y en ocasiones hasta combatieron contra ellos, generando una frustración enorme en muchos de los jóvenes que comandaban estos movimientos.

Sus acciones, criticadas por unos y admiradas por otros, se extendieron hasta la década del setenta, cuando fueron aplastados por las dictaduras nacionales y el apoyo de la CIA que brindaba Estados Unidos. En algunos casos esas guerrillas continuaron funcionando de otros modos, manteniendo algún tipo de vigencia aún hoy.

Movilización de los tupamaros en Montevideo, durante la década de 1960.

• Elijan, por grupos, alguno de los movimientos guerrilleros citados más arriba. Busquen información sobre sus ideas y acciones, y expónganlo al resto de la clase. Luego comparen las similitudes y diferencias entre ellas.

El "Che" Guevara

Ernesto Guevara nació en Rosario, en 1928. Hijo de una familia de la aristocracia, estudió medicina y de muy joven emprendió una serie de viajes que transformaron su visión del mundo. En lugar de aprovechar la comodidad del dinero para visitar sitios turísticos, dormir en hoteles de lujo y comer en los mejores restaurantes, el "Che" recorrió gran parte de América Latina en moto y a pie, tratando de entender las crudas realidades sociales que vivían los hombres y las mujeres que encontraba en su camino.

Su objetivo de organizar guerrillas con los campesinos le requerían recorrer las zonas rurales.

En uno de esos viajes conoció a Fidel Castro, quien lo convenció de sumarse a su campaña revolucionaria para tomar el poder en Cuba. El "Che" Guevara no solo participó de aquel evento, sino que fue uno de sus organizadores y líderes militares, la segunda figura en importancia luego de Fidel. Cuando los revolucionarios tomaron el poder, al "Che" se le otorgaron varios cargos en el Gobierno, como presidente del Banco Nacional de Cuba y Ministro de Industria. Pese a su posición privilegiada, el "Che" decidió ser consecuente con su filosofía política e intentó extender la revolución a toda América Latina y también a otras regiones.

Dueño de una inteligencia sobresaliente y un gran poder de oratoria, Guevara formuló ideas acerca de cómo llevar a cabo la revolución, a través de la "teoría del foco". Esta tenía como principal argumento la importancia de establecer pequeñas guerrillas rurales en muchos puntos a la vez. Según su hipótesis, estos focos revolucionarios contagiarían el afán revolucionario a otros, y se multiplicarían cada vez más y con mayor fuerza.

Entre 1965 y 1967 formó ejércitos revolucionarios en el Congo africano, y también en Bolivia, desde donde esperaba formar un foco lo suficientemente contundente como para desencadenar estallidos sociales en otras regiones. Sin embargo, al igual que en muchos otros casos, la sociedad boliviana, probablemente la más oprimida de toda América del Sur, no respondió como el "Che" había previsto, y este apenas consiguió apoyo para su causa. Como contrapartida, el Ejército boliviano, apoyado y entrenado por la CIA, pudo capturarlo y ejecutarlo sin juicio previo en las sierras, donde se combatía.

Su imagen, convertida en ícono popular a partir de una fotografía, se volvió una de las pasadas de la época, ya que miles de personas la utilizan en remeras y otros artículos como si fuera un producto más del capitalismo que él totalmente quería ver. Aún en la actualidad, es amado por muchos debido a su consecuencia con la causa, su fortaleza ideológica y su moral incorruptible, y es fuertemente atacado por otros.

Actividades

• La compleja figura del "Che" Guevara es la de un ser humano en el cual coexistían tanto el ideal libertador como la posibilidad de matar a los que no estuvieran a favor de esa libertad. ¿Qué piensan ustedes al respecto? ¿Qué consecuencias tiene actuar bajo estas premisas? Debátanlo entre todos.

La revolución sandinista en Nicaragua

En el capítulo anterior estudiamos los vínculos entre el líder revolucionario Augusto Sandino, la familia Somoza y la historia política de Nicaragua en el siglo XX. Los Somoza, que habían comenzado a gobernar en 1934, extendieron su influencia hasta 1979. Para ese momento la oposición había ido creciendo hasta convertirse en una resistencia feroz imposible de sostener.

Los diferentes movimientos sociales que se resistían al gobierno de los Somoza eran liderados mayoritariamente por distintas fracciones del Frente Sandinista de Liberación Nacional (FSLN), heredero de las ideas de Augusto Sandino. Tras una ola generalizada de revueltas en todo el país, el Gobierno de Estados Unidos se vio obligado a solicitarles a los Somoza que abandonaran el país, ya que la situación se había vuelto ingobernable y afectaba los intereses económicos multinacionales.

Para frenar el avance de la izquierda, Estados Unidos implementó una serie de medidas que ya venía poniendo en práctica desde mucho tiempo antes. La CIA organizó grupos opositores dentro de Nicaragua, que tenían como objetivo erosionar el poder de los revolucionarios y terminar derrocando al nuevo Gobierno. A estos grupos se los denominó "contras" (por contrarrevolucionarios). Para financiarlos, Estados Unidos acudió a medidas ilegales y secretas, como la venta de armas a Irán en la guerra que este país sostenía con Irak. Cuando la operación fue descubierta, en 1985, se generó uno de los mayores escándalos políticos del siglo XX, que terminó erosionando la imagen de Estados Unidos y sus gobernantes.

Tras la renuncia de los Somoza, los sandinistas organizaron una junta de gobierno compuesta por los líderes políticos opositores, que representaban diversas ideologías, algunas de ellas antagónicas entre sí. Realizaron importantes reformas sociales, económicas y políticas, y tras un período de adaptación y transición, la junta convocó en 1984 a las primeras elecciones democráticas en más de cincuenta años, que fueron ganadas ampliamente por Daniel Ortega, líder del FSLN. Su presidencia se extendió hasta 1990, cuando fue elegida para la presidencia Violeta Chamorro, opositora de la familia Somoza pero también de las ideas de izquierda.

Bandera del Frente Sandinista de Liberación Nacional, movimiento que continúa con la lucha iniciada por Augusto Sandino.

Actividades

• Investiguen qué otros escándalos políticos se vivieron en Estados Unidos en las décadas de 1960 y 1970.

Uruguay y los tupamaros

Otra de las guerrillas más importantes de los sesenta y los setenta fue la del Movimiento de Liberación Nacional Tupamaros, compuesto por marxistas, maoístas y anarquistas uruguayos que adherían a las teorías revolucionarias de la época y que tenían como objetivo enfrentar los gobiernos autoritarios y el sistema económico de Uruguay.

Para obtener dinero con el que financiar el movimiento, los tupamaros organizaban golpes a casinos, hoteles y bancos, donde se sustraían millones en unos pocos minutos. También planeaban secuestros extorsivos a personalidades reconocidas, tanto de las empresas como de la política. Para ello contaban con "cárceles del pueblo", donde, por ejemplo, mantuvieron cautivado y asesinaron a un funcionario estadounidense que había sido enviado para instruir a la policía y el Ejército sobre los mejores métodos de tortura. Los tupamaros llegaron a tener entre seis mil y diez mil miembros en todo Uruguay.

A principios de la década del setenta, los militares tomaron el poder, y recrudecieron los conflictos y los enfrentamientos. Cercados por el despliegue del Ejército, los tupamaros debieron disminuir sus apariciones públicas, ya que el peligro era inminente. Algunos de sus principales líderes fueron arrestados y torturados, otros fueron asesinados o murieron en peleas guerrilleras, y otros consiguieron exiliarse durante los años en los que la represión continuó.

Cuando en 1985 la democracia se instaló nuevamente en Uruguay, muchos de los tupamaros exiliados retornaron al país, y muchos de los que habían sido encarcelados fueron finalmente liberados, integrándose a la vida política. Con el correr de los años, en esta nueva etapa, abandonaron la lucha armada e ingresaron progresivamente como protagonistas de la escena democrática.

José Mujica fue un militante activo de la agrupación Tupamaros y en 2010 fue elegido presidente de su país.

Probablemente el ejemplo más claro de todo esto haya sido el de José Mujica, quien militó en Tupamaros de manera activa, organizando y participando en diferentes operativos. Fue herido de seis balazos, lo arrestaron cuatro veces y participó en dos fugas carcelarias, una de ellas, la de Punta Carretas, de características cinematográficas y una de las más importantes de la historia, con más de cien presos fugados. Tras su última detención (1972-1985), comenzó a participar en elecciones democráticas, consiguiendo cada vez más apoyo social, lo que le permitió ser elegido presidente de Uruguay en 2010.

• Busquen en diarios de 2010 los discursos de José Mujica durante su campaña electoral y analicen si se registran en sus palabras rasgos del discurso revolucionario y cuáles son.

Chile y el socialismo de Allende

La situación en Chile fue muy diferente. Si bien existieron grupos guerrilleros revolucionarios, algunos de ellos extremistas, la izquierda se organizó en torno a partidos políticos que buscaban llegar al poder de manera institucional; es decir, democráticamente. La figura más importante fue Salvador Allende, que desde muy joven participó activamente en la política.

Allende se presentó a elecciones presidenciales en 1952, 1958 y 1964, sin ganar en ninguna de ellas. Pero sí lo hizo en 1970, liderando un movimiento llamado Unión Popular, que aglomeraba a varios partidos de izquierda y a importantes protagonistas de la escena local, como el poeta y premio Nobel Pablo Neruda, precandidato a presidente. Allende se convirtió en el primer líder marxista en acceder a la presidencia de un país por la vía democrática, instalando la denominada "vía chilena al socialismo".

Su gobierno se caracterizó por una serie de reformas importantísimas, muy extensas, que buscaban mejorar las condiciones de vida de las clases bajas. Probablemente una de las más simbólicas haya sido la nacionalización del cobre, mineral que aportaba la mayor parte de los ingresos de Chile y que hasta ese momento estaba en manos privadas extranjeras. Realizó una importante reforma agraria, aumentó los salarios de los trabajadores y modificó la Constitución.

Todas estas medidas, tomadas a la explícita defensa del socialismo por Allende y sus ministros, le generaron al nuevo Gobierno una amplia variedad de enemigos. En primer lugar se encontraban las clases altas chilenas, que hasta ese momento no habían visto amenazados sus intereses y que observaban con temor el acceso de sectores pobres a la vida pública, algo que les resultaba imposible de aceptar. Segundo, las empresas internacionales que estaban involucradas con Chile, tanto por tener allí industrias instaladas como por mantener vínculos comerciales extremadamente beneficiosos para ellas. Y tercero, probablemente como enemigo más peligroso, Estados Unidos, que, a través de los ya conocidos métodos implementados por la CIA, se ocupó de hacer de la tarea de Allende algo imposible.

En los años que siguieron a su llegada al poder, la economía chilena entró en crisis. En parte, esto se debió a algunas medidas tomadas por el nuevo Gobierno, pero también hubo una gran responsabilidad de aquellos enemigos que contribuyeron a generar un clima de inestabilidad, violencia y condiciones de pobreza generalizada. Finalmente, en 1973, las Fuerzas Armadas, apoyadas por la policía chilena y la cúpula política de Estados Unidos, organizaron un golpe de Estado que terminó con el suicidio de Allende y la implantación de una dictadura militar que duraría hasta 1989.

Golpe de Estado en Chile, en septiembre de 1973.

• Busquen en Internet diferentes testimonios, a favor y en contra, del gobierno de Allende. ¿Qué es lo que sostiene cada uno? ¿A qué sectores representan?

La Revolución argentina

Juan Carlos Onganía, presidente de facto argentino entre 1966 y 1970.

La cúpula militar que organizó el golpe que derrocó a Illia en 1966 nombró presidente al general Juan Carlos Onganía, líder de los azules en los enfrentamientos entre azules y colorados. Onganía era representante de la Doctrina de la Seguridad Nacional, concepto impartido por Estados Unidos para establecer el trato que los militares debían tener con los movimientos de izquierda en América Latina, en el contexto de la Guerra Fría. Fue él quien denominó "Revolución argentina" al proceso que se iniciaba entonces, y que a través de ese nombre buscaba legitimar la dictadura, dando a entender que era apoyada por todo un país.

Onganía cerró el Congreso, redujo la cantidad de ministros y concentró gran parte del poder en su persona. Contó con el apoyo de la prensa, los sectores empresarios y rurales, y de numerosos partidos políticos, a excepción del radicalismo, el comunismo y el socialismo democrático. Canceló las nacionalizaciones efectuadas durante el gobierno de Illia, congeló los salarios, devaluó la moneda un 40% y prohibió las huelgas y otras manifestaciones populares.

Onganía era apodado "Morsa" por sus grandes bigotes. Este dibujo humorístico provocó el enojo del dictador, que ordenó la clausura de la revista.

Su gobierno se caracterizó por una fuerte represión y censura generalizada. No solo hacia los partidos políticos, el movimiento obrero y las ideas de izquierda, sino hacia cualquier tipo de manifestación social y cultural que fuera en contra de los valores religiosos y morales que Onganía sostenía como válidos. Miles de personas fueron arrestadas por tener el pelo largo o besarse en las plazas y parques de la ciudad.

A diferencia de otras dictaduras militares, que establecieron un período para llevar a cabo sus medidas, Onganía planteó desde el primer momento que no había límites temporales para su gobierno. Para sostener esto habló de la existencia de un "tiempo económico", un "tiempo social" y un "tiempo político", que definían las necesidades del país: era imprescindible sanear la economía para que la sociedad pudiera volver a la normalidad, y solo después de ese proceso, que llevaría unos años, sería posible el retorno de la democracia. Onganía se mantuvo en el poder hasta 1970, cuando los conflictos políticos, sociales y económicos resultaron definitivamente insolubles.

Actividades

• Averigüen quién fue el comisario Luis Margaride, en qué consistían los métodos que empleaba en la división de moralidad de la Policía y qué importante rol ocupó en la década del setenta.

La fuga de cerebros

Al margen de las persecuciones políticas e ideológicas, Onganía mantuvo un particular acoso en contra de las expresiones artísticas y culturales, prácticamente en cualquiera de sus formas. Esto se vio reflejado principalmente en un decreto mediante el cual llamaba a intervenir las universidades, con el objetivo de poner fin a sus respectivas autonomías. A partir de ese momento estas instituciones pasaron a depender del Ministerio del Interior, desde donde se indicaba quiénes podían dar clases, de qué modo, cuáles eran los contenidos a enseñar, etcétera.

Todo esto generó un enorme malestar en los profesores, los estudiantes y los intelectuales en general, quienes se oponían a semejantes medidas. Ante esa resistencia, Onganía ordenó a las fuerzas de seguridad terminar con las protestas. La noche del 29 de julio de 1966 la policía irrumpió en varias facultades de la Universidad de Buenos Aires, desalojando las instalaciones, arrestando a los manifestantes e imponiendo el orden mediante la violencia. Esta jornada fue conocida como la "Noche de los Bastones Largos".

A partir de ese momento se inició un exilio masivo de profesores, científicos, rectores y otros intelectuales, que eran expulsados de sus cargos. Algunos se trasladaron a otras universidades e instituciones de América Latina, y muchos otros se fueron a Europa, donde pudieron continuar con sus actividades. A este período se lo llamó "fuga de cerebros", ya que muchas de las mentes más preparadas y privilegiadas del país se vieron obligadas a abandonarlo.

La voz de los protagonistas

Entonces entró la policía. Me han dicho que tuvieron que forzar las puertas, pero lo primero que escuché fueron bombas que resultaron ser gases lacrimógenos. Luego llegaron soldados que nos criaron, a gritos, pasar a uno de las aulas grandes, donde se nos hizo permanecer de pie, contra la pared, rodeados por soldados con pistolas, todos gritando brutalmente (evidentemente estimulados por lo que estaban haciendo —se diría que estaban emocionalmente preparados para ejercer violencia sobre nosotros)

Luego, a los aludidos, nos agarraron a uno por uno y nos empujaron hacia la salida del edificio. Pero nos hicieron pasar entre una doble fila de soldados, colocados a una distancia de 10 pies entre sí, que nos pegaban con palos o culatas de rifles, y que nos patrolan todamente, en cualquier parte del cuerpo que pudieran alcanzar. Nos mantuvieron incluso a suficiente distancia uno del otro de modo que cada soldado pudiera golpear a cada uno de nosotros. Debo agregar que los soldados pegaban tan duramente como les era posible y yo (como todos los demás) fui golpeado en la cabeza, en el cuerpo, y en donde pudieran alcanzarme

Carta de Warren Ambrose al diario estadounidense *New York Times* en la que explica los sucesos de la Noche de los Bastones Largos. Buenos Aires, 30 de julio de 1966.

El Cordobazo

El modelo propuesto por Onganía sirvió para paliar la inflación que había ido en crecimiento durante el gobierno de Illia. Sin embargo, el descontento era cada vez mayor. A las protestas surgidas por la censura, la fuga de cerebros y la represión en general, comenzaron a agregarse, progresivamente, los reclamos de los obreros, cuyos salarios disminuían cada vez más.

Cordobazo. Al igual que en el mayo francés la asociación entre estudiantes y trabajadores fue la clave de la lucha.

Para mayo de 1969 la CGT convocó a una huelga general. Un día antes de que esta comenzara, sin embargo, un grupo de trabajadores disidentes y estudiantes cordobeses salieron a manifestarse por las calles de Córdoba capital. Ya había habido otras protestas similares ese mismo año en otras provincias, pero la que se generó a partir de entonces no tuvo precedentes en la historia argentina. Miles de personas tomaron las calles y convirtieron Córdoba en un segundo Mayo francés. La manifestación rápidamente dejó de ser controlada por sus líderes, y adquirió características más ambiguas y espontáneas. Fueron cuestionados no solo Onganía y sus ministros, sino el modelo económico, la relación de dependencia con las potencias extranjeras y hasta la misma CGT, criticada por trabajadores disidentes que no aceptaban las órdenes que se impartían desde la cúpula directiva de los sindicatos oficialistas.

En los dos días que duraron los conflictos murieron al menos treinta personas en enfrentamientos con las fuerzas de seguridad, que finalmente consiguieron imponer el orden. Las reacciones sociales ante el malestar se extendieron por todo el país, creándose otros movimientos similares, aunque no tan importantes como el Cordobazo. Si bien Onganía consiguió reprimir las manifestaciones, estas terminaron por tensionar su gobierno, que, ante la pérdida de apoyo de los sectores que habían comenzado dándole su visto bueno, empezó a tambalear.

Lo voz de los intelectuales

... más que el precipitante de una nueva crisis política y otro cambio de régimen, el legado más significativo del Cordobazo fue el de un símbolo. El efecto del levantamiento sobre la clase obrera local y la izquierda argentina fue nada menos que revolucionario. Rápidamente mitologizado por ambas, se convirtió en la piedra de toque, el hito mediante el cual la izquierda peronista y las organizaciones y los partidos marxistas, así como determinados sectores del movimiento obrero, evaluaron todas las movilizaciones obreras anteriores.

James Brennan, El Cordobazo, Buenos Aires, Sudamericana, 1996.

La voz de los intelectuales

Durante su paso, trabajadores de otras plantas, estudiantes y ciudadanos en general, se sumaron a la marcha, hasta que la columna principal que venía desde la fábrica de IKA Renault en Santa Isabel fue dispersada hacia los barrios adyacentes luego del primer enfrentamiento con la policía. Casi al llegar al centro su marcha hacia el local de la CGT, la policía abrió fuego y mató al obrero de IKA-Renault Máximo Mena. Los trabajadores atacaron entonces el cordón policial desbandándolo, transformándose la movilización en una revuelta urbana espontánea en la cual participó prácticamente la totalidad de la comunidad cordobesa.

(...) Para las dos de la tarde la policía había sido totalmente desbordada y había tenido que replegarse a su central. Los dirigentes sindicales intentaron establecer cierto grado de control pero, para entonces, la rebelión había escapado de sus manos respondiendo al flujo y reflujo de la contienda callejera, sin tener en cuenta ningún plan estratégico superior. Los considerados símbolos del imperialismo y del régimen sufrieron duros ataques, se incendiaron las oficinas de Xerox, una concesionaria de Citroën y muchos otros negocios; se quemaron autos y se saqueó el Club de Suboficiales, con el fin de destruir los elementos allí existentes. No se registraron actos de pillaje, los manifestantes destruyeron pero no robaron.

Al caer la tarde, la mayoría de los trabajadores se retiró hacia sus hogares, además varios dirigentes sindicales se mostraron recelosos de continuar participando en la protesta que ya no controlaban (...) A la tarde intervino el Ejército. La aparición de algunos francotiradores en los techos agregó un tercer elemento al Cordobazo, el de haberse intentado una insurrección armada por parte de algunos grupos más organizados con una finalidad más claramente política y, acaso, revolucionaria. La irrupción de estos grupos, no incluida en la planificación inicial de la protesta, es uno de los aspectos más controvertidos ya que el régimen atribuyó el Cordobazo a una conspiración minuciosamente organizada por la izquierda revolucionaria, con el apoyo del comunismo internacional. En realidad, el componente insurreccional fue una faceta menor del Cordobazo si se lo compara con la protesta obrera y estudiantil o con la revuelta popular; sin embargo, no debe ser dejado totalmente a un lado porque habla de la existencia de un fenómeno que saldría claramente a la luz luego del Cordobazo.

Mónica Gordillo, óp. cit.

Actividades

• ¿Qué puntos en común encuentran entre el Cordobazo y el Mayo francés?
• ¿Cuáles son los puntos más importantes en los argumentos de Brennan y Gordillo?

El Movimiento de Sacerdotes para el Tercer Mundo

Históricamente, la Iglesia Católica siempre estuvo abiertamente en contra de las revoluciones, el socialismo y la izquierda en general. En la década de 1960 se hicieron algunas pequeñas reformas, buscando que la Iglesia se acercara un poco más a las clases obreras. Algunos miembros del clero argentino se tomaron la propuesta muy en serio, y formaron, independientemente, un Movimiento de Sacerdotes para el Tercer Mundo, que no solo ayudaba a los pobres, sino que los organizaba para llevar a cabo la revolución socialista. El movimiento duró algunos años, hasta que finalmente fue disuelto en la década siguiente. Si bien ganó muchos adeptos y simpatías, fue duramente criticado por la propia Iglesia y los sectores más conservadores de la sociedad.

La voz de los intelectuales

Los sacerdotes más radicalizados del clero se agruparon en el Movimiento de Sacerdotes para el Tercer Mundo (MSTM), que adquirió visibilidad cuando se solidarizó con los planes de lucha de la CGT en 1964 y 1965. A partir de 1966 un sector del MSTM lanzó la revista *Cristianismo y Revolución*, que de inmediato se convirtió en el órgano de difusión de un amplio espectro de la militancia cristiana y peronista. Uno de sus principales orientadores fue el padre Carlos Mugica, y en su redacción participaron varios de los futuros fundadores de la organización Montoneros. El

Carlos Mugica, sacerdote militante del MSTM.

MSTM combinó la doctrina que sostenía que la redención social era el remedio para los males del hombre moderno con las teorías marxistas que daban una explicación histórica y científica de la inevitable decadencia y desaparición de la sociedad de clases. Ambas corrientes coincidían en proponer la acción política y el sacrificio personal como vías para acelerar esos cambios. Y compartían por sobre todo el desprecio hacia las formas liberales y las instituciones "burguesas", ni la política de los partidos ni las elecciones servían para hacer realidad los auténticos intereses del pueblo. Las dos coincidieron además con el populismo nacionalista en la afirmación de que el pueblo argentino tenía potencialidades dormidas y que la misión de los militantes y creyentes era despertarlas para construir un nuevo orden (llámese comunidad cristiana, reino de la justicia social o socialismo). Además, sus militantes convergieron en el mismo espacio urbano –los nuevos asentamientos ignorados por las estructuras gremiales y partidarias– y político –el "peronismo de base", donde anidaba la voluntad popular más genuina–. El acercamiento al peronismo se vio facilitado, a su vez, por la reconciliación entre el Vaticano y Perón, consagrada en 1963 cuando a este se le levantó la excomunión impuesta en 1955 (lo que, cabe aclarar, obedeció a una búsqueda de colaboración con fines muy distintos a los revolucionarios).

Marcos Novaro, *Historia de la Argentina 1955-2010*, Buenos Aires, Siglo XXI, 2010.

Las guerrillas en la Argentina

Al igual que ocurrió en el resto de América Latina, las guerrillas comenzaron a operar cada vez en mayor número y con más fuerza en la Argentina, a partir de la década del sesenta. Los movimientos revolucionarios eran muchos, y cada uno tenía sus propias creencias ideológicas y objetivos, que en ocasiones entraban en contradicción con los de otros grupos armados. Algunos tenían apoyo partidario, y hasta influencias directas de países comunistas, que a veces aportaban dinero o apoyo logístico para sus operaciones. Incluso algunas de las guerrillas, como Montoneros, llegaron a contar con un partido político propio, que servía como un nexo entre los revolucionarios y los ciudadanos que, si bien apoyaban sus ideas, estaban a favor de la democracia no violenta.

Montoneros fue la agrupación revolucionaria más numerosa y conocida de la época. La integraban, mayoritariamente, jóvenes de base peronista y nacionalista, muchos de los cuales habían comenzado militando en el MSTM, y en otras fuerzas muy divergentes, como Tacuara, una organización nacionalista de ultraderecha y antisemita. Sus operaciones fueron fundamentales para erosionar las presidencias de la Revolución Argentina y hacer posible el retorno de Perón al país. Partidarios de la lucha armada, practicaron el terrorismo, y participaron en asesinatos, secuestros extorsivos y permanentes enfrentamientos con las fuerzas de seguridad (las del Estado, y también de grupos paramilitares). Algunos de sus principales líderes fueron Mario Firmenich, Fernando Abal Medina, Fernando Vaca Narvaja, Norma Arrostito y Rodolfo Galimberti, entre otros.

La agrupación Montoneros encabezando una multitudinaria marcha en Plaza de Mayo.

También fue clave, en este período, la aparición del Ejército Revolucionario del Pueblo (ERP), organización trotskista seguidora del "Che" Guevara, dirigida por Roberto Santucho, quien veía en Perón al principal obstáculo de la revolución. Otras de las principales guerrillas de la época fueron las Fuerzas Armadas de Liberación (FAL), cercanas al maoísmo y al Partido Comunista Revolucionario; las Fuerzas Armadas Revolucionarias (FAR), procubanas y de orientación marxista-leninista; y las Fuerzas Armadas Peronistas (FAP).

Distintivo del Ejército Revolucionario del Pueblo (ERP). La estrella roja de cinco puntas es uno de los símbolos del socialismo y está presente en casi todos los emblemas de los movimientos de izquierda.

Estas y otras guerrillas fueron responsables del asesinato del expresidente Aramburu y de importantes figuras de la vida pública argentina, como los sindicalistas Augusto Timoteo Vandor, José Rucci y José Alonso, el dirigente radical Arturo Mor Roig, periodistas, empresarios, militares y abogados, a los que se sumaron los muertos de las organizaciones paramilitares de derecha, que, entre otros, provocaron la muerte del sacerdote Carlos Mugica y de decenas de militantes de izquierda.

La voz de los intelectuales

Al preguntar por la emergencia de los partidos armados de izquierda, peronista o marxista, en la Argentina de fines de los sesenta y comienzos de los setenta, lo más general ha sido indagar sus causas: ¿Qué provocó esos comportamientos que atrajeron a un gran segmento de la juventud hacia el círculo de la violencia política y que se encaminarían a una conclusión tan trágica bajo los golpes del terror estatal? Los hechos habitualmente señalados —y que recuerdan la inestabilidad política crónica de la vida nacional, la violación reiterada de la legalidad y la política, la fractura entre peronistas y antiperonistas, la exclusión del peronismo después de 1955 y la desafección mayoritaria de militares y civiles, de partidos y sindicatos, por las reglas de la democracia política— ofrecen un principio de comprensión. Esos hechos hablan de costumbres políticas autoritarias, del empleo recurrente de la fuerza para dirimir los conflictos y de una economía con latencias de guerra civil. Sin embargo, no podría decirse que de ellos se desprenden, como su corolario natural, los modos de pensar y de creer que animaron el radicalismo armado. Antes que efecto o emanación de las contingencias de la vida política nacional, esos modos de pensar y de creer son el marco interpretativo de las contingencias.

Carlos Altamirano, "Montoneros", *Punto de vista* N.º 55, Año xix,
Buenos Aires, agosto de 1996.

Basta una mirada inicial a los antecedentes políticos de los Montoneros de más relieve para que el observador se quede perplejo: muchos de los hombres y las mujeres jóvenes que tomaron las armas en los últimos años sesenta y principios de los setenta movidos por ideales populares nacionalistas y socialistas, habían recibido su bautismo político en ramas de la tradicional y renovadora Acción Católica (...) casi ninguno había comenzado su vida política como peronista.

Richard Gillespie, *Soldados de Perón*,
Buenos Aires, Grijalbo, 1987.

Los dirigentes revolucionarios Mario Roberto Santucho, Benito Urteaga, Enrique Gorriarán Merlo y Jorge Carlos Molina en 1973.

Actividades

• El apoyo y el odio a las guerrillas dividió al país en las décadas de 1960 y 1970. Pregunten a familiares o vecinos que hayan vivido esa época cuál es su opinión. Indaguen acerca de anécdotas y momentos difíciles vividos por ellos en aquellos años, en relación con las agrupaciones revolucionarias y paramilitares de derecha. Luego expongan en la clase las observaciones realizadas y debatan argumentando sus opiniones.

De Levingston a Lanusse

El Cordobazo, los asesinatos de Vandor, Alonso y Aramburu, la crisis económica, el accionar cada vez más notorio de las guerrillas y la insostenible situación política con Perón en el exilio terminaron por volver imposible la presidencia de Onganía, quien debió renunciar al cargo en 1970. La cúpula militar nombró presidente a Roberto Levingston, otro militar de carrera, del grupo de los azules, que se encontraba cumpliendo funciones diplomáticas en Estados Unidos.

Su gobierno, que tenía como objetivo encontrar la transición hacia la democracia, fracasó en el intento y, tras algunos meses, debió dar lugar a otro general, Alejandro Agustín Lanusse. Este, que se desempeñaba como Jefe del Ejército, fue el encargado de llevar a cabo esa transición. El proceso fue lento, difícil y siempre mediatizado por la situación política e ideológica de una Argentina convulsionada que, a la vez, era parte de un mundo igualmente en ebullición. América Latina veía crecer día a día el accionar de las guerrillas, y la Guerra Fría no daba tregua a los enfrentamientos entre el capitalismo y el comunismo.

Para 1970, Perón había hecho las paces con varios partidos políticos argentinos, entre ellos los radicales, surgiendo de allí un pacto llamado "La Hora del Pueblo". Si bien cada uno mantenía sus diferencias con los demás, los políticos consideraron que ya era el momento de dejar de lado los principales conflictos entre ellos y hacer presión para conseguir que la democracia retornara al país, y que Perón volviera a la Argentina y pudiera presentarse a elecciones.

La respuesta de Lanusse fue el Gran Acuerdo Nacional (GAN), una alianza entre varios partidos, sindicatos, las Fuerzas Armadas y otros sectores de la sociedad. El GAN invitaba

El político radical Ricardo Balbín junto al delegado Daniel Paladino, en una reunión de La Hora del Pueblo, a principios de la década del setenta

a Perón a regresar, pero dejaba muy en claro que el Gobierno haría todo lo posible para que no pudiera llegar a la presidencia nuevamente. El mismo Lanusse se postuló como candidato presidencial, esperando contrarrestar los votos que pudiera sacar el peronismo.

Finalmente se levantó la veda electoral, y en 1973 se realizaron elecciones libres. El ganador fue Héctor José Cámpora, delegado personal de Perón, quien obtuvo el 49,5% de los votos. Segundo quedó ubicado el dirigente radical Ricardo Balbín, con el 21,3%. Tras los comicios, Cámpora accedió a la presidencia e inició todas las acciones necesarias para que el retorno definitivo de Perón fuera un hecho y pudieran organizarse nuevamente elecciones presidenciales, que serían las que llevarían al líder exiliado a su tercer mandato.

La voz de los intelectuales

Peronismo y radicalismo unidos reclamaron a finales de 1970 el pleno retorno a una democracia que entonces ambos aceptaban y sobre cuyo significado, por fin, concordaban. La Hora del Pueblo, el agrupamiento de los dos grandes partidos políticos con algunos socios menores, significó el definitivo reconocimiento de la comunidad política de que el peronismo, encabezado por Perón, era uno de sus legítimos miembros.

Lanusse, el hombre de acción a quien las circunstancias pusieron a obrar de político, tenía su cuenta personal con Perón: cuatro años de cárcel en el sur por su participación en el alzamiento de 1951; más importante, sin embargo, que esa cuenta era la mala gana con que Lanusse (y, quizá, los altos mandos de las Fuerzas Armadas) había llegado a la conclusión de que Perón era necesario para reconstruir la democracia y que esta era la mejor barrera contra la expansión de la guerrilla. Era necesario, por lo tanto, garantizar la salida democrática obteniendo la condena de la guerrilla por Perón. Las negociaciones en tal sentido, sin embargo, fracasaron. Perón, obtenidas sus credenciales democráticas por el reconocimiento de sus pares, no estaba dispuesto a facilitar la retirada del poder a los militares. Consecuentemente, no condenó a la guerrilla. Quizá por temor hacia sus antiguos subordinados; quizá porque confió en su propia capacidad para manipular a quienes a poco iría a llamar "jóvenes imberbes"; quizá porque el secreto de su éxito en el exilio era aceptar a todos los que quisieran seguirlo, tras fracasar las negociaciones, Perón se retrasó en un tira y afloje con el presidente, que en el corto plazo perjudicó a los dos. A Lanusse, porque fue evidente su fracaso ante Perón; a Perón, porque su llegada a la presidencia se demoró varios meses como consecuencia de las medidas dispuestas por Lanusse para obstaculizarla.

Para complicación de Lanusse y de Perón, durante 1972 y 1973 creció notablemente la actividad guerrillera. Peor aún, esta era vista con buenos ojos por la mayoría de la población, a la que importaban menos sus objetivos últimos –la toma del poder para llevar a cabo una revolución cuyo modelo era Cuba– que las consecuencias inmediatas –el hostigamiento de los militares en retirada–.

Samuel Amaral, "De Perón a Perón", op. cit.

Actividades

• ¿Por qué el pacto entre Perón y los restantes partidos políticos fue posible recién en la década del setenta, y no antes? ¿Qué había ocurrido en la Argentina desde 1955 para que la situación fuera tan diferente? Averigüen entre los adultos de sus familias qué opinan de la frase de Amaral acerca de que las guerrillas eran vistas con buenos ojos por la mayoría de la población.

La voz de los protagonistas

Todos los argentinos, con la única excepción de los muy jóvenes, debemos sentirnos responsables de lo sucedido en nuestro país en las últimas décadas. La historia pronunciará al respecto el juicio definitivo, mas hoy adquiere mayor relevancia la responsabilidad que compartiremos, en el acierto o en el error, en la elección de los caminos que nos conducirán al porvenir de grandeza que nuestra dignidad nos exige. El GAN es el imperativo de la hora presente. Sólo así se podrá llevar a feliz término la gran empresa de encauzar al país en la senda de la libertad, el progreso y la justicia, como condición básica para el pleno restablecimiento de una democracia representativa, eficiente y estable.

Será necesario modernizar la actual estructura política, para adecuarla al objetivo perseguido: garantizar el ejercicio de los derechos y libertades individuales y mantener el pluralismo político, respaldado por una activa participación de la población y su representación legítima y auténtica en el Congreso, a través de los partidos políticos.

También será necesario propender a la nacionalización de la economía —que no debe confundirse con estatización— para lograr una mayor libertad de acción en la toma de decisiones fundamentales en este campo, orientar todo el sistema al servicio exclusivo del interés nacional y conquistar una efectiva independencia económica, así como canalizar los beneficios del crecimiento económico hacia una equitativa distribución de la riqueza generada por el esfuerzo común, atendiendo en primer lugar a las exigencias de los sectores más necesitados.

Nuestra conducta, como miembros de las instituciones castrenses, y nuestra claridad de procedimientos deben generar en este punto la cuota de confianza necesaria para que pudamos hacer realidad el anhelo ya expresado de ver a las Fuerzas Armadas y a la ciudadanía unidas sin disidencias en la gran empresa de promover la grandeza nacional.

Alejandro Agustín Lanusse, *Mi testimonio*, Buenos Aires, Lasserre, 1977

La voz de los intelectuales

Cuando Lanusse asume la presidencia, la Revolución Argentina le delega cinco problemas: 1) un proceso de rebelión civil con inusitadas dosis de violencia; 2) la formación de organizaciones guerrilleras de mayor envergadura operativa, con una cuota importante de simpatía por parte de la población y avaladas por Perón; 3) una presencia distinta, en cuanto a posibilidades de influir en los rumbos del país, del caudillo peronista; 4) un sindicalismo oscilando entre negociar con él o negociar con el gobierno; y 5) una clase política crecientemente inclinada a la salida institucional.

María Matilde Ollier, "Perón y las fuerzas armadas", en *Perón: del exilio al poder*, op. cit.

Cámpora

Cámpora llegó a la presidencia bajo el lema de campaña "Cámpora al gobierno, Perón al poder", debido a que, en las elecciones de 1973, Lanusse había autorizado que se presentara el peronismo, pero no así Perón. Cámpora era su delegado personal desde 1971, había participado en el movimiento desde su creación y contaba con la confianza del líder. Sin embargo, era cuestionado por muchos sectores dentro del peronismo, incluso por Perón, por la estrecha relación que mantenía con la Juventud Peronista, con Montoneros y con las izquierdas latinoamericanas en general, ya que era un ferviente admirador de la Revolución cubana y el socialismo chileno de Salvador Allende.

Tanto Allende como Osvaldo Dorticós (presidente de Cuba) asistieron a la ceremonia de asunción, lo que resultaba una verdadera afrenta a los militares de la Revolución argentina, quienes veían con enorme malestar su derrota política e ideológica. Para otros sectores, por el contrario, esas presencias marcaban el final de una época dictatorial y la posibilidad de una nueva era, democrática para algunos y revolucionaria para otros. Para los sindicalistas (representantes del peronismo de derecha), en cambio, enfrentados abiertamente con la Juventud Peronista y cualquier manifestación del peronismo de izquierda, la llegada de Cámpora y sus ideas resultaba inadmisible.

Su gestión estuvo caracterizada por la transición y el inminente retorno de Perón. Sin embargo, hubo otros puntos importantes, que generalmente involucraron a las guerrillas y su accionar. Por ejemplo, la liberación de los presos políticos en diversas cárceles del país; fueron amnistiados guerrilleros de izquierda, paramilitares de derecha e, indirectamente, otros presos que aprovecharon la confusión para escapar de las prisiones.

El mandato de Cámpora duró solamente 49 días, que fueron los que necesitó para legalizar al peronismo en todas sus formas, revocar la proscripción a Perón y permitir su regreso triunfal y definitivo al país. Luego de conseguir esos objetivos presentó su renuncia y se fue a México como embajador. Su lugar fue ocupado por Raúl Lastiri, presidente de la Cámara de Diputados y yerno de un personaje que tendrá mucha influencia en los años siguientes: José López Rega. En su presidencia provisional, Lastiri convocó nuevamente a elecciones, que, esta vez sí, tuvieron la presencia de Perón en las urnas, quien arrasó con más del 60% de los votos. Fueron las primeras elecciones libres y sin proscripciones desde 1952.

Primera plana del diario La Opinión, del 25 de mayo de 1973.

• Después de releer las páginas que desarrollan el tema, elaboren un cuadro de doble entrada donde aparezcan los intereses del peronismo de izquierda y de derecha, quiénes eran sus representantes, qué funciones cumplían, con qué apoyos contaban y cualquier otro ítem que sea pertinente para mostrar su enfrentamiento.

El retorno

Perón regresó a la Argentina el 20 de junio de 1973. Su vuelo iba a descender en el aeropuerto de Ezeiza, y allí lo a esperarlo una multitud de personas, cuyo número varía –según qué historiador cuente las cifras– entre algunos cientos de miles y dos millones. El acto de recibimiento fue encargado a una comisión, compuesta mayoritariamente por sindicalistas como José Rucci y Lorenzo Miguel; es decir, la derecha del peronismo.

En los dieciocho años que Perón había estado en el exilio, la Argentina se había transformado mucho. Los conflictos entre la izquierda y la derecha se habían extremado, y Perón se había mostrado abierto con unos y con otros, sin llegar a definirse nunca en los hechos sobre a qué sector apoyaba. Por eso todos fueron a recibirlo. Sin embargo, los organizadores del sindicalismo lo habían encomendado a uno de sus miembros, el coronel retirado Jorge Manuel Osinde, que no permitiría el acercamiento de Montoneros, las FAR, las FAP, la Juventud Peronista y otros movimientos peronistas guerrilleros. Cuando estos comenzaron a marchar por la autopista hacia el sitio adonde llegaría Perón, hombres armados comenzaron a disparar contra la multitud. El fuego empezó desde el mismo palco donde se encontraban los organizadores.

Miembros de la derecha peronista en el palco de Ezeiza, con gesto victorioso.

El ataque dejó como saldo varios muertos y cientos de heridos. Por razones de seguridad Perón no aterrizó en Ezeiza, sino en Morón, y en su mensaje del día siguiente apenas mencionó el hecho, haciendo luego responsables de los desmanes a las organizaciones de izquierda y al presidente Cámpora, por estimularlas.

La voz de los protagonistas

Cuando Perón retorna definitivamente a la Argentina, puede hablar con los políticos porque la lucha política ya había en parte perdido relevancia. Perón no vuelve como un político a disputar elecciones, sino que viene como "prenda de paz" a ratificar la decisión que el pueblo ya había tomado mayoritariamente. Sus propios adversarios de antaño lo veían ahora como la única alternativa para obtener la pacificación del país. Nadie consentía de que Perón representaba la única salida posible a la crisis política argentina. A diferencia de su situación en 1946, Perón no debía luchar por su legitimidad; en 1973 su legitimidad estaba basada en el consenso.

Samuel Amaral y Mariano Ben Plotkin, "La ideología peronista", en Perón: del exilio al poder, op. cit.

La masacre de Ezeiza

Horacio Verbitsky: "Un hecho que a mi juicio resulta fundamental para todo lo que vino después fue el enfrentamiento que se produjo en Ezeiza un mes después de que Cámpora asumiera la presidencia. Hay para el regreso de Perón una concentración en Ezeiza, en donde todo el aparato sindical y político antiguo del peronismo armó una emboscada. Se montó un verdadero arsenal de armas en el palco y, cuando se acercaban las columnas de Montoneros y de la juventud peronista, fueron baleados desde el palco. Eso distorsionó el sistema político, el equilibrio interno de fuerzas dentro del peronismo y se produjo un fenómeno incontrolable para todas las partes involucradas".

Mario Caporale: "Los montoneros ese día perdieron por ingenuos. Pensaron que con esa movilización de cientos de miles de personas alcanzaba, y la derecha los esperaba con unos nidos de ametralladoras y la logística militar bastante mejor establecida, y los corrieron a balazos. Al día siguiente, Perón los condenó como autores de ese enfrentamiento, cosa que no fueron. De los montoneros, algunos pocos iban armados, pero infinitamente menos que la derecha. Me parece que a partir de ese día todo empezó a degradarse; por un lado había como una justificación clara para aquellos que decían que las armas eran más útiles. Los sectores más militaristas, más 'fierreros', como se decía de los Montoneros, tuvieron un argumento muy difícil de contrarrestar. Y creo que ahí, el día del supuesto apogeo, todo empezó a degradarse".

Eduardo Buñalde: "De eso yo tengo memoria muy fragmentaria. Había corridas, había que ayudar porque había mucha gente que estaba lastimada, herida y nos metimos en unas ambulancias que habíamos llevado nosotros de la municipalidad. Nadie sabía bien cómo había sucedido. Después nos fuimos enterando".

Mario Firmenich: "Nos fuimos realmente de Ezeiza sin saber qué había pasado, porque todo ocurrió atrás del palco. Lo que recuerdo de aquel acto es la desazón más increíble del acto más grande que haya visto en la Argentina y fuera de la Argentina, sin exagerar, sin nada. Una multitud de gente. Millones, muchísima gente, hasta el horizonte de gente. Y la gente se fue con una tristeza y una desazón que no olvidaré jamás".

Miguel Bonasso: "No hubo una confrontación en Ezeiza, como ha dicho toda la prensa canalla de la República Argentina. Nuestra gente fue desarmada. No hubo confrontación, hubo asesinato, hubo masacre".

Extractos de *Lo pasado pensado*, de Felipe Pigna, Buenos Aires, Planeta, 2005.

• A partir de las páginas dedicadas al accionar de las guerrillas, la posición de Perón y el contexto argentino en 1973, redacten un cuento breve en el que, desde alguna perspectiva, se narre lo ocurrido en Ezeiza el día que Perón regresó a la Argentina.

El tercer gobierno de Perón

Durante dieciocho años millones de personas deseaban que Perón regresara a la Argentina, y muchos trabajaron activamente para que eso ocurriera. El problema con los deseos, cuando se sostienen durante tanto tiempo, es que cuando llegan a ser concretados nunca son lo que uno esperaba. Eso le ocurrió a una gran parte de la población, que repentinamente descubrió que Perón había cambiado y no era el mismo con el que ellos habían soñado.

El Perón que llegó a la Argentina en 1973, ganó las elecciones ese mismo año y gobernó durante unos meses hasta 1974, estaba viejo, criticaba abiertamente a la izquierda, a los guerrilleros y a la misma Juventud Peronista, a la que acusó de "jóvenes imberbes" en un discurso pronunciado en Plaza de Mayo, en una de las manifestaciones populares más grandes de la historia argentina. Entre sorprendidos e indignados, los dirigentes de esos grupos debieron tomar posiciones. El líder absoluto del partido cuestionaba sus acciones, sus objetivos, sus ideas, sus propios liderazgos. Por eso

Perón durante su tercer gobierno, con la vicepresidenta María Estela Martínez de Perón.

algunos llegaron a manifestar públicamente, también en grandes actos, que el peronismo iba más allá de Perón, generando una contradicción a la que muy pocos pudieron resignarse. Ese día los manifestantes, por primera vez, se retiraron de la plaza antes de que Perón terminara su discurso, al canto de "Qué pasa, qué pasa, qué pasa, General, que está lleno de gorilas el gobierno popular".

Perón intentó basar su estrategia en la convivencia de todos los partidos políticos y sectores sociales, tal como venía sosteniendo desde muchos años antes. Sin embargo, se hacía cada vez más evidente que ese equilibrio era demasiado precario y que, paulatinamente, comenzaba a no ser aceptado por muchos de sus actores. El pacto social propuesto se vio complicado por la situación económica, que no era el Estado de Bienestar que Perón había podido construir en la década del cuarenta, en un contexto favorable para tales medidas. Por el contrario, la economía internacional estaba cada vez más resentida, lo que se acentuó con la crisis del petróleo para esa misma época y la inminente llegada del neoliberalismo. Sin poder ofrecer aumentos de sueldo reales ni mejoras en la calidad de vida de los trabajadores, Perón se limitó a reforzar el poder de los sindicatos, que en su mayoría seguían respondiendo a él, inclinado como estaba hacia la derecha. Algunos, sin embargo, desobedecieron las órdenes que él impartía y, disconformes con las medidas tomadas, organizaron huelgas y protestas, que contribuyeron a la erosión de su gobierno.

Jaqueado por la economía, la violencia civil por parte de las guerrillas, los asesinatos de empresarios y de líderes sindicales y el malestar generalizado en casi todos los sectores sociales, Perón no pudo introducir ninguno de los cambios positivos que la sociedad había estado esperando de él.

La muerte de Perón

Perón murió en 1974, a los 79 años, menos de un año después de iniciar su tercera presidencia. Quien asumió el gobierno fue su vicepresidenta y viuda, María Estela Martínez de Perón, conocida popularmente como "Isabel", que era el nombre artístico que tenía cuando Perón la conoció, durante su exilio, en un cabaret de Panamá, donde trabajaba como bailarina erótica.

Funeral del presidente Perón, el 1 de julio de 1974.

Si durante los dos ocho años en los que Perón se había mantenido en el estilo de la política nacional no había podido encontrar un reemplazante que conservara el equilibrio entre los diferentes sectores de la sociedad, su desaparición acentuó ese conflicto. Su figura había sido útil a distintos grupos, tanto políticos como ideológicos y económicos. Y si bien no podía satisfacer a todos, su sola presencia era un símbolo de mucho peso.

La muerte de Perón abrió un panorama sombrío en la política argentina. Isabel, sin legitimidad ni inteligencia para sobrellevar la situación, delegó las tareas gubernamentales en sus asesores, sin tener poder de reacción ante los problemas. Estos no eran nuevos, pero hasta ese momento se habían mantenido relativamente latentes, sin llegar a hacer explosión. Los años que siguieron fueron de los más violentos y oscuros de la historia argentina, y tuvieron un abrupto corte con la dictadura iniciada en 1976, el período más sangriento y trágico del país.

La voz de los protagonistas

Se calcula que mientras el cuerpo de Perón estuvo expuesto en el Congreso, unas 48 horas y media, desfilaron ante el féretro casi 135 mil personas; afuera, más de un millón de argentinos quedaron sin dar el último adiós a su líder. Sin embargo, y a pesar del fuerte aguacero –hasta las 9 del jueves llovería sobre Buenos Aires 34 milímetros–, una multitud incalculable se convirtió a lo largo de las avenidas Callao y del Libertador para rendir homenaje –al paso del cortejo– al presidente desaparecido. Dos mil periodistas extranjeros informaron de todos los detalles de las exequias.

"Perón. El hombre, el líder". *Siete Días Ilustrados*, julio de 1974.

Isabel y López Rega

Ante la falta de reacción de Isabel, quien se hizo cargo del poder real fue José López Rega, conocido como "el brujo" por dedicarse a practicar la magia negra. Rápidamente escaló posiciones en el Gobierno, hasta terminar por influir en todos los aspectos de la política nacional. En los años anteriores había tenido un rol fundamental en los sucesos, en tanto secretario privado de Perón, dando órdenes en la Argentina e instigando el enfrentamiento entre los diferentes bandos peronistas, que tuvo como consecuencia la masacre de Ezeiza.

Totalmente contrario a las actividades guerrilleras, fue el creador de la Alianza Anticomunista Argentina (Triple A), una organización paramilitar que respondía a sus órdenes y tenía como objetivo reprimir todo tipo de manifestación subversiva, persiguiendo y asesinando a cualquier persona que tuviera vínculos con la izquierda en la Argentina.

El descontento masivo hizo que el protagonismo de López Rega fuera inviable. Tras su caída y expulsión, Isabel debió continuar gobernando cada vez con menos legitimidad, inmersa en un contexto de subversión por parte de las guerrillas, y de represión estatal y paraestatal, además de permanentes y cada vez peores crisis económicas. La situación tuvo un brusco final cuando el 24 de marzo de 1976 un nuevo golpe militar la derrocó e instaló la dictadura, que duraría hasta 1983.

La voz de los intelectuales

Es posible identificar tres etapas de la presidencia de María Estela Martínez de Perón: en 1975. La primera culmina en mayo y se resume en la designación de López Rega en la secretaría privada de la Presidencia; de hecho, el control del gobierno. En este tramo aparece el Partido Auténtico como fuerza de superficie de Montoneros. Una segunda etapa comenzó en junio con el apogeo del lopezreguismo, la conquista por parte de este del Ministerio de Economía y el conflicto con el sanidad afamoso que explotó con el llamado 'Rodrigazo', por la autoría del ministro de Economía, Celestino Rodrigo. La inflación trepa entre el 75% y el 100% mensual, mientras el sindicalismo discute no solo una política de ingresos, sino una posición como factor de poder. La pugna llevó a la anulación de convenios colectivos (lunde se actuó literalmente a punta de pistola y la Presidente padeció el primer paro general que la CGT hiciera contra un gobierno peronista. La estrella de López Rega comienza a decaer, es reemplazado sucesivamente por dos personajes que terminaron procesados y, por fin, es militarmente desalojado de la quinta de Olivos (la residencia presidencial) y expulsado al exterior. La tercera etapa contiene el compromiso creciente del ejército en las crisis gubernamentales, mientras le es encomendado por decreto el aniquilamiento del accionar subversivo (...) De pronto, la señora de Perón se declaró enferma, delegó el mando y se fue a descansar.

Carlos Floria, "Militarización y violencia", *Nueva Historia de la Nación Argentina*, Tomo VII, op. cit.

El Instituto Di Tella

A fines de la década del cincuenta comenzó a funcionar en Buenos Aires el Instituto Di Tella, que se convertiría en el centro artístico más importante de la Argentina hasta su clausura por Onganía en 1970. El Di Tella pasó a ser, desde entonces, un punto de inflexión y referencia en las artes y la cultura nacionales, ya que allí se gestaron algunos de los movimientos más importantes de la época.

En el Di Tella convivían las vanguardias teatrales, literarias, musicales y de artes plásticas, que mantenían un diálogo permanente con otras vanguardias europeas y americanas, principalmente con los artistas de Estados Unidos, que eran quienes marcaban la influencia más fuerte de aquellos años en la Argentina. Uno de sus directores más conocidos, Jorge Romero Brest, fue un personaje fundamental para las artes locales. De larga trayectoria en el mundo artístico, renunció a la dirección del Museo Nacional de Bellas Artes y comenzó a trabajar en el Di Tella, desde donde imprimió un sello que perduraba hasta la actualidad. Su presencia permitió la aparición de nuevas tendencias artísticas que resultaban completamente novedosas.

En aquel momento saltó a la fama una joven artista, Marta Minujín, quien proponía entender al arte de una manera diferente e integradora, bajo el lema "Todo es arte". En el marco que le brindaba el Instituto, y con las becas y subsidios que este y otras instituciones otorgaban, Minujín organizó las primeras *performances* y *happenings* de la Argentina. Desconocidas hasta aquel momento, estas nuevas formas artísticas invitaban al espectador a presenciar las obras de arte de una manera interactiva, no pasiva, interviniendo en ellas. En lugar de entrar a museos y mirar cuadros desde lejos, *objetivamente*, las personas ingresaban a grandes salas donde recorrían escenas en las que podían tocar las cosas, acostarse, ver a actores que pasaban el día haciendo su vida cotidiana dentro de aquel espacio, etcétera.

En ese contexto participaron, además, otros reconocidos personajes que serían los que le darían el estilo a los años sesenta. La "generación del Di Tella" estuvo compuesta, entre otras, por artistas plásticos como León Ferrari, Antonio Seguí, Federico Klemm, Rómulo Macció, Luis Felipe Noé y Clorindo Testa; músicos, intérpretes y bandas de rock como Alberto Ginastera, Les Luthiers, Nacha Guevara, Almendra y Manal; actores, directores y dramaturgos, como Griselda Gambaro y Norman Briski; y hasta participaron intelectuales de renombre, que interactuaron con el arte y los nuevos modos de expresión, como el psicoanalista Oscar Masotta, que fue además crítico de arte, semiólogo y ensayista.

La artista plástica Marta Minujín ha tenido una vasta producción desde la década de 1960, siempre de vanguardia.

Actividades

• ¿Qué puntos en común encuentran entre las propuestas del Instituto Di Tella y las que hacían los movimientos *hippies* en Estados Unidos?

Literatura argentina

Los convulsionados años de las décadas de 1960 y principios de 1970 coincidieron con el *boom* latinoamericano, cuando los escritores de América Latina se hicieron mundialmente conocidos gracias a la publicación de sus obras por parte de las editoriales europeas. En la Argentina ese fenómeno tuvo grandes representantes, como Ernesto Sabato y Julio Cortázar, quienes, además de escribir un gran número de obras (novelas, cuentos, poesías, ensayos, etc.), tuvieron un lugar muy importante en los debates intelectuales de la época, militando a favor de causas populares y en contra de las dictaduras de turno.

Jorge Luis Borges también perteneció a este movimiento, aunque su reconocimiento internacional fue anterior al *boom*, y su apoyo no estaba dirigido a los sectores de izquierda, sino que más bien tenía un perfil de derecha. Según muchos críticos literarios, este fue el factor que determinó que no recibiera el premio Nobel de Literatura, ampliamente merecido, pero, en general, concedido a escritores con algún tipo de militancia social.

Este período también fue clave en la aparición de revistas literarias que marcarían la época, ya que en ellas se gestaron algunos de los debates intelectuales más importantes de la Argentina en el siglo XX. Herederas de publicaciones anteriores, como *Sur, Contra* o *Contorno*, aparecieron *El grillo de papel, El escarabajo de oro* y *El ornitorrinco*, donde participaban escritores como Abelardo Castillo y Liliana Heker, que marcaron el comienzo de una nueva forma de realizar revistas en el país. Esa tradición se mantuvo durante muchos años y sigue hasta hoy, mezclando literatura con psicoanálisis, filosofía, historia y humor. Algunos de sus exponentes son *Punto de vista, Humor, Conjetural, Lamujerdemivida, Casquivana* y *Barcelona*.

Poco a poco se ganaron también su espacio en la escena local e internacional otros muchos escritores, cada uno con sus estilos, ideologías y formas de traducir la realidad a las palabras. Entre ellos, Adolfo Bioy Casares, Manuel Puig, David Viñas, Haroldo Conti, Vicente Battista, Juan Gelman, Rodolfo Walsh, Tomás Eloy Martínez, Andrés Rivera, Olga Orozco, Alejandra Pizarnik, Antonio Di Benedetto, Ricardo Piglia, Héctor Tizón, Daniel Moyano o Juan José Saer.

El "Che" Guevara

Los hombres y las mujeres que pasan a la historia lo hacen por haberse involucrado en cuestiones trascendentes para un país y generalmente comprometidos con ciertos ideales. Una personalidad tan comprometida y combativa como la de Ernesto Guevara ha generado a lo largo de los años encendidas polémicas y puntos de vista extremos. Desde la devoción hasta el más absoluto repudio, esta figura ha despertado, y aún lo sigue haciendo, las más variadas sensaciones, pero en pocos casos genera indiferencia.

"Desde ese punto (Antofagasta, Chile) fuimos hasta uno de los yacimientos de cobre más grandes del mundo, Chuquicamata; y realmente nos impresionó el rigor de la vida del obrero y su falta de defensa contra las contingencias de un trabajo peligroso como es ese. La grandeza de la planta minera está basada sobre los 10 mil cadáveres que contiene el cementerio más los miles que habían muerto víctimas de neumoconiosis y sus enfermedades agregadas.

Cuando le pregunté a un empleado de la compañía cuánto se pagaba por accidentes que costaran la vida al obrero, su respuesta fue un encogimiento de hombros, cuyo significado exacto no podemos precisar porque nadie conoce exactamente las leyes obreras y su aplicación, pero me imagino que no quería decir nada bueno para la familia del trabajador en esas condiciones. La policía chilena poco tiene que hacer por iniciativa propia ya que recibe directamente órdenes de los jerarcas de la compañía que fueron las encargadas de autorizar nuestra entrada al pueblo, no digamos al terreno de la mina, y en general la prensa chilena presenta el panorama minero con un desconocimiento de la realidad y una falsía que invitan realmente a reflexionar. La persecución es encarnizada e indiscriminada: tuvimos oportunidad de conversar con algunos obreros, de la más baja condición intelectual, gente que no podía ser peligrosa en ningún momento y que sin embargo deambulaba de un lado para otro sin poder conseguir trabajo porque lleva el estigma de haber pertenecido a un movimiento huelguístico declarado ilegal y sofocado por el gobierno. Las minas del salitre, sin llegar al extremo de Chuquicamata, presentan un parecido aspecto de sumisión hacia el gran capital que vuelve odiosa todas las gigantescas obras construidas en los desiertos de la región".

Carta de Ernesto "Che" Guevara a Tita Infante, Lima, 1952.
En Adys Cupull y Froilán González, *Cálida presencia. La amistad del Che
y Tita Infante a través de sus cartas*, Montevideo, Oriente, 1997.

"Roberto, Adelaida, mis muy queridos:

Anoche volví a París desde Argel. Sólo ahora, en mi casa, soy capaz de escribirles coherentemente; allá, metido en un mundo donde sólo contaba el trabajo, dejé irse los días como en una pesadilla, comprando periódico tras periódico, sin querer convencerme, mirando esas fotos que todos hemos mirado, leyendo los mismos cables y entrando hora a hora en la más dura de las aceptaciones. Entonces me llegó telefónicamente tu mensaje, Roberto, y entregué este texto que debiste recibir y que vuelvo a enviarte aquí por si hay tiempo de que lo veas otra vez antes de que se imprima, pues sé lo que son los mecanismos del télex y lo que pasa con las palabras y las frases. Quiero decirte esto: no sé escribir cuando algo me duele tanto, no soy, no seré nunca el escritor profesional listo a producir lo que se espera de él, lo que se le pide o lo que él mismo se pide desesperadamente. La verdad es que la escritura, hoy y frente a esto, me parece la más banal de las artes, una especie de refugio, de disimulo casi, la sustitución de lo insustituible. El Che ha muerto y a mí no me queda más que el silencio, hasta quién sabe cuándo; si te envié ese texto fue porque eras tú quien me lo pedía, y porque sé cuánto querías al Che y lo que él significaba para ti. Aquí en París encontré un cable de Lisandro Otero pidiéndome ciento cincuenta palabras para Cuba. Así, ciento cincuenta palabras, como si uno pudiera decirse las palabras del bolsillo como monedas. Ido creo que pueda escribirlas, estoy vacío y seco, y caería en la retórica. Y este no, sobre todo eso no. Lisandro me perdonará mi silencio, o lo entenderá mal, no me importa; en todo caso tú sabrás lo que siento. Mira, allá en Argel, rodeado de imbéciles burócratas, en una oficina donde se seguía con la rutina de siempre, me encerré una y otra vez en el baño para llorar, había que esas en un baño, comprendes, para estar solo, para poder desahogarse sin violar las sacrosantas reglas del buen vivir en una organización internacional. Y todo está que te cuento también me avergüenza porque hablo de mí, la eterna primera persona del singular, y en cambio me siento incapaz de decir nada de él."

Julio Cortázar, *Cartas 1964-1968*, Tomo 2, Buenos Aires, Alfaguara-Biblioteca Cortázar, 2000.

---

1. Miren la película *Diarios de motocicleta* (Walter Salles, 2004) y elaboren una reseña que dé cuenta del momento de la vida del "Che" Guevara que narra el filme, cuáles son las características de su personalidad que destaca, cuáles eran sus inquietudes y cómo llegó, según este director, a la decisión de comprometer su vida en la lucha.

2. Escriban un texto sobre la vida de Ernesto Guevara que dé respuesta a las siguientes preguntas: ¿Cuál fue el objetivo de la lucha del Che? ¿Cuál era la causa mayor que lo involucraba? ¿Cuáles fueron las experiencias de vida que lo llevaron a proponerse dicho objetivo? ¿Qué relación tiene su actitud con los enfermos y las personas de escasos recursos intelectuales con el fundamento de su lucha?

3. ¿Cuál es la posición de Julio Cortázar frente a la muerte de Guevara? ¿Qué es lo que destaca de la vida del "Che"?

4. Busquen en libros y en Internet cuatro fotos diferentes del Che y redacten un pequeño informe acerca de la situación en que fue tomada cada una de ellas.

El (¿imposible?) retorno de Perón

"A los compañeros peronistas:

Antes que noticias mal intencionadas puedan llegar al pueblo argentino, deseo ser yo quien les informe la verdad sobre mi proyectado viaje a la Patria.

Me cuesta comprender las causas por las cuales los argentinos no pueden llegar con un objetivo común, a las soluciones que el país y el pueblo reclaman. La normalización institucional de que se ha hablado no puede tener inconvenientes, si se la trata y establece de buena fe con la suficiente grandeza y sin intereses bastardos que la interfieran.

Si todos deseamos, dentro de esta regla, el bien de la Patria, no se explican las razones que puedan existir para impedirla.

El gobierno ha manifestado, por boca de su presidente, que está dispuesto al diálogo y que yo puedo regresar al país cuando y como lo desee, con todas las garantías.

Ello me ha impulsado a retornar a la Patria, después de dieciocho años de ostracismo, por si mi presencia allí puede ser prenda de paz y orientamiento, factores que, según veo, no existen en la actualidad. Pienso que la situación del país bien impone cualquier sacrificio de sus ciudadanos, si con ella se crea el más leve resquicio de soluciones.

Ya van a ser casi treinta años que me encuentro empeñado en alcanzar tales soluciones y anhelo, si ello es posible, prestar quizá mi último servicio a la Patria y a mis conciudadanos. Por eso a pesar de mis años, un mandato interior de mi conciencia me impulsa a tomar la decisión de volver, con la más buena voluntad, sin rencores —que en mí en tan sido nunca habituales— y con la firme decisión de servir. Si ello es posible.

Por todo ello, pido a mis compañeros que, interpretando mi regreso dentro de tales sentimientos y designios, colaboren y cooperen para que mi misión pueda ser cumplida en las mejores condiciones, en una atmósfera de paz y tranquilidad, indispensables para todo lo que deseamos construir. Espero que nuestros adversarios lo entiendan de la misma manera si es que, como nosotros, anhelan terminar con los odios inexplicables y las violencias inconcebibles.

Espero, Dios mediante, estar con ustedes el día 17 de noviembre próximo. Hasta entonces un gran abrazo sobre mi corazón."

Carta de Juan Domingo Perón desde España, 1972.
En www.elhistoriador.com.

"... cada uno dentro del Movimiento tiene una misión. La mía es la más in-
grata de todas, me tengo que tragar el sapo todos los días. Otros se lo tra-
gan de vez en cuando. En política, todos tienen que tragar un poco el sapo.
    Pero yo aquí hago de padre eterno (...) ¿Por qué? Porque mi misión es
ésa. La misión mía es la de aglutinar al mayor número posible. Porque la
política tiene esa técnica: acumular la mayor cantidad de gente proclive o
pensante hacia los objetivos que se persiguen. Todo el que piense o sienta
así debe estar. Ahora, dentro de eso hay distintas posiciones. A mí se me
presentan todos los días y me dicen: 'Éstos son los traidores' y vienen otros
y dicen 'Los traidores son los otros'. Y yo siempre les digo lo mismo, porque
todos los que vienen me dicen: '¿Pero nosotros tenemos razón?' y yo les
digo: 'Tal vez, pero yo no soy juez, no estoy para darles la razón. Yo estoy
para llevarlos a todos, buenos y malos'. Porque si quiero llevar sólo a los
buenos me voy a quedar con muy poquitos".

Diálogo de Perón con las agrupaciones juveniles del Movimiento Nacional
Justicialista, en la residencia de Gaspar Campos, 8/9/73. En Silvia Sigal y
Eliseo Verón, *Perón o muerte*, Buenos Aires, EUDEBA, 2003.

"Una anécdota de su visita de noviembre de 1972 a la Argentina revela el tono
conspirativo de la relación de Perón con la guerrilla, pero también la exageración de ese tono muestra que Perón no la tomaba completamente en serio.
Tras pasar su primera noche en el hotel del aeropuerto de Ezeiza, Perón se
trasladó a la casa que el partido le había comprado en Vicente López. En pocas
horas la casa fue rodeada por jóvenes simpatizantes que bloquearon el tráfico y una continua corriente de visitantes fluyó a verlo, la mayoría constituida
por políticos, peronistas y no peronistas. Cuando los líderes de la guerrilla
peronista llegaron, Perón les dijo que la casa estaba llena de micrófonos y
que el único lugar seguro para hablar con ellos era el baño. Los metió a todos
en el baño y con las canillas abiertas - para no ser grabados, les dijo - conver-
so con ellos. La anécdota era contada entonces con un dejo de suficiencia por
los admiradores de la guerrilla, pero con el correr del tiempo quizás hayan
advertido el ridículo que la maniobra de Perón encerraba".

William Ratliff, "Perón y la guerrilla: el arte del engaño mutuo".
En *Perón, del exilio al poder*, op. cit.

---

1. ¿Cuál era la posición de Perón con respecto a cada actor social que lo esperaba en la Argentina? ¿En qué elementos de su discurso podemos apreciar
lo que estudiamos, en el capítulo anterior, con el nombre de "populismo"?
¿Qué muestra la anécdota que narra William Ratliff, con relación al vínculo
de Perón con las guerrillas?

1. Una de las consignas del Mayo francés era "En los exámenes, responda con preguntas". A partir de esa idea, divídanse en grupos y sorteen los temas de estructuralismo, psicoanálisis, existencialismo, movimiento *hippie*, feminismo y Mayo francés. Luego redacten 20 preguntas acerca del tema que les tocó. No tienen que responderlas, sino simplemente formularlas.
Esta actividad parece muy sencilla, pero no lo es. Verán que las primeras interrogantes surgen fácilmente, pero luego se van complicando cada vez más. Es muy probable que las últimas sean las más inteligentes y creativas. Comprobarán, además, qué difícil es hacer preguntas interesantes.

2. Lean con atención el siguiente fragmento de una revista argentina de la década del sesenta:

"La mujer argentina se ha vuelto fanática de los cine-clubes y admira más la virtud del director que a las estrellas del filme. Averigua todo lo que puede sobre música dodecafónica, sobre lo último que salió en jazz, sobre el libro recién salido de la imprenta. En las fiestas, baila menos para hablar de política y, en lugar de whisky, bebe jugo de frutas. Ya no usa pañuelo anudado en la cabeza (lo cambió por el alegre sombrero flexible), abandonó las hebillas para usar el gracioso zapato de taco de carrete, vive en pulóveres multicolores adornados con imprevisibles collares de fantasía; su maquillaje, delicado en los labios, subraya con audacia extrema la importancia de los ojos (...) ¡Viran las mamás que parecen hermanas de sus hijas!"

Revista *Claudia*, mayo de 1966. En Sergio Pujol, "Rebeldes y modernos. Una cultura de los jóvenes", Daniel James (comp.), *op. cit.*

a. ¿Qué concepción se tenía de la mujer en aquellos años, según la revista *Claudia*?
b. Es evidente que el artículo busca mostrar que la nueva mujer es muy diferente de un estilo anterior, del que quiere despegarse. ¿Qué características tenían antes las mujeres?
c. ¿Cuáles son los rasgos más habituales en las mujeres de hoy?

3. Los años sesenta fueron el furor de las utopías revolucionarias, especialmente en América Latina. Investiguen qué es una utopía, qué modelos de utopías existen y qué papel jugaron en los movimientos sociales de Latinoamérica por aquellos años. Luego redacten las suyas. Estas pueden partir de preguntas como las que siguen a continuación:
a. ¿Dónde estaría ubicado su país?
b. ¿Cómo se llamaría?
c. ¿Quiénes vivirían en él?
d. ¿Qué régimen político habría?
e. ¿Cómo se manejarían económicamente?

    f. ¿De qué y cómo trabajarían sus habitantes?

    g. ¿Cómo funcionaría la educación?

    h. ¿Qué lugar tendrían los niños, los viejos, los enfermos, los imposibilitados de trabajar?

    i. ¿Cuál sería la relación con los países vecinos?

    j. ¿Cómo sería la bandera?

    k. ¿Habría músicos, escritores, bailarines, artistas plásticos?

    l. ¿Qué grandes modificaciones habría con respecto al tiempo-espacio en el que viven ustedes en este momento?

4. Redacten, de manera individual, un informe de lectura en el que se recapitulen los principales temas relacionados con la historia argentina de los años que se estudiaron en este capítulo: Revolución argentina, fuga de cerebros, Cordobazo, rol de la juventud peronista, guerrillas, gobiernos militares, gobierno de Cámpora, tercera presidencia de Perón, muerte de Perón y asunción de Isabel y López Rega.

    La información es mucha, y solamente disponen de una página para hacerlo. Por eso es recomendable que tomen un solo aspecto de la historia que vaya atravesando todas esas áreas. Puede ser la política, la ideología, las causas/consecuencias económicas, las críticas que hacían o de las cuales eran objeto sus protagonistas, etcétera.

5. Respondan las siguientes preguntas:

    a. ¿Qué fue el toyotismo? ¿Qué relación existió entre ese modelo y la llegada del neoliberalismo?

    b. ¿Cuáles fueron los grandes acontecimientos económicos, a escala mundial, que analizamos en este capítulo?

    c. ¿De qué manera, esos mismos hechos, afectaron a los países de América Latina?

    d. ¿Cuál fue la posición de las guerrillas de izquierda frente a los avances del capitalismo?

    e. Estas guerrillas, ¿contaban con apoyo en las sociedades? ¿De quién?

    f. ¿Qué diferencias existieron entre las guerrillas argentinas y las de otras zonas de América Latina?

    g. Más allá de los hechos, los nombres de líderes políticos, ¿qué elementos comunes atraviesan la cultura argentina de los años sesenta y principios de los setenta?

La irrupción del neoliberalismo y el final de una época

A los historiadores puede no gustarles pensar en sus trabajos como traducciones de los hechos en ficciones, pero este es uno de los efectos de su trabajo.

Hayden White

¿Qué es una nación?

Una nación es un alma, un principio espiritual. Dos cosas, que en verdad no son más que una, constituyen esta alma o principio nacional. Una yace en el pasado, la otra, en el presente. Una es la posesión en común de un rico legado de recuerdos; la otra es el consentimiento actual, el deseo de vivir juntos, el deseo de perpetuar el valor de la herencia que hemos recibido en forma indivisa. El hombre, señores, no improvisa. La nación, como el individuo, es la culminación de un vasto pasado de esfuerzos, sacrificios y devoción. De todos los cultos, el de los antecesores es el más legítimo, pues los ancestros nos han permitido ser lo que somos. Un pasado heroico, grandes hombres, gloria (quiero decir, la gloria genuina), tal es el capital social en el que basamos la idea de nación. Tener glorias comunes en el pasado y tener una voluntad común en el presente; haber realizado grandes acciones en conjunto, desear realizar aún más, tales son las condiciones esenciales que nos convierten en un pueblo. Amamos en proporción al sacrificio que hemos consentido en hacer, y en proporción a los males que hemos debido en herencia. La canción espartana: 'Somos lo que fuiste; seremos lo que eres' es, en su simplicidad, el himno abreviado de toda patria.

(...) Una nación es por lo tanto una solidaridad a gran escala, constituida por un sentimiento de los sacrificios que se han hecho y de aquellos que se está dispuesto a hacer. Presupone un pasado; sin embargo, se resume en el presente mediante un acto tangible: el consentimiento, el deseo claramente expresado de mantener esa vida en común. La existencia de una nación es, si me permiten la metáfora, un plebiscito diario, así como la existencia de un individuo es una afirmación perpetua de la vida. Eso, lo sé muy bien, es menos metafísico que el derecho divino y menos brutal que el derecho histórico. De acuerdo con las ideas que estoy esbozando ante ustedes, una nación no tiene más derecho que el que tiene un rey de decirle a una provincia: "Me perteneces, me estoy apoderando de ti."

(...) Las naciones no son algo eterno. Tuvieron su comienzo y tendrán su fin. Es muy probable que una confederación europea las reemplace. Pero ésa no es la ley del país en el que vivimos. En el presente, la existencia de naciones es algo bueno, incluso necesario. Su existencia es la garantía de la libertad, que se perdería si el mundo tuviese una sola ley y un solo amo.

Ernest Renan, "¿Qué es una nación?", en Homi Bhabha (compilador), *Nación y narración*, Buenos Aires, Siglo XXI, 2010.

1. Averigüen quién fue Ernest Renan y por qué su definición de *nación* es una de las más reconocidas y difundidas.
2. Definan ustedes mismos qué entienden por *nación*.
3. ¿Cuáles son los símbolos nacionales más tradicionales? ¿Pueden encontrar otros que no sean los clásicos?

Algunas fechas para contextualizar

1954-1989	Dictadura de Stroessner (Paraguay)
1968	Primavera de Praga (Checoslovaquia)
1973-1990	Golpe militar en Chile y gobierno de Pinochet
1975	Muere el dictador Franco (España) Juan Carlos I, Rey de España
1976	Premio Nobel de economía para Milton Friedman (Escuela de Chicago) Muerte de Mao (China)
1976-1980	Gobierno militar de Videla (Argentina)
1976-1997	Gobierno de Deng Xiaoping (China)
1977	Fundación de las Madres de Plaza de Mayo (Argentina)
1977-1981	Presidencia de Jimmy Carter (Estados Unidos)
1978	Mundial de fútbol en la Argentina
1979-1989	Guerra de la URSS contra Afganistán
1979-1990	Gobierno de Margaret Thatcher (Gran Bretaña)
1980	Muerte del Mariscal Tito (Yugoslavia) Nace el movimiento Solidaridad (Polonia)
1980-1981	Gobierno militar de Viola (Argentina)
1981-1989	Presidencia de Ronald Reagan (Estados Unidos)
1981-1982	Gobierno militar de Galtieri (Argentina)
1982	Guerra de Malvinas
1982-1983	Gobierno militar de Bignone (Argentina)
1983	Lech Walesa recibe el Nobel de la Paz Retorno de la democracia en la Argentina

1983	Creación de la CONADEP (Argentina)
1983-1989	Gobierno de Raúl Alfonsín (Argentina)
1984	Difusión del *Nunca más* (Argentina)
1985	Mikhail Gorbachov asume el gobierno de la URSS Implementación de la *Perestroika* y la *Glásnot* (URSS) Plan Austral (Argentina) Retorno de la democracia en Brasil y Uruguay
1985-1986	Escándalo Irán-Contras
1986	Ley de Punto Final (Argentina)
1987	Ley de Obediencia Debida (Argentina)
1987-1990	Levantamientos carapintadas (Argentina)
1989	Caída del Muro de Berlín Masacre de la plaza de Tian'anmen (China) Retorno de la democracia en Paraguay Hiperinflación (Argentina) Inicio del proceso de privatizaciones (Argentina)
1989-1999	Gobiernos de Menem (Argentina)
1990	Retorno de la democracia en Chile
1990-1995	Presidencia de Lech Walesa (Polonia)
1991	Disolución de la URSS Guerra de Yugoslavia
1992	Guerra de Bosnia
1993	Guerra de Checoslovaquia
1994	Pacto de Olivos y reforma constitucional (Argentina)
1999-2001	Triunfo de De la Rúa y gobierno de la Alianza (Argentina)

Neoliberalismo y conservadurismo

Luego de la Segunda Guerra Mundial el liberalismo le dio paso al Estado de Bienestar, que funcionó como modelo predominante de las economías de Occidente hasta la década del setenta. La crisis en la que entró determinó su caída y la necesidad internacional de un nuevo sistema que lo reemplazara. Muchos economistas y líderes políticos de aquellos años coincidieron en los innegables beneficios que tendría sobre a implantar el modelo liberal, pero con algunas modificaciones.

Surgió entonces el *neoliberalismo*, también conocido como "capitalismo salvaje", que continúa vigente como sistema hegemónico. Una de sus principales propuestas es la reducción del Estado en las decisiones económicas y sociales, quedando estas supeditadas a los vaivenes de la "mano invisible del mercado". Esta expresión, utilizada por uno de los ideólogos del capitalismo en el siglo XVIII, Adam Smith, hace referencia a que la economía tiene la capacidad de autorregularse y adaptarse a cada situación, sin la intervención de los Estados.

Otra de las características del neoliberalismo es su aplicación a escala mundial. La globalización de fines del siglo XX permitió, y exigió, que la economía de los países quedara estrechamente ligada con la de otros Estados muy lejanos en el mapa, formándose así una red internacional en la que las medidas proteccionistas típicas del Estado de Bienestar no eran bien vistas. Algunos de los ideólogos más importantes del neoliberalismo, muchos de ellos ganadores del premio Nobel de

Economía, participaron de la llamada "Escuela de Chicago", como George Stigler, Milton Friedman, Friedrich Hayek y Paul Samuelson.

El neoliberalismo estuvo acompañado de un brusco cambio en la manera de hacer política. Si en los años anteriores había sido muy común encontrar populismos en diferentes países de todo el mundo, la nueva tendencia priorizaba los gobiernos conservadores, de mano dura, que dejaban de lado todo tipo de simpatías con los sectores populares. Por el contrario, sus objetivos eran los de satisfacer las demandas del mercado, es decir, de las empresas y sus intereses. Estos gobiernos no vacilaron en cerrar fábricas, redujo brutalmente los puestos de trabajo, aumentar los impuestos y terminar con muchos de los beneficios sociales alcanzados a partir del período de posguerra. Sus referentes más característicos fueron Ronald Reagan en Estados Unidos y Margaret Thatcher en Gran Bretaña.

Margaret Thatcher y Ronald Reagan en la Casa Blanca, en 1981

Reformas en China

Mao gobernó China desde 1949 hasta su muerte, en 1976. Con su fallecimiento se abrió un período de transición muy sangriento, en el que diversas facciones se disputaron el poder. Entre estas se encontraba la Banda de los Cuatro, una organización mafiosa y criminal liderada por la esposa de Mao, Jiang Qing, que terminó por ser reducida. Luego de algunos meses de incertidumbre, donde el poder no parecía tener un dueño, se impuso un antiguo líder del Partido Comunista Chino, Deng Xiaoping.

Este inició una serie de importantes reformas sociales y económicas. China atravesaba un período de pobreza, y la decisión de Deng Xiaoping fue abandonar el sistema soviético, instalando un régimen innovador: puertas adentro, China continuaría manteniéndose como en las últimas tres décadas, pero, en cuanto a las políticas exteriores, implementaría una apertura radical. Es decir comunismo hacia adentro, capitalismo hacia afuera. Si bien no hubo una apertura política que permitiera elecciones ni democracia ni ninguna de sus formas, el país inició una etapa de crecimiento sostenido que año a año fue mejorando la calidad de vida de su población, llegando a instalar a China como una de las superpotencias económicas de la actualidad.

Uno de los grandes conflictos que debió solucionar Deng Xiaoping (que continuó en el poder hasta su muerte, en 1997) fue el del creciente aumento de la población. En 1964 China contaba con casi 700 millones de habitantes, que ascendieron a más de 1000 millones en menos de veinte años. Este aumento desmedido amenazaba con generar una inmensa crisis debido a que la producción de alimentos no llegaría a ser suficiente. Esto motivó que el Gobierno decretara la prohibición de que cada pareja tuviera más de un hijo, bajo penas administrativas y económicas. La medida tenía algunas excepciones, que contemplaban casos como el de las poblaciones rurales, donde, si los padres tenían un primer hijo de sexo femenino, tenían la posibilidad de buscar nuevamente otro nacimiento, que permitiera tener un varón que pudiera cultivar. También se contemplaba el caso de las minorías étnicas, para quienes no regía esta ley.

En 1989 Den Xiaoping debió enfrentar una de las manifestaciones populares más representativas del siglo XX. Encabezadas por estudiantes disconformes con la corrupción, la represión, las reformas económicas y el sistema en general, miles de columnas marcharon durante más de dos semanas. El punto de confluencia de estos encuentros fue la plaza de Tian'anmen.

Tras seis semanas de protestas, el 3 de junio de 1989 el Gobierno chino reprimió duramente a los manifestantes, dejando gran cantidad de muertos y heridos.

• ¿Qué comentarios pueden hacer sobre las protestas? ¿Qué se ve en la foto? ¿Conocen otros casos en los que los conflictos internos de un país hayan dejado semejantes saldos?

Transformaciones en la URSS

A Nikita Kruschev, el líder de la URSS, lo sucedieron otros miembros del comunismo duro, como Leonid Brezhnev, Yuri Andrópov y Konstantin Chernenko. En 1985 asumió como máximo líder de la URSS Mikhail Gorbachov, un político que también seguía esa misma línea, pero que buscaba hacer una serie de reformas que permitieran a la Unión Soviética seguir manteniendo su poderío.

Los años de la Guerra Fría terminaron dejando un ganador muy claro, Estados Unidos, y un igualmente obvio perdedor, Rusia. Las políticas occidentales terminaron por imponerse en todo el mundo, lo cual fue acompañado de un triunfo en lo económico y lo ideológico. Al no existir una guerra en la que estos enfrentamientos se dirimieran de manera clara y explícita, el resultado fue parte de un lento proceso de erosión por parte de la URSS, que, si bien nunca perdió su fuerza militar, sí vio disminuir progresivamente su legitimidad. A su vez, algunos conflictos internacionales habían generado un enorme malestar por las políticas rusas hacia otros países comunistas o que estaban bajo su influencia. Los mejores ejemplos de esto son la represión rusa en la Primavera de Praga, en 1968, y la invasión soviética a Afganistán, en 1979.

Esta situación era negada abiertamente por el Gobierno soviético. Aceptar la derrota había implicado el caos inmediato, la desmembración del imperio que habían empezado a construir con la revolución de 1917, y asimilar que el comunismo, o los comunistas, habían fracasado en su intento de llevar la igualdad a los pueblos era algo que sus dirigentes no estaban dispuestos a reconocer. Consecuentemente, se censuraba cualquier tipo de crítica hacia el régimen, se negaban las acusaciones que se hacían en su contra y se intentaba demostrar por todos los medios que el comunismo no solo seguía vivo, sino que estaba más fuerte que nunca, y que la revolución internacional era algo inminente.

(La situación de la URSS queda representada) con el chiste soviético sobre Rabinovich, un judío que quería emigrar. El burócrata de la oficina de emigración le preguntó por qué. Rabinovich respondió: "Hay dos razones. La primera es que temo que los comunistas pierdan el poder en la Unión Soviética, y que las nuevas fuerzas políticas nos culpen a nosotros, los judíos, por los crímenes comunistas...". "Pero –interrumpió el burócrata–, esto es absurdo, ¡el poder de los comunistas es eterno!" "Bien –respondió Rabinovich con calma–, esta es mi segunda razón".

Slavoj Žižek, *Porque no saben lo que hacen. El goce como un factor político.*
Buenos Aires, Paidós, 1998.

- En el texto se mencionan dos eventos fundamentales del período: la Primavera de Praga y la invasión a Afganistán. Averigüen en qué consistieron, por qué tuvieron tanta incidencia en su época y qué tuvieron en común.

Perestroika y Glásnot

Gorbachov era consciente de la crisis soviética en todos sus aspectos. Por eso intentó llevar a cabo una serie de reformas radicales que permitieran modificar aspectos centrales de la política, la economía, la vida social, la cultura, etcétera. Introdujo así la *Perestroika* y la *Glásnot*.

La primera consistía en una renovación de la economía soviética. El aparato estatal había convertido a los mecanismos económicos en obsoletos, demasiado centralizados, regidos por la burocracia y la corrupción. Esto hacía que la URSS se encontrara estancada, sin capacidad de desarrollo ni de ofrecer a su población bienes de consumo que satisficieran sus exigencias y necesidades. Mediante la *Perestroika* el Estado permitía la instalación de empresas privadas por primera vez desde la década del veinte. Estas empresas, si bien serían controladas por el Gobierno, tendrían la posibilidad de tomar decisiones sin consultar a los organismos estatales ante cada medida que quisieran adoptar. Al permitirlo, Gorbachov buscaba aflojar los oxidados mecanismos de la economía interna, estimulando la producción, el desarrollo tecnológico y mejoras en la calidad de vida de la población.

El expresidente soviético Mikhail Gorbachov.

Por otra parte, a modo de complemento, se implementó la *Glásnot*, una serie de medidas que buscaban instalar la transparencia en el sistema político soviético, haciéndolo más liberal y menos regido por el Partido Comunista de la URSS. Se levantó la censura minuciosa que se ejercía sobre los medios de comunicación, se permitió a los artistas expresarse públicamente con mayor libertad, se liberaron presos políticos, se permitió cierta oposición abierta al Gobierno y al régimen socialista y se profundizó el proceso de desestalinización iniciado en 1956.

El resultado inmediato de todo esto fue que, repentinamente, los medios de comunicación comenzaron a mostrar todo lo que había estado vedado desde muchas generaciones atrás. La oposición realizó ataques feroces al comunismo, al Gobierno y a la vida política dentro de la URSS. Rápidamente se extendieron las protestas por todos los estados bajo la influencia de Rusia, que a su vez iniciaron sus propios reclamos, en busca de mayor libertad.

La situación superó ampliamente los objetivos de Gorbachov. Si él buscaba realizar algunos cambios para poder seguir sosteniendo el viejo modelo, la realidad lo desbordó. Sectores más conservadores del PCUS intentaron organizar un golpe de Estado para desplazarlo del poder y volver atrás con las medidas tomadas, pero esto no prosperó y la ola anticomunista nacida en la misma URSS continuó expandiéndose cada vez con mayor fuerza e insistencia.

Sello postal de 1988 que promociona la *Perestroika*.

Caída del Muro de Berlín y disolución de la URSS

La apertura política y la transparencia propuestas por la URSS tuvieron consecuencias inmediatas. En la República Democrática Alemana (RDA) las protestas no se hicieron esperar, y el centro de los ataques fue el Muro de Berlín, esa pared de concreto que mantenía dividida a Alemania desde 1961. En 1989 el gobierno de la RDA debió renunciar, ante la imposibilidad de contener las críticas, y pocas semanas después se hizo público el anuncio de que la población podría pasar libremente a la República Federal Alemana, regida por el sistema capitalista. El golpe fue inmediato: miles de habitantes de Berlín oriental se desplazaron hacia Berlín occidental, escapando del comunismo. Pocas horas después los mismos habitantes, utilizando picos, palas, martillos y otros elementos contundentes, comenzaron a demoler el Muro por cuenta propia, en uno de los actos más simbólicos y representativos de la historia.

El Muro, imagen característica del siglo XX, se convirtió en un acto principal de su época. Pocos meses después se organizó allí un gigantesco concierto, llevado a cabo por el ex Pink Floyd, Roger Waters, quien, con un enorme grupo de músicos invitados (Scorpions, Ute Lemper, Cindy Lauper, Brian Adams y Van Morrison, entre otros), realizó un concierto de rock basado en su disco "The Wall" ("El Muro", de 1979). La importancia del Muro también está representada en el hecho de que uno de los historiadores más prestigiosos de la actualidad, el inglés Eric Hobsbawm, popularizó su idea de que el siglo XX fue un siglo corto, que comenzó con la Primera Guerra Mundial en 1914 y finalizó con la caída del Muro de Berlín, en 1989.

Su desaparición fue fundamental en la erosión del sistema soviético en el mundo. Caído el Muro de Berlín, el poder de la URSS quedaba anulado simbólicamente. Esto terminó pesando mucho en la disolución de la Unión Soviética, en 1991.

Tras el deterioro de la imagen de Gorbachov y el intento de golpe de Estado, apareció la figura de otro líder del partido, Boris Yeltsin, quien se hizo cargo de la situación. Yeltsin decretó la ilegalidad del PCUS en Rusia y organizó el desmantelamiento de la URSS pocos días después. De este modo se independizaron los Estados que hasta ese momento habían pertenecido a ella, dando inicio a una etapa completamente diferente en la historia de la vida política internacional.

Rusia terminó así abruptamente con la tradición comunista que había instalado en 1917, dando paso a una avalancha capitalista. Las empresas occidentales desembarcaron allí de manera inmediata, buscando aprovechar un mercado virgen que hasta ese momento no había sido explotado por ningún tipo de comercio.

Añorado por algunos y aún odiado por otros, el comunismo ruso fue fundamental en el desarrollo de los sucesos que se vivieron en todo el mundo a lo largo de un siglo convulsionado, sangriento y repleto de ideologías que sostenían que otro mundo era posible.

En 1991, Yeltsin se pronunció contra un intento de golpe de Estado, subido a un tanque de guerra.

El poscomunismo

Con la disolución de la URSS no solamente se terminaba un sistema político que había predominado en gran parte de Asia y Europa del Este desde muchos años atrás, sino que además se recomponía el mapa político mundial. Desaparecida la URSS, surgió en su lugar una enorme cantidad de Estados independientes que hasta ese momento habían permanecido unidos, generalmente por la fuerza de las armas: la Federación Rusa, Estonia, Letonia, Lituania, Bielorrusia, Ucrania, Moldavia, Georgia, Armenia, Azerbaiyán, Turkmenistán, Tayikistán, Kirguistán, Uzbekistán y Kazajstán. Cada uno con sus propios gobiernos, decisiones autónomas y problemas de toda índole, heredados del viejo sistema comunista.

En Europa ocurrió algo similar. Si bien los Estados continuaron en su mayoría constituidos de la misma manera, sin experimentar grandes divisiones internas, la vida cotidiana se vio radicalmente transformada en aquellos años de transición. Con la caída del "telón de acero", los políticos de izquierda adheridos al Pacto de Varsovia, muchos de ellos dictadores, debieron renunciar, fueron expulsados o bien tuvieron que adaptarse al sistema democrático que buscaba imitar al que ya funcionaba en Europa Oriental. Los países donde se dio esta situación fueron Checoslovaquia (dividida en República Checa y Eslovaquia), Rumania, Hungría, Albania, Bulgaria y Polonia. Entre ellas también se encontraba la República Democrática Alemana.

En algunos de estos países las protestas políticas habían sido muy fuertes desde principios de la década de 1980, como en Polonia, donde un movimiento obrero sindicalizado denominado Solidaridad, liderado por Lech Walęsa, tomó las calles en permanente señal de descontento. Con el derrumbe del comunismo, Walęsa, que obtuvo el premio Nobel de la Paz en 1983, llegó a la presidencia de Polonia, gobernando durante cinco años. Su experiencia, si bien es muy singular, simboliza un momento de lucha generalizada en toda la Europa del este.

Países miembros de la ex URSS

Actividades

• ¿Cuáles fueron las causas del derrumbe de la URSS? ¿Cómo afectó este hecho la política y la economía del resto del mundo?

Yugoslavia y la Guerra de los Balcanes

Yugoslavia fue la denominación política que se le dio a un conjunto de Estados de Europa Central, ubicados en los Balcanes, después de la Primera Guerra Mundial, compuesto por Serbia, Montenegro, Croacia, Eslovenia, Macedonia y Bosnia-Herzegovina. Tras la Segunda Guerra Mundial, Yugoslavia comenzó a estar bajo la influencia soviética, hasta que su presidente, Josip Broz, conocido como el Mariscal Tito, decidió seguir un camino independiente.

Tito formó en Yugoslavia una federación socialista en la que se contaba con la participación de todas las regiones ya nombradas, incluidas otras que se encontraban a su vez dentro de aquellas, como Kosovo o Voivodina. Es decir, un conglomerado de pueblos muy diferentes y problemáticos, que se mantuvo unido debido al férreo control y el carisma de este líder. Tito fue, además, uno de los impulsores del Movimiento de Países No Alineados, creado en la década de 1950, que tenía como principal objetivo generar una agrupación de estados política, económica e ideológicamente independientes de la bipolaridad que proponían Estados Unidos y la URSS. Esto fue apoyado inicialmente por los gobernantes de Egipto, India, Indonesia y Ghana, y, más tarde, por muchos otros países.

Con su muerte, en 1980, los Estados que componían Yugoslavia comenzaron a entrar en conflicto, resentidos entre sí y sin llegar a un acuerdo acerca de quién sería el próximo líder que los gobernara. Para 1991, coincidiendo con la desintegración de la URSS, estos conflictos se habían convertido en guerras abiertas entre sus integrantes, que pertenecían a grupos étnicos y religiosos muy diferentes. Los Balcanes fueron testigos, durante diez años, de sangrientas guerras que dejaron como saldo miles de muertos y la fragmentación del territorio. Las muertes se estiman en, por lo menos, 250,000, además de haber afectado a más de dos millones de personas que debieron refugiarse en el exterior. Particular importancia cobró la figura del líder serbio Slobodan Milosevic, quien organizó una "limpieza étnica" y nacionalista. Responsable de la muerte de miles de personas, fue encarcelado y enjuiciado con acusaciones de crímenes de guerra, crímenes contra la humanidad y genocidio, y murió por causas no esclarecidas, durante el proceso.

Países que formaban la federación de Yugoslavia

El problema de los nacionalismos

La crueldad y el odio durante las guerras yugoslavas demostraron que el problema de los nacionalismos, las religiones y las etnias no había sido superado por la Europa de fin de siglo. El recuerdo de Hitler y la Alemania Nazi retornó entonces junto con la preocupación creciente de que ciertos malestares continuaban vigentes.

El grave problema que representa el nacionalismo en la Europa de finales del siglo XX y comienzos del XXI es uno de los más preocupantes de la actualidad. La emergencia permanente de rasgos que implican el rechazo radical del otro por pertenecer a un grupo diferente es una cuestión que es necesario resolver de manera inmediata. Pese a eso, existe una gran resistencia a pensar este tipo de realidades de esta manera. Las poblaciones, muchas veces instigadas por líderes carismáticos, actúan de modos que superan cualquier tipo de racionalidad, transformando en enemigos a personas que hasta pocos días antes eran vecinos con los que compartían la vida cotidiana.

La voz de los intelectuales

Hace unos meses, un estudiante yugoslavo fue reclutado para cumplir el servicio militar regular. En Yugoslavia, al empezar el servicio militar hay un ritual: todo soldado de nuevo ingreso ha de jurar solemnemente que está dispuesto a servir a su país y a defenderlo aun cuando esto signifique perder la vida y demás –la retórica patriótica habitual. Después de la ceremonia pública todos han de firmar el documento solemne. El joven soldado simplemente se negó a firmarlo, diciendo que un juramento depende de la libre elección, que es un asunto de libertad de decisión, y que él, con su libertad de decisión, no quería firmar el documento. Pero, se dio prisa en agregar, si alguno de los oficiales presentes estaba dispuesto a darle una orden formal de que firmara el juramento, él estaría obviamente dispuesto a hacerlo. Los oficiales, perplejos, le explicaron que como el juramento depende de su libre decisión (un juramento conseguido a la fuerza es inválido), ellos no podían ordenárselo, pero que, por otra parte, si él todavía se negaba a dar su firma, sería acusado de negarse a cumplir su deber y condenado a prisión. Insinuó agregar que esto es exactamente lo que sucedió, pero antes de ir a la cárcel, el estudiante logró obtener del tribunal militar la paradójica decisión, un documento formal en el que se le ordenaba firmar un juramento libre.

En la relación del sujeto con la comunidad a la que pertenece, siempre hay un punto paradójico (...) llegado el momento, la comunidad dice al sujeto: tú tienes la libertad de elegir, pero a condición de que elijas lo correcto, tienes, por ejemplo, la libertad de firmar o de no firmar el juramento, a condición de que escojas bien, es decir, firmarlo.

Slavoj Žižek, *La sublime ideología del objeto*, Buenos Aires, Siglo XXI, 2003.

El posmarxismo

Si bien todavía son muchos los intelectuales que sostienen las doctrinas tradicionales elaboradas por Karl Marx en el siglo XIX, la caída del Muro de Berlín y de la URSS puso en cuestionamiento toda la ideología marxista y de la izquierda en general. Los años noventa y los comienzos del siglo XXI fueron y siguen siendo testigos de una reformulación de aquellas ideas por parte de muchos de los pensadores que hasta ese momento las habían defendido plenamente.

El posmarxismo se inició, de hecho, antes del derrumbe del comunismo. Sus autores más destacados comenzaron a generar críticas y proponer alternativas a partir de la década de 1950, en especial tras la divulgación del informe de Krushov sobre los atrocidades del stalinismo. La década de 1960 contribuyó a continuar con esta tendencia, en un contexto de reformulación y renovación de las ideas, simbolizado principalmente durante el Mayo francés de 1968. A partir de 1989 esto se intensificó aún más. Las propuestas del posmarxismo son las de intentar releer las problemáticas sociales desde nuevas perspectivas, buscando la transformación por vías diferentes de las propuestas por la revolución socialista que pensó Marx en 1848.

Habiendo partido del marxismo revolucionario, hemos llegado al punto en el que había que elegir entre seguir siendo marxistas o seguir siendo revolucionarios; entre la fidelidad a una doctrina, que ya no anima desde hace mucho tiempo ni una reflexión ni una acción, y la fidelidad al proyecto de una transformación radical de la sociedad, que exige antes que nada que se comprenda lo que se quiere transformar y que se identifique lo que, en la sociedad, contesta realmente esta sociedad y está en lucha contra su forma presente. El método no puede aquí separarse del contenido, y su unidad, es decir, la teoría, no puede a su vez separarse de las exigencias de una acción revolucionaria que –el ejemplo de los grandes partidos y de las sectas lo muestra– ya no puede ser esclerotica y guiada por los esquemas tradicionales.

Cornelius Castoriadis, *La institución imaginaria de la sociedad*,
Buenos Aires, Tusquets, 2007.

El marxismo está en crisis porque hay una crisis del movimiento obrero. En el curso de los últimos veinte años se ha roto el lazo entre desarrollo de las fuerzas productivas y desarrollo de las contradicciones de clase. No es que no hayan devenido espectaculares las contradicciones internas del capitalismo; nunca lo han sido tanto. Nunca el capitalismo ha sido tan poco capaz de resolver los problemas que engendra. Pero esta capacidad es lo esencial: ha adquirido la facultad, poco estudiada y mal comprendida, de dominar la no solución de sus problemas, sabe sobrevivir a su mal funcionamiento.

André Gorz, *Adiós al proletariado*, Buenos Aires, Imago Mundi, 1989.

El nuevo positivismo

A mediados del siglo XIX comenzó a gestarse en Europa una teoría filosófica llamada positivismo. Si bien ella contenía ideas de muchos filósofos preexistentes, fue desarrollada, específicamente, por un pensador francés: Auguste Comte. Su objetivo era poder explicar, de manera científica y objetiva, el comportamiento de la sociedad de su época. Para eso desarrolló un método de investigación muy disciplinario, que buscaba imitar los métodos de las Ciencias Naturales para aplicarlos al estudio de las personas. En este sentido, creía que era esencial observar las conductas, y luego elaborar leyes universales.

El positivismo, al predicar las ideas de orden y progreso, representaba tan bien los intereses de las clases dominantes, que rápidamente se convirtió en un modelo no solo teórico, sino que se implementó en las prácticas sociales y políticas. A comienzos del siglo XX las ideas positivistas empezaron a ser cuestionadas debido a que muchos intelectuales creían que no era posible aspirar a verdades absolutas, como se pretendía entonces. Atacado desde diversos flancos, el positivismo vio la necesidad de renovar sus argumentos. Así surgieron nuevos movimientos, como el neopositivismo o el pospositivismo (conocidos también con el nombre de "positivismo lógico"), que, si bien fueron en la misma línea, introdujeron algunas modificaciones que sirvieron para adaptar las tesis principales.

Para estas teorías existe una realidad externa al hombre, que aun cuando puede ser conocida objetivamente por los investigadores a través de la observación, nunca terminará de ser totalmente esclarecida, y la información que se tenga de ella siempre será imperfecta. Para darles mayor solidez a sus ideas, los neo- y los pospositivistas comenzaron a utilizar la ayuda de las matemáticas y las estadísticas. Así, por ejemplo, las acciones humanas empezaron a ser estudiadas a partir de técnicas *cuantitativas*, que son aquellas en las que el investigador recolecta datos numéricos y realiza sus análisis a partir de ellos. Por ejemplo censos, índices de mortalidad, cuestionarios, fichas, encuestas, mediciones, etcétera. Todo esto apunta a la idea de que, a través de datos cuantificables, se podrían elaborar respuestas generales, universales y objetivas a los problemas planteados en cada investigación. Muchos sociólogos, antropólogos, historiadores y otros investigadores se oponen a esta idea, en especial cuando las investigaciones se basan en acciones humanas, y creen, por el contrario, que son mucho más útiles las denominadas técnicas *cualitativas*, que son las que se ocupan de tomar y analizar información con relación a la calidad, y no a la cantidad. Con el correr del siglo XX, este tipo de investigaciones se fue haciendo cada vez más popular y respetado, y es uno de los pilares de la posmodernidad.

Actividades

- Investiguen cuáles son las diferencias fundamentales entre el positivismo del siglo XIX y el del siglo XX. Busquen en diarios y revistas artículos y notas en los que, a simple vista, se pueda descubrir que su autor está realizando un análisis de este tipo.

Subjetivismo y relativismo

Como contrapartida del positivismo, surge en el siglo XX el *subjetivismo*. Mientras que el positivismo propone verdades absolutas y objetivas, el subjetivismo considera que las actividades humanas jamás tendrán esas características debido a que las personas no son objetos, sino sujetos. Como tales, los investigadores *interpretan* las realidades de acuerdo con sus posibilidades e intereses, y eso afecta siempre los resultados finales de cualquier investigación. Esto lo consideran válido tanto para el estudio de las acciones humanas como para el análisis que realizan los biólogos, químicos, geógrafos, etcétera.

Resulta más o menos obvio que las opiniones de una persona pueden modificar las conclusiones que saque cuando estudia a otro grupo de personas. Pero ¿por qué el subjetivismo estaría presente en un área como, por ejemplo, la biología? Porque no importa cuál sea el objeto de su trabajo, un investigador está condicionado por el clima de la época, por las ideas que se viven a diario, por los contextos políticos y económicos, por los subsidios que las empresas paguen para que se investigue un tema determinado y no otro, por las leyes que los gobiernos aprueban o las que desaprueban, etcétera. En cada caso, son siempre las posibilidades, los intereses y los prejuicios de la época los que actúan como un filtro entre el investigador y su objeto de estudio.

Este pensamiento está emparentado, a su vez, con las ideas del *relativismo cultural*, que sostiene que nada es absoluto y todo es relativo. Es decir que las verdades que propone el positivismo son nada más que una perspectiva del asunto, y que la verdad es algo muy cambiante, que depende del punto de vista de cada individuo y de las intervenciones del medio y el tiempo donde este se encuentra. El relativismo sostiene que un mismo individuo cambia constantemente de perspectivas, pudiendo creer absoluta una verdad en determinado momento y modificándola varias veces en el transcurso de su vida, con lo cual esas verdades pierden su condición absoluta y se convierten en relativas.

Actividades

- ¿Cuáles son las grandes diferencias entre el subjetivismo y el positivismo?
- ¿Qué opinan ustedes con respecto a este tipo de debates? ¿Existen verdades absolutas que puedan ser conocidas efectivamente por el hombre? Si no es así y solo pueden conocerse algunas cosas, ¿tiene sentido realizar investigaciones?

La posmodernidad

Se llama *posmodernidad* a los movimientos filosóficos, intelectuales, artísticos y arquitectónicos y culturales que tienen como punto común la creencia de que la Modernidad, concepto al cual se hace referencia en su mismo nombre, quedó en el pasado; la posmodernidad es lo que viene después de la Modernidad. Esta última tenía como característica la lógica y el racionalismo como norma y fundamento de todas las respuestas.

Por el contrario, una de las principales características de la posmodernidad es la aceptación de la incertidumbre, de la falta de certezas en casi todos los ámbitos de la vida y el pensamiento. Si bien algunas de sus ideas comenzaron a aparecer de manera esporádica ya a principios del siglo XX, las principales influencias surgieron a finales de las décadas de 1960 y 1970, época en que fue clave un libro publicado en 1979 por un pensador francés, Jean-François Lyotard, *La condición postmoderna*.

La posmodernidad considera que la Modernidad ya pasó, debido a que ya resultan arcaicos sus principales valores, como la razón, la ilustración, el positivismo, el orden, los valores absolutos, en éstos. Los posmodernos plantean que, desde finales del siglo XX y comienzos del siglo XXI, la realidad no es una, sino muchas, y que estas se encuentran fragmentadas en múltiples perspectivas. Aseguran que no existe la identidad, sino que hay identidades contingentes (no necesarias) y que no hay conocimientos absolutos. Esta corriente se nutre de las teorías subjetivistas y relativistas.

Como consecuencia de todo esto, la posmodernidad se caracteriza por un abandono de los ideales y las utopías, ya que considera que las personas perdieron las ilusiones y entraron en una fase de escepticismo, ante la falta de respuestas políticas y económicas por parte de los Estados. Frente a esta situación, los sujetos tienden a convertirse en individuos desinteresados por lo que pasa en el mundo y en sus entornos, encerrándose cada vez más y evitando el contacto con los otros, lo que se ve facilitado y estimulado por la tecnología, pues los teléfonos celulares, las computadoras, Internet y otros medios permiten que las comunicaciones sean más fluidas y rápidas, pero a la vez virtuales, sin necesidad de reunirse en un mismo espacio.

En gran parte, la posmodernidad está ligada al movimiento posestructuralista, compuesto por pensadores críticos del estructuralismo, estudiado en el capítulo anterior. Algunos de sus principales referentes son, además de Lyotard, Jacques Lacan, Michel Foucault, Jacques Derrida, Gilles Deleuze, Félix Guattari, Gilles Lipovetsky, Jean Baudrillard y Slavoj Žižek, casi todos ellos franceses.

El giro lingüístico

Otro de los pilares en los cuales se fundamenta la posmodernidad fue el llamado *giro lingüístico*, un movimiento intelectual de mediados de siglo XX, así llamado porque se basa en la reflexión acerca del lenguaje, que fue cobrando cada vez más fuerza en las últimas décadas. Lo que este plantea es algo similar a las reflexiones del subjetivismo y el relativismo, y de hecho muchas veces las tres ideas se mezclan en una sola.

Rompe con la idea clásica del lenguaje como un medio entre el sujeto y la realidad, que designa objetos de un modo unívoco y transparente, y sirve como vehículo a las representaciones intelectuales. Propone la idea de que el significado de una palabra depende de su uso en el lenguaje, es decir de su empleo cotidiano en determinado contexto.

De modo que, para esta corriente, el lenguaje no consiste en sustituir las cosas por su nombre, sino que, en cierto modo, modifica y hasta construye la realidad.

Esa interpretación del mundo trae consigo una enorme carga de inquietud y escepticismo. Si nada es lo que parece ser, si nunca podemos llegar a dar con la verdad acerca de algo, entonces la incertidumbre es gigante y abarca todo lo que (no) conocemos. El giro lingüístico, que para muchos representó un retroceso filosófico, se convirtió para otros en una gran posibilidad de empezar a pensar las realidades de un modo totalmente diferente.

Esta visión del lenguaje, en consonancia con el subjetivismo y el relativismo que surgieron en el siglo XX, llevó a un nuevo enfoque en el estudio de todas las ciencias.

En el caso específico de la historia, una de las corrientes más nuevas es la *historia contextualista de los conceptos*, uno de cuyos exponentes más conocido es el profesor inglés Quentin Skinner.

Skinner afirma que una de las tareas fundamentales de todo historiador de las ideas es la reconstrucción del contexto intelectual en el que vivían los autores cuyas obras se analizan, ya que es ese marco el que dota de significado a las palabras y los discursos. Considera que todo texto surge en un determinado contexto intelectual, dentro del cual ese discurso es un argumento a favor o en contra de otro texto, otro autor u otra corriente de pensamiento, y el historiador debe interpretarlo en función del lenguaje y las convenciones del momento. El analista debería ser capaz de dilucidar qué puede haber significado un acto lingüístico en unas circunstancias dadas.

La búsqueda de esos significados y el análisis de su evolución en el tiempo pueden permitirnos, en opinión de los defensores de esta metodología, reconstruir las creencias sociales; es decir, recuperar todo el conjunto de símbolos e interpretaciones heredadas que constituyen la subjetividad de una época.

Este enfoque propone al historiador de las ideas un método y un propósito. El propósito: la reconstrucción de los contextos intelectuales de una época. El método es, partiendo del análisis de los textos que constituyen nuestro legado cultural, redescubrir las intenciones que pudiera haber tras su creación y difusión. La puesta en relación de los diversos escritos de una época analizados por el historiador de los conceptos puede en opinión de Skinner, ayudarnos a reconstruir imaginarios sociales que, a su vez, nos sean de utilidad para leer los textos de formas novedosas, con los ojos de quienes los escribieron y, sobre todo, de quienes los leyeron.

El *Pop Art*

El arte no se vio exento de estas teorías y estos pensamientos, y de hecho muchas veces fue una influencia fundamental para que pudieran existir, ya que, como ocurre tantas veces, el arte se adelanta a la filosofía y a las ciencias.

A mediados de los años cincuenta surgió en Estados Unidos, y también en Gran Bretaña, uno de los movimientos artísticos más importantes de la historia: el *Pop Art*, o arte popular, que se convirtió en algo masivo una década más tarde. Su principal figura, Andy Warhol, tenía como lema "Quiero ser una máquina", y bajo esa máxima se propuso producir en serie y de manera masiva, generalmente a través de la serigrafía. Así, tomando elementos y personajes de la cultura popular, realizó intervenciones sobre retratos de Marilyn Monroe, John Lennon, Mick Jagger, el "Che" Guevara o Mao Tse-Tung, que son algunas de las obras mejor cotizadas de la historia, valuadas en varios millones de dólares.

Otro de los artistas más importantes de este período, Roy Lichtenstein, tomó la textura granulada de los diarios. Y sobre esa estética a creó cómics (que se popularizaron precisamente en esa época) que ridiculizaban y satirizaban a la sociedad de consumo estadounidense.

Andy Warhol mostraba tarde figuras como objetos que él consideraba iconos culturales estadounidenses. Su primera exposición, en 1962, es tomada por algunos críticos como el punto inicial del *Pop Art* en Estados Unidos.

Roy Lichtenstein es conocido, sobre todo, por sus interpretaciones a gran escala del arte del cómic, empleando la misma técnica y los mismos colores que se utilizan en su impresión en papel.

- ¿Conocían ya estos cuadros? ¿Las imágenes les remiten a alguna otra? ¿Vieron diseños parecidos en publicidades, la televisión, discos de bandas musicales o remeras?

Influencia de la situación internacional en América Latina

La década del setenta encontró a América Latina en un contexto político, económico e ideológico muy complicado. El Estado de Bienestar estaba en crisis, la Guerra Fría seguía provocando tensiones inreconciliables y cada país poseía características particulares que tenían, casi como común denominador, la imposibilidad de mantener un gobierno legítimo en el poder. La suma de estos factores ponía en riesgo los beneficios que las empresas extranjeras obtenían en los países latinoamericanos.

Tal como venía ocurriendo desde años atrás, Estados Unidos decidió intervenir de manera secreta e indirecta, alentando golpes de Estado militares que establecieran el orden en cada región. A cambio del apoyo de la CIA, estos gobiernos militares acataban prácticamente todas las exigencias de Estados Unidos, tanto en lo político como en lo económico.

Pero había algo más, relacionado con todo este contexto: el hecho de que el Estado de Bienestar estuviera en crisis implicaba que un nuevo modelo debía sustituirlo; en este caso, el neoliberalismo. Como vimos, el neoliberalismo anulaba una enorme serie de ventajas que tenía el Estado de Bienestar y traía consigo disminución de sueldos, peores condiciones laborales, flexibilización, inestabilidad, desempleo, etcétera. La pregunta que aparecía entonces era ¿cómo lograr que la clase obrera aceptara esos cambios tan negativos para sus intereses? En el clima ideológico de la Guerra Fría, con guerrillas y partidos políticos de izquierda alentando la revolución, las consecuencias de implementar semejantes cambios podían ser fatales para el capitalismo.

La respuesta que encontraron los sectores dominantes fue precisamente las dictaduras militares. Con el pretexto de eliminar la amenaza del comunismo y la creciente inseguridad en las calles, los militares se instalaron en el poder y, desde allí, anunciaron las medidas radicales que implicaba el neoliberalismo. Cualquier protesta en contra de esas modificaciones era interpretada como un acto subversivo que pretendía instalar el comunismo, y rápidamente era reprimida con tales argumentos.

De este modo, el capitalismo encontró una forma sutil de sobrevivir a la crisis iniciada en 1973, salió del Estado de Bienestar y reemplazarlo por un modelo mucho más agresivo y beneficioso para las grandes empresas. Quienes más sufrieron este cambio fueron las clases bajas y trabajadoras, a las que les fueron impuestos cambios que impactaron negativamente en su nivel de vida, mientras que al mismo tiempo se las inhabilitaba para organizar protestas y reclamos.

Esto es fundamental para entender por qué tantos golpes de Estado, dictaduras y asesinatos fueron parte del mismo proceso internacional. No debemos entender todo eso como una sucesión casual de hechos aislados que, de manera azarosa, ocurrieron en casi toda América Latina, sino como una compleja red pensada y organizada por individuos, amparados por la logística y las directivas del Gobierno de Estados Unidos.

Golpes de Estado y terrorismo

Por este motivo, comenzaron a sucederse golpes de Estado en América del Sur, de una manera sistemática y organizada: en 1971, en Bolivia; en 1973, en Chile y Uruguay; en 1975, en Perú, y en 1976, en la Argentina. A esto hay que sumarle las experiencias de Brasil, con dictaduras desde 1964, y de Paraguay, en igual situación desde 1954. Todos estos gobiernos de facto se mantuvieron hasta entrada la década de los ochenta. También hay que agregar las intervenciones armadas realizadas por Estados Unidos en América Central, como los intentos de asesinato de Fidel Castro en Cuba y posiblemente del presidente nacionalista de Panamá, Omar Torrijos, el desembarco de tropas en El Salvador y en Nicaragua, y la invasión a Granada y a Panamá.

En América del Sur las dictaduras practicaron el terrorismo de Estado a través de la represión, los asesinatos, la censura, las torturas y el ensañamiento con todos aquellos hombres y mujeres que estuvieran a favor de las ideas de izquierda. Los detenidos eran llevados a centros de detención clandestinos, donde eran encerrados y expuestos a todo tipo de humillaciones, similares en algunos casos a las experimentadas en los campos de concentración nazis. Estos centros de detención podían ser galpones, casas abandonadas, comisarías, propiedades de las Fuerzas Armadas (como la ESMA) o bien estadios de fútbol, como el Estadio Nacional de Chile.

En muchas ocasiones, a los muertos y desaparecidos les eran quitados sus hijos, quienes eran vendidos o adoptados por los mismos militares. Estos hijos también fueron, y siguen siendo, víctimas del terrorismo, ya que no solo fueron asesinados sus padres, sino que sus identidades fueron cambiadas por otras. Algunos, con los años, pudieron conocer sus historias y decidir, a partir de eso, cómo continuar con sus vidas, pero muchos otros aún ignoran que sus padres biológicos fueron muertos, probablemente, por aquellos otros que en la actualidad aparentan ser sus padres verdaderos.

Estadio Nacional de Chile.

La voz de los protagonistas

En las torres de control, día y noche, los guardianes apuntan sus reflectores y sus ametralladoras. Alrededor, agua, hierro y desierto de salitral. No falta nada: solamente, quizás, los hornos crematorios. De un lado, el mar; del otro, redes metálicas electrificadas y, más allá, el desierto. Para dos mil prisioneros, veinte baños y diez grifos de agua. El General Lagos explica: 'Por la mañana y por la tarde los prisioneros políticos de Pisagua tienen que marchar alrededor de este patio cantando bastante bien, o sea, con voz de hombres. La gimnasia es obligatoria para todos los presos políticos (...)'. No había uno solo en el cual yo no reconociera los signos de la tortura.

Testimonio del periodista español Miguel Herberg para *El Periodista*, Buenos Aires,
La Urraca, Año 8, N.° 53, septiembre de 1985.

Pinochet

Una de las dictaduras más representativas fue la de Augusto Pinochet, militar chileno, quien comandó el golpe de Estado de 1973. Su levantamiento tuvo como consecuencia la muerte del presidente Salvador Allende, el fin de la vía chilena al socialismo y un gobierno de facto que duró hasta 1988, además de la privatización de las empresas públicas y un brusco giro en la economía.

A lo largo de esos años Chile vivió una época de terror, represión y censura, que si bien pudo empezar a ser superada con el retorno de la democracia, dejó marcas indelebles en la sociedad. De hecho, una de las condiciones para que Pinochet aceptara la presencia de la democracia fue que los jueces por él designados siguieran en funciones, que algunos militares ocuparan lugares en el Senado y que él continuara siendo el jefe del Ejército. Esto se mantuvo incluso hasta 1998, cuando dejó ese cargo y pasó a ser senador vitalicio. Murió en 2006, mientras era juzgado por los crímenes cometidos durante su gobierno.

La voz de los protagonistas

Algunas frases de Augusto Pinochet:

"Es una economía muy grande haber sepultado dos cadáveres en una misma tumba". (La Nación, 5/9/91).

"La única solución para el problema de los derechos humanos es el olvido". (Agencia DPA, 21/9/95).

"Los estudiantes van a la universidad a estudiar, no a pensar... y si aún les queda energía, para eso está el deporte". (Rocinante, 3/1/99).

"Esa obstinada práctica de no entregarles a los familiares los cadáveres de sus deudos tiene que haberle parecido originalmente a Pinochet y a su séquito una idea genial. Las autoridades podían matar a mansalva a sus adversarios y no tener que asumir la responsabilidad (ignominiosa de haber cometido esos vejámenes), podían ejercer el poder total y, simultáneamente, presentar ante un público nacional e internacional una imagen pulcra e inocente, insistiendo en que tales horrores eran inventos de los opositores. Se rechazaba el habeas corpus porque, de hecho, no había cuerpo, no había cuerpo ni restos ni evidencia y tampoco había, por ende, víctimas o verdugos. Lo que sí había era terror. Un terror alucinante, porque todos los chilenos entendían lo que de veras había pasado y seguía y seguía pasando interminablemente, más allá de los desmentidos oficiales, en algún oscuro sótano o un lejano desierto".

Ariel Dorfman, "Pinochet y los muertos de la historia".
En http://www.pagina12.com.ar/2000/00-06/00-06-25/contrata.htm

Actividades

• ¿Por qué puede decirse que la dictadura de Pinochet fue representativa del contexto de América Latina en los setenta? ¿Qué reflexiones pueden hacer a partir de sus frases, citadas más arriba?

El Plan Cóndor

Como vimos pocas páginas atrás, la sucesión de golpes militares y dictaduras no fue casual ni azarosa, sino que estuvo fríamente organizada. El ideólogo de esta trama fue Henry Kissinger, Secretario de Estado de Estados Unidos y una de las figuras públicas más importantes y controvertidas de la historia de ese país. Durante décadas, Kissinger se ocupó de llevar adelante la política internacional de Estados Unidos, dialogando con los líderes políticos de la URSS, China y Europa, estableciendo las medidas a tomar en guerras como la de Vietnam, comandando el gabinete que manejó la crisis posterior al atentado contra las Torres Gemelas, etcétera. Considerado el responsable de la muerte de miles de personas en todo el mundo, a través de las intervenciones armadas estadounidenses, le fue concedido el premio Nobel de la Paz en 1973, el mismo año en el que diagramó paso a paso el golpe de Pinochet y el bombardeo a la casa de gobierno chilena, donde murió Salvador Allende.

Basado en su experiencia internacional y en las necesidades del neoliberalismo, Kissinger ideó el Plan Cóndor, que consistía precisamente en establecer una alianza entre los servicios de inteligencia militar de los países de América del Sur, a fin de poder allanar el camino de las dictaduras. Desde Washington se coordinaron los golpes, los mecanismos de represión y las formas de tortura. En todo este proceso intervino también el Gobierno francés, el cual, en sus luchas contra las guerrillas de los movimientos nacionalistas africanos que buscaban la independencia de Francia, había adquirido mucha experiencia en ese tipo de enfrentamientos no tradicionales. Por tal motivo, también los franceses adoctrinaron a los militares latinoamericanos acerca de los mejores métodos para acabar con los guerrilleros, lo cual fue implementado punto por punto.

El Plan Cóndor no solamente coordinó el apoyo para que cada país pudiera reprimir a la izquierda e instalar el nuevo modelo económico, sino que además trazó un puente de colaboración entre gobiernos. Esta colaboración, básicamente, tenía como objetivo el asesinato de opositores que escapaban de su país, buscando evitar los castigos que allí les esperaban, y se refugiaban en otro.

El Gobierno de Chile utilizó particularmente este recurso, y se hicieron públicamente conocidos los casos de opositores a Pinochet que fueron asesinados en el exterior, como el del exministro Orlando Letelier, en Estados Unidos, o del general Carlos Prats, en la Argentina. Pese a eso, muchas veces existieron serios conflictos entre los países involucrados, como por ejemplo, entre la Argentina y Chile a raíz de la Guerra de Malvinas, cuando la ayuda chilena a las tropas británicas fue fundamental para el rápido desenlace de los acontecimientos.

Países aliados en el Plan Cóndor

Agotamiento de la industrialización

Si el modelo económico que proponía el Estado de Bienestar se encontraba en crisis, la llegada de las dictaduras y la brusca implantación del neoliberalismo terminaron por enterrarlo. Las industrias, que se habían expandido en calidad y cantidad a partir de la Segunda Guerra Mundial, comenzaron a cerrar sus puertas. Miles de fábricas pasaron a ser galpones abandonados. Las que siguieron funcionando debieron reducir su personal drásticamente y comenzar a implementar nuevas medidas económicas tendientes a reducir los costos y modificar los modos de producción.

Esto trajo como consecuencia inmediata el desempleo masivo, que contrastaba con el objetivo de "pleno empleo" que se había buscado alcanzar en las décadas anteriores. Ese desempleo que jamás había llegado a cero ignoró, repas por lo menos nunca había distribuido las riquezas de modo que las clases bajas dejaran de sufrir.

Otra de las consecuencias inmediatas del desempleo fue el descontento generalizado. A diferencia de lo que hubiera podido ocurrir en otros contextos, ese malestar no pudo ser canalizado a través de marchas, protestas, huelgas y manifestaciones públicas, ya que, cuando estas existían, eran fuertemente reprimidas por los gobiernos militares que se hallaban en el poder. Como ya se dijo, uno de sus objetivos era precisamente instalar el neoliberalismo o "capitalismo salvaje", y estar preparados para posibles, y totalmente esperables, muestras de descontento.

Si durante el Estado de Bienestar se estimulaban las producciones nacionales y el autoabastecimiento, a partir del neoliberalismo esto cambió radicalmente. Los países latinoamericanos, abocados a fabricar para intentar exportar sus productos, se encontraron en muy poco tiempo con una escasez generalizada de bienes de consumo. Para satisfacer las demandas de la sociedad, el camino no fue otro que volver a importarlos desde el extranjero, generando un progresivo déficit fiscal, ya que se compraba mucho más de lo que se vendía. Si bien este sistema tuvo algunas excepciones en Brasil y Chile, casi toda América Latina se vio afectada por las nuevas medidas económicas, altamente perjudiciales para los sectores trabajadores.

El modelo, impuesto por la fuerza en la década del setenta, continuó funcionando con el correr de los años y aún se mantiene vigente y en perfecto funcionamiento. Lo que comenzó instalándose con las dictaduras en esos años fue todavía más desarrollado con el retorno de las democracias durante las décadas de 1980 y 1990.

El cierre de las fábricas trajo, además de la desocupación, la existencia de grandes edificios abandonados que, en muchos casos, se transformaron también en un problema para los vecinos.

Actividades

• ¿Cuál es la relación entre la crisis del Estado de Bienestar, la llegada del neoliberalismo y el agotamiento de la industrialización en América Latina?

La crisis cubana

Desde la revolución de 1959, Fidel Castro intentó movilizar la economía cubana de modo que la isla se convirtiera en un país con la capacidad de satisfacer las necesidades de sus habitantes. Logró que Cuba tuviera un alto índice de alfabetismo, que la medicina cubana fuera considerada una de las más avanzadas del mundo y que la desigualdad social se redujera enormemente. Pero la economía cubana fue decayendo, en gran medida por responsabilidad de Estados Unidos, que nunca pudo aceptar que existiera un país socialista a pocos kilómetros de sus costas. Por eso estimuló permanentemente bloqueos a la isla, y boicoteó muchas de las medidas que hubieran permitido que Cuba mejorara su economía. Esta actitud ha sido fuertemente repudiada por la comunidad internacional y ha sido condenada por la ONU en reiteradas oportunidades.

Mientras el comunismo de la URSS y su influencia se mantuvieron a flote, Cuba pudo ir sorteando los obstáculos que aparecían. Pero tras la caída del Muro de Berlín en 1989 y la disolución de la URSS en 1991, quedó sola y aislada del mundo. Literalmente, fue una isla socialista en un mar capitalista.

Levanten el embargo. Este dibujo del brasileño Carlos Latuff representa el repudio de la ONU al embargo y la omisión que hace de ello EE.UU.

La voz de los protagonistas

La política de los Estados Unidos contra Cuba no tiene sustento ético o legal alguno, credibilidad ni apoyo. Así lo demuestran los más de 180 votos en esta Asamblea General de las Naciones Unidas que en los últimos años han reclamado que se le ponga fin al bloqueo económico, comercial y financiero. (...)

En el año 2010, el cerco económico se ha endurecido y su impacto cotidiano sigue siendo visible en todos los aspectos de la vida en Cuba. Tiene consecuencias particularmente serias en esferas tan sensibles para la población como la salud y la alimentación.

Los servicios oftalmológicos cubanos no pueden emplear la Terapia Térmica Transpupilar, por medio del microscopio quirúrgico, en el tratamiento a niños que padecen del tumor retinoblastoma, es decir, cáncer en la retina, porque es imposible adquirir los equipos para este tratamiento, que sólo pueden ser comprados a la compañía norteamericana Iris Medical Instruments. Sin esa tecnología, no es posible tratar el tumor de la retina y que el niño conserve el ojo afectado...

Discurso de Bruno Rodríguez Parrilla, ministro de Relaciones Exteriores de Cuba, en la Asamblea General de las Naciones Unidas, Nueva York, 26 de octubre del 2010 (fragmento).

El golpe de 1976

Tras la muerte de Perón, el gobierno de Isabel no contaba con apoyo de ningún tipo. Con el país sumido en una crisis económica y política, con las guerrillas más activas que nunca y el descontento social generalizado, los militares vieron la ocasión propicia para dar un nuevo golpe militar. El 24 de marzo de 1976 las Fuerzas Armadas dieron el golpe y se instalaron en el poder, sumiendo a la Argentina en la etapa más sangrienta y oscura de su historia.

La sublevación militar instaló una Junta de Gobierno compuesta por tres miembros, uno por cada una de las Fuerzas Armadas: Jorge Rafael Videla por el Ejército, Emilio Eduardo Massera por la Armada y Orlando Ramón Agosti por la Fuerza Aérea. Videla fue designado presidente por un período indefinido de tiempo.

La voz de los protagonistas

Nuestro pueblo ha sufrido una nueva frustración. Frente a un tremendo vacío de poder, capaz de sumirnos en la disolución y la anarquía, a la falta de capacidad de convocatoria que ha demostrado el gobierno nacional, a las reiteradas y sucesivas contradicciones demostradas en las medidas de toda índole, a la falta de una estrategia global que, conducida por el poder político, enfrentara a la subversión, a la carencia de soluciones para el país, cuya resultante ha sido el incremento permanente de todos los extremismos, a la ausencia total de los ejemplos éticos y morales que deben dar quienes ejercen la conducción del Estado, a la manifiesta irresponsabilidad en el manejo de la economía que ocasionara el agotamiento del aparato productivo, a la especulación y corrupción generalizadas, todo lo cual se traduce en una irreparable pérdida del sentido de grandeza y de fe, las Fuerzas Armadas, en cumplimiento de una obligación irrenunciable, han asumido la conducción del Estado.

(...) A partir de este momento, la responsabilidad asumida impone el ejercicio severo de la autoridad para erradicar definitivamente los vicios que afectan al país. Por ello, a la par que se continuará sin tregua combatiendo a la delincuencia subversiva, abierta o encubierta, se desterrará toda demagogia.

Proclama del 24 de marzo de 1976. Extraído de www.elhistoriador.com.

Actividades

• ¿Cuáles son las ideas principales que se pueden extraer de la proclama del 24 de marzo?
• ¿Qué relación tuvo este golpe militar con los que se llevaron a cabo en otros países de América del Sur?

El Proceso de Reorganización Nacional

La dictadura se autoimpuso el nombre de Proceso de Reorganización Nacional. La idea de un proceso estaba relacionada con el hecho de que, para lograr sus objetivos, los militares no tenían un período de tiempo prefijado, sino que consideraban que eso llevaría años, y que en tanto fuera necesaria su presencia, el proceso seguiría en marcha.

La idea de reorganización implicaba reestructurar ciertas políticas ideológicas, sociales y económicas. Esencialmente estas eran: acabar con las actividades guerrilleras en el país a través de una "guerra sucia" reivindicada por los militares como una "guerra justa", prohibir la participación de la izquierda en cualquiera de sus formas, anular los mecanismos democráticos de gobierno, instalar el orden absoluto, modificar las estructuras y contenidos educativos e implementar el neoliberalismo como modelo económico.

En cuanto a la idea de lo "nacional", la dictadura se manejó con un doble discurso. Por un lado, lo planteó como un nacionalismo a través de símbolos como el himno, las marchas patrióticas, la exacerbación de los valores tradicionales, la Guerra de Malvinas y hasta del Mundial de Fútbol de 1978. Pero, a la vez, existía una contradicción fundamental: mientras se imponía ese discurso nacionalista, el Gobierno malvendía las empresas locales a otras extranjeras, generaba una deuda externa sin precedentes y quedaba a disposición absoluta de las directivas internacionales, especialmente de Estados Unidos.

Para llevar a cabo todas estas medidas, la dictadura utilizó, como en ningún otro caso latinoamericano, el terrorismo de Estado, los asesinatos, el secuestro de personas, el encierro ilegal en centros clandestinos de detención, las torturas y la violencia generalizada en todas sus formas. La Triple A, organismo parapolicial que había funcionado como un órgano de represión encubierto durante los primeros años de la década, se fusionó inmediatamente con las Fuerzas Armadas, y sus miembros se convirtieron así en torturadores profesionales con licencia por parte del Estado para ejercer libremente. Amparado por el Gobierno estadounidense y la tolerancia de la URSS, las potencias europeas y el Vaticano, el Proceso funcionó de una manera efectiva, burocrática y organizada hasta 1983. A Videla lo sucedieron en el cargo de presidente otros miembros del Ejército Roberto Eduardo Viola (marzo a diciembre de 1981), Leopoldo Fortunato Galtieri (1981-1982) y Reynaldo Benito Bignone (1982-1983).

Si bien no hay una definición certera sobre cuántos desaparecidos hubo durante la última dictadura, las cifras oscilan entre 9.000 y 30.000 personas, que dejaron una herida imposible de cicatrizar para gran parte del país. A esto se le suman, además, otros miles de detenciones, que en algunos casos se realizaban con la excusa de que esos sujetos eran militantes de izquierda y, en otros casos, simplemente eran realizadas porque aquellas personas figuraban en las agendas telefónicas de otros detenidos.

Junta integrada por Videla, Massera y Agosti, representantes de las Fuerzas Armadas.

Las dos caras del fútbol

En 1978 la Argentina fue la organizadora del Campeonato Mundial de Fútbol. El suceso no tuvo nada de casual, y sí mucho de extradeportivo. Mediante ese evento, el gobierno de Videla buscaba legitimarse tanto en el ámbito local como internacional, mostrando una imagen de la Argentina como país ordenado y civilizado, sin presencia de guerrilleros terroristas, ni de un Estado opresor, que acababa con las ideas que poco a poco se iban difundiendo por el mundo.

El premio Nobel de la Paz argentino, Adolfo Pérez Esquivel, cuenta que, estando detenido en La Plata, como los guardias también querían escuchar los partidos, ponían el relato por los altoparlantes, y cuando la Argentina hacía un gol se abrazaban los presos con los represores.

El nacionalismo fue tan fuerte que, cuando alguien aprovechaba la presencia de las cámaras del periodismo internacional para denunciar la muerte o desaparición de algún amigo o familiar, el Gobierno hacía pública su condena hacia esas manifestaciones, que eran consideradas como parte de una "campaña antiargentina", la cual era avalada por un gran sector de la sociedad.

Según algunos hubo una tregua política durante el mes que duró el Mundial. Sin embargo, los testimonios posteriores, que comenzaron a aparecer tras el juicio a las juntas, permiten deducir que, por el contrario, el "Mundial" sirvió para encubrir un incremento de las operaciones secretas, aprovechando la distracción que el fútbol aseguraba.

La voz de los intelectuales

... el Mundial y la Guerra de Malvinas produjeron lo que no había logrado la propaganda de la dictadura, lo que ni siquiera había logrado el miedo, esa arborescencia difusa pero vigorosa que había crecido en casi todos los espacios públicos y privados. El Mundial y la Guerra de Malvinas rodearon a los dictadores de un pueblo que no los repudiaba. En la fiesta del Mundial se suspendieron los rencores y los principios; se teorizó, que el derecho a la alegría de la gente debía prevalecer sobre el espíritu crítico. La Guerra de Malvinas, de modo más terrible, porque hubo cientos de muertos, también sacó al pueblo a las calles y provocó, durante algunas semanas, un estado de exaltación colectiva que se parecía bastante a una pueblada (cuando en realidad se trataba de una compactada siniestra y final).

Beatriz Sarlo, *Tiempo presente*, Buenos Aires, Siglo XXI, 2010.

"Por fin el mundo puede ver la verdadera imagen de la Argentina", celebró el presidente de la FIFA ante las cámaras de la televisión. Henry Kissinger, invitado especial, anunció:
— Este país tiene un gran futuro a todo nivel.
Y el capitán del equipo alemán, Berti Vogts, que dio la patada inicial, declaró unos días después:
— Argentina es un país donde reina el orden. Yo no he visto a ningún preso político.

Eduardo Galeano, *El fútbol a sol y sombra*, Buenos Aires, Siglo XXI, 2010.

El exilio

Con el golpe militar de 1976, una gran cantidad de personas, tanto profesionales como de las más diversos oficios y ocupaciones, debió escapar al extranjero. Muchos de ellos tenían un compromiso con alguna agrupación política; otros, sin embargo, eran perseguidos por el Gobierno a pesar de no tener ningún tipo de militancia.

Pese a la censura y a los esfuerzos del Gobierno para ocultar lo que estaba sucediendo, una parte de la población comprendía la gravedad de la situación. Otra parte creía en las buenas intenciones del Gobierno y recurría a la frase "algo habrán hecho" para justificar por qué la represión caía sobre algunos y no sobre otros.

Con el retorno de la democracia, muchos de los exiliados decidieron regresar al país. Sin embargo, los traumas de la dictadura y del exilio se convirtieron en uno de los temas de debate y reflexión que marcaron la historia argentina de los últimos cuarenta años.

La voz de los protagonistas

El exilio es la pérdida, desde cualquier perspectiva que se lo observe. Es un sitio insolar donde el pasado, el presente y el futuro aparentarían cesar como claves de sentido. Resulta una de las duras experiencias, entonces, donde recién ahí cobra presencia la pregunta por el sentido de la vida.

Nicolás Casullo, "La pérdida de lo propio", *Revista Sociedad*,
Facultad de Ciencias Sociales de la UBA, N.º 25, Buenos Aires, 2006.

El gobierno argentino no tenía la deferencia de expulsar a sus enemigos. Acá no se expulsaba ni se mandaba un aviso a las futuras víctimas. Acá se reprimía o se mataba a mansalva. Dejo de lado a aquellos intelectuales, le derecha que se debían considerar a salvo de todo ataque y que, por lo tanto, no tenían ninguna razón para eso. El resto de los escritores argentinos, en mayor o menor grado, estaba amenazado. Como lo estaba todo obrero con conciencia gremial, todo estudiante con alguna participación política, todo investigador, o abogado, o actor, o profesor universitario sospechoso de derecha. Y para ser exactos del todo: no sólo estábamos amenazados por nuestras palabras o nuestras opciones políticas. A veces, figurar en la libreta de direcciones de alguien detenido, tener un amigo al que habían ido a buscar (el Ejército), eran buenas razones para esperar que golpearan la propia puerta.

Liliana Heker, "Los intelectuales ante la instancia del exilio: militancia y creación".
En Saúl Sosnowski (Comp.), *Represión y reconstrucción de una cultura:
el caso argentino*, Buenos Aires, Eudeba, 1988.

Actividades

• ¿Conocen a algún exiliado? Averigüen en sus familias si alguna persona de su entorno debió exiliarse durante la dictadura, y cuál fue su experiencia.

La Guerra de Malvinas

A medida que fueron pasando los años, el descontento comenzó a crecer cada vez más. En 1982 la CGT organizó la primera manifestación masiva en contra del Gobierno que se hacía desde el golpe de 1976, y a ella siguieron otras manifestaciones de malestar. Las Fuerzas Armadas continuaron suprimiendo este tipo de actos, pero comprendieron que era necesaria alguna medida extrema para legitimar el Proceso.

En abril de ese año el presidente era Galtieri, un militar con mucho peso en el Ejército. Apoyado por otros militares, en un contexto de crisis interna de las Fuerzas Armadas, dio la orden de invadir las islas Malvinas, ocupadas por la corona británica desde 1833. El objetivo era realizar esa operación por sorpresa; se contaba con que Inglaterra no le daría importancia al asunto y que, en caso de un conflicto, Estados Unidos intervendría a favor de la Argentina.

La guerra causó un nuevo furor nacionalista, probablemente superior al producido por el Mundial de 1978. Cuando la invasión fue anunciada, miles de personas salieron a las calles a festejar el triunfo argentino sobre Inglaterra, apoyando al Gobierno militar como no lo habían hecho nunca. En las semanas siguientes el clima festivo continuó manifestándose, debido a que los militares ocultaban todo tipo de información adversa y por los medios se difundía la idea de que la Argentina estaba ganando. Cuando se conoció la verdad y las noticias referidas a las derrotas comenzaron a hacerse públicas, el clima se volvió sombrío y la población dio al asunto la dimensión que tenía.

Soldados prisioneros en San Carlos.

Los resultados fueron muy diferentes de los esperados. Gran Bretaña envió inmediatamente a sus tropas, soldados entrenados, a combatir contra los reclutas argentinos, jóvenes de 18 años que estaban haciendo el servicio militar cuando se inició la guerra. La tecnología y los recursos británicos, muy superiores a los de la Argentina, fueron suficientes para que los enfrentamientos se resolvieran en poco más de dos meses, en los que Estados Unidos demostró claramente su apoyo a Inglaterra, contrariamente a lo que creía el Gobierno argentino.

Ceremonia fúnebre en el campo de batalla.

Los enfrentamientos dejaron unos 600 muertos del lado argentino, además de la humillación de los militares, quienes perdieron todo tipo de legitimidad en sus acciones. Los soldados que regresaron al país, una vez que el ejército inglés los hubo liberado, lo hicieron trayendo consigo las secuelas de un enfrentamiento completamente desigual, al que habían sido enviados con sangre fría y total impunidad, ya fuera por la negligencia de sus superiores, que tenían la certeza de lo inexcusable de tal guerra desprolija, o por la imperdonable ignorancia de la situación real. Los traumas de estos excombatientes siguen manifestándose aún hoy, generando un debate social acerca del rol del Estado y de la sociedad.

La transición hacia la democracia

La derrota en Malvinas obligó a Galtieri a presentar su renuncia. Quien lo reemplazó fue otro militar de carrera, Reynaldo Bignone, quien después de un tiempo, ante el desprestigio de los militares y el desastre de la guerra, anunció el retorno de la democracia y convocó a elecciones para octubre de 1983. A lo largo de ese período, los militares comenzaron a organizar su retirada, esperando con los costos políticos de abandonar el poder. Para eso, Bignone decretó la amnistía para todos los hechos cometidos entre 1973 y la Guerra de Malvinas, buscando así ganarse algunas simpatías por parte de los enemigos del Proceso, que eran verdaderamente muchos.

Los partidos políticos se reorganizaron para enfrentar las primeras elecciones desde 1973. El principal candidato era el que proponía el peronismo, Ítalo Luder, quien había ocupado provisoriamente la presidencia en 1975, cuando María Estela Martínez se retiró durante unas semanas alegando razones de salud. Luder lideraba las encuestas públicas, pero un hecho particular hizo que sus votos mermaran notoriamente. En plena campaña, el candidato peronista para gobernar la provincia de Buenos Aires, Herminio Iglesias, organizó un acto multitudinario, en el que prendió fuego un ataúd con los colores de la UCR, que era la principal fuerza opositora.

El candidato de la UCR, Raúl Alfonsín, que ya contaba con un importante apoyo popular, se vio beneficiado también por este hecho, ya que una parte de la población, cansada de tanta violencia, vio en ese acto el símbolo de la continuación del sistema que se venía arrastrando desde muchos años atrás, y le restó su apoyo al peronismo. En las elecciones de octubre de 1983 la UCR obtuvo el 52% de los votos, contra el 40% del Partido Justicialista. De esta manera, el peronismo fue derrotado por primera vez en su historia en elecciones limpias, y Alfonsín se convirtió en el presidente elegido democráticamente después de casi ocho años de dictadura militar.

El problema de qué hacer con los militares se convirtió entonces en el principal tema de discusión, y condicionó en gran medida las acciones del nuevo Gobierno. Estos militares, si bien fracasaron en su intento de apoderarse de las Malvinas y seguir manteniendo el poder, tuvieron dos logros de consecuencias nefastas para la sociedad argentina: la desaparición de miles de personas y la implementación efectiva del neoliberalismo.

El candidato Herminio Iglesias quema el ataúd pintado con los símbolos del Partido Radical y el nombre de su candidato.

Actividades

• Busquen información sobre las elecciones de 1983. ¿Qué otros candidatos y partidos políticos se postularon? ¿A qué grupos de poder representaban?

Alfonsín y la primavera democrática

La llegada de Alfonsín a la presidencia ocurrió en un contexto internacional muy favorable. Si bien en la década del setenta Estados Unidos había apoyado a las dictaduras militares, eso fue cambiando, y en la década siguiente se fueron disolviendo los gobiernos de facto, que ya habían cumplido gran parte de sus objetivos, tanto políticos como económicos.

Llegado al poder, Alfonsín propuso una renovación de los partidos políticos, desarrolló una política exterior pacificadora, normalizó la situación de los sindicatos, acabó con la censura, estimuló la aparición de movimientos culturales y artísticos, incentivó los debates intelectuales y las movilizaciones masivas. Todo esto contribuyó a generar un creciente clima de optimismo, que contrastaba fuertemente con las épocas oscuras de los años anteriores.

Pero todos los sistemas encierran contradicciones y problemáticas diversas. El gobierno de Alfonsín tuvo lugar en una época convulsa, donde uno de los ejes principales de discusión estaba en el juicio a las juntas militares y las

consecuencias que esto tendría. Además, durante su presidencia tuvo que lidiar con las consecuencias económicas que resultaban de las medidas implementadas durante la dictadura. La deuda externa había crecido de una manera inimaginable, y el país había adquirido en esos años algunos compromisos financieros realmente perjudiciales para el futuro cercano. Esto, ligado a los errores y los imprevistos económicos de su gobierno, terminó por generar un caos en la economía que erosionó su imagen y lo obligó a dejar el poder antes de tiempo.

Asunción presidencial de Raúl Alfonsín.

Lo voz de los protagonistas

En el terreno de la cultura la llegada de Alfonsín al poder en 1983 marcó un cambio de estilo en la gestión que dio sus frutos de inmediato. El cine, el teatro y las artes visuales recibieron un espaldarazo con la designación de las personas correctas en el momento justo, como fueron Carlos Gorostiza, Manuel Antín, Teresa Anchorena, Guillermo Whitelow, Pacho O' Donnell y Osvaldo Giesso. Los resultados no se hicieron esperar. Era un momento de esperanza en el que muchos sueños parecían posibles, y lo fueron. [...]

Como director del Instituto Nacional de Cinematografía, Antín había puesto al cine argentino de pie y al hacerlo iniciaba un círculo virtuoso que perdura hasta hoy. Pacho O' Donnell, al frente de la Secretaría de Cultura de la ciudad de Buenos Aires (que no era autónoma por entonces), desarticuló el modelo centralizado y llevó el arte a los barrios. Fue un precursor de la catarata de festivales que vinieron después y que son una marca registrada de Buenos Aires, identificado en el mundo por su vasta oferta cultural.

Alicia de Arteaga, "El legado de Alfonsín: renovación y cambio también en la Cultura", *La Nación*, 3 de abril de 2009.

El juicio a las juntas y el *Nunca más*

Entre las primeras medidas adoptadas por Alfonsín estuvo la derogación de la amnistía que los militares habían decretado antes de dejar el poder. Esa amnistía, básicamente, era un recurso que buscaba impedir que el gobierno democrático los enjuiciara por sus acciones. Alfonsín creó la Comisión Nacional sobre la Desaparición de Personas (CONADEP), que tenía como objetivo investigar los crímenes de la dictadura, las consecuencias de sus actos y establecer las violaciones a los derechos humanos cometidas entre 1976 y 1983.

Presidida por el escritor Ernesto Sábato, la CONADEP contó entre sus filas con otros miembros destacados, como el médico René Favaloro, la periodista Magdalena Ruiz Guiñazú, el filósofo Gregorio Klimovsky y otras personas comprometidas con los derechos humanos. Tras varios meses de investigación, la CONADEP presentó su informe, que fue conocido con el nombre de *Nunca más*. Las conclusiones eran contundentes: 50.000 páginas en las que se detallaban los casos de 9.000 víctimas conocidas, y no menos de 350 centros clandestinos de detención.

El juicio, que tuvo a Julio César Strassera como fiscal a cargo de las acusaciones, fue el primer proceso masivo a militares desde los juicios de Núremberg, cuando las potencias triunfadoras juzgaron a los criminales de guerra nazis. Se

inició en 1985 y, tras unos meses de deliberaciones, se establecieron las condenas: veinte años de prisión para Videla y Massera, diecisiete para Viola, y penas mucho menores para otros responsables directos. Otros, como Galtieri, fueron dejados en libertad por no haberse podido probar los cargos en su contra. También hubo condenas para algunos líderes guerrilleros y para el exministro de Bienestar y Desarrollo, "el brujo" López Rega.

El juicio a las juntas fue una instancia sin precedentes en la historia argentina, muy cargada de intereses e ideologías, dado que las actividades de la dictadura eran muy recientes. Las sentencias fueron criticadas por varios sectores: algunos, por considerarlas demasiado blandas o hasta inexistentes, y otros, por creer que juzgar a aquellos dictadores había sido un error.

Los fiscales Julio Strassera y Luis Moreno Ocampo durante el juicio a las juntas militares.

La voz de los protagonistas

Los guerrilleros secuestraban, torturaban y mataban. Y, ¿qué hizo el Estado para combatirlos? Secuestrar, torturar y matar en una escala infinitamente mayor y, lo que es más grave, al margen del orden jurídico instalado por él mismo, cuyo marco pretendía mostrarnos como excedido por los sediciosos.

Quiero utilizar una frase que no me pertenece, porque pertenece ya a todo el pueblo argentino. Señores jueces: "Nunca más".

Acusación del fiscal Strassera a las juntas militares, *Diario del juicio*, Buenos Aires, Perfil, 1985.

La teoría de los dos demonios

Durante el inicio a las juntas se instaló el debate acerca de la "teoría de los dos demonios". Esta teoría sostiene que en la década del setenta la sociedad se encontraba inmersa en un caos político e ideológico, tironeada por la violencia de la ultraizquierda y de la ultraderecha, y que ante esa situación, el golpe que dieron los militares era la única solución posible a ese clima de violencia cada vez más generalizado. Es decir, según esta teoría, había dos demonios que se enfrentaban entre sí, y si bien ninguno de ellos era bueno, uno era menos malo que el otro: la ultraderecha capitalista era menos mala que la izquierda comunista.

Para la teoría de los dos demonios, organizaciones como Montoneros o el ERP eran tan asesinas como el Estado, y eso justificaba las acciones por parte del Gobierno.

El problema con esta teoría es que comparta a dos sectores completamente asimétricos. Si bien es cierto que los grupos guerrilleros instalaron gran parte de la violencia y fueron responsables de secuestros, actos terroristas y asesinatos, el alcance de sus acciones no es comparable a las del Estado. Un Estado que contaba con un mecanismo de represión gigantesco y el apoyo externo de Estados Unidos.

Lo que demuestra que la teoría de los dos demonios no tuerce a es el hecho de que hayan habido 30 mil desaparecidos. Según un estudio del coronel Florencio García y del ejército había a lo sumo mil quinientos guerrilleros, sumando todos los grupos guerrilleros en el país. De manera que suponiendo que todos esos guerrilleros hubieran sido aniquilados por las fuerzas armadas, todavía cabe preguntar qué pasó con los 28 mil quinientos que no eran guerrilleros y que incluso no estaban a favor, sino en contra de la lucha armada como salida del problema del país.

Juan Gelman, Entrevista de Felipe Pigna en www.elhistoriador.com

En el plano narrativo, *Kunca* más estableció la figura del desaparecido como víctima inocente del terrorismo de Estado. Esta estrategia "se olvida" de la dimensión política de la insurgencia izquierdista que la dictadura militar trató de erradicar. Este olvido era absolutamente necesario en esa época por dos razones: primero, era necesario derrotar los argumentos de la defensa de los generales, que se fundamentaban en el presupuesto de que el golpe y la represión había sido causados por el terrorismo armado de la extrema izquierda. Segundo y más importante, era necesario permitir a toda la sociedad argentina [...] congregarse alrededor de un consenso racional nuevo: la clara separación de los que habían perpetrado los crímenes y las víctimas, es decir, los culpables y los inocentes. [...]

Es evidente que el informe de la comisión condenaba explícitamente toda violencia armada, tanto del Estado como de la guerrilla de izquierda. Sin embargo, al convertir a los 30.000 desaparecidos en víctimas pasivas se borra la historia política del conflicto junto con las filiaciones políticas individuales.

Andreas Huyssen, *Modernismo después de la posmodernidad*, Buenos Aires, Gedisa, 2010.

Las reacciones militares

En cuanto se dieron a conocer las primeras sentencias, comenzaron las presiones militares para que Alfonsín diera marcha atrás. En una situación cada vez más tensa, el oficialismo logró aprobar en 1986 la Ley de Punto Final, que daba un plazo de dos meses para presentar las causas judiciales referidas a la dictadura. Luego de ese período, según esta ley, no se podría juzgar a ningún otro militar, con excepción de las causas por apropiación ilegal de hijos recién nacidos.

En los sesenta días destinados a estos fines, se procesó a más de sesenta oficiales de alto rango, lo que motivó la reacción de otros militares, disconformes con lo que ellos entendían como una persecución estatal. En febrero de 1987 un grupo de oficiales insurrectos, con el apoyo de importantes generales retirados, manifestó públicamente su descontento en Córdoba, acusando al Gobierno y a los jueces de tendenciosos y animando a los detenidos a que no declararan.

Poco después, en Semana Santa, el teniente coronel Aldo Rico tomó, junto con otros oficiales y suboficiales "carapintadas" (se pintaban la cara con betún), la Escuela de Infantería de Campo de Mayo, exigiendo que se encontrara una solución al conflicto militar y que se destituyera al entonces jefe del Ejército. En respuesta, Alfonsín accedió a esas demandas, cambiando a aquel jefe por otro y enviando al Congreso el proyecto de una nueva ley, la Ley de Obediencia Debida. Su contenido tenía como objetivo purificar la política, ya que establecía la no responsabilidad de los militares de bajo rango, y se amparaba en leyes militares que hablaban precisamente de la responsabilidad de unos pocos, que eran quienes impartían órdenes que todos los demás debían cumplir.

La medida debilitó la figura y la legitimidad de Alfonsín, y Aldo Rico volvió a levantarse en armas en 1988, esta vez en Monte Caseros, con reclamos muy similares a los de la vez anterior. Como la Ley de Obediencia Debida había aquie-tado los ánimos, Rico no tuvo apoyo y se rindió sin combatir, siendo encarcelado. Pocos meses después quien se sublevó fue otro carapintada, el coronel Mohamed Alí Seineldín, que se amotinó en Villa Martelli. Tampoco Seineldín contó con apoyo, pero sí llegó a combatir, y abrió fuego contra una multitud que había ido a manifestar su repudio, provocando tres muertos. Seineldín se rindió, pero impuso algunas condiciones que terminaron siendo aceptadas.

Finalmente, el último de los levantamientos estuvo a cargo de Enrique Gorriarán Merlo, líder del grupo guerrillero Movimiento Todos por la Patria (MTP). Gorriarán Merlo había sido fundador del Partido Revolucionario de los Trabajadores y del Ejército Revolucionario del Pueblo, siendo uno de los guerrilleros más importantes de la Argentina, responsable de la muerte del dictador nicaragüense Anastasio Somoza. El MTP realizó el copamiento del cuartel de La Tablada en 1989, aduciendo una conspiración entre el candidato a presidente Carlos Menem, Seineldín y otros líderes políticos, quienes tendrían pensado un inminente golpe de Estado. Frente a ese supuesto complot, el MTP decidió hacer un llamado de atención a través de las armas, interviniendo de manera activa en el posible futuro conflicto. Hasta la fecha, este hecho no fue completamente esclarecido.

Aldo Rico al mando del levantamiento en Campo de Mayo (foto de Carlos Brigo).

La economía durante el gobierno alfonsinista

El juicio a las juntas y sus consecuencias fueron un punto muy difícil del gobierno de Alfonsín, pero el manejo de la economía no lo fue menos. El contexto internacional era absolutamente negativo, ya que el neoliberalismo se había instalado como modelo hegemónico y el lugar de América Latina en la nueva economía-mundo no era muy alentador.

En la Argentina miles de fábricas habían cerrado y las exportaciones prácticamente habían desaparecido. A eso hay que sumarle la herencia de la dictadura, que había generado una deuda externa inmensa y había desmembrado los mecanismos de la economía. La inflación de los precios comenzó a manifestarse cada vez con más intensidad, y frente a esto los sindicatos reclamaban cada vez mayores aumentos de salario. A su vez, esos aumentos hacían que la gente gastara más, y la inflación subía otro poco. Tras varios meses esto se había convertido en una rueda que no se detenía, generando cada vez más malestar en la gente.

El gobierno de Alfonsín optó por dar un giro brusco e implementó el *Plan Austral*, a través del cual se cambió la moneda, que pasó de ser el peso argentino a ser el austral, se congelaron los salarios tras un nuevo aumento y también los precios y las tarifas. El shock fue inmediato, y la situación se aquietó en pocas semanas.

Pero duró poco. El Gobierno pretendía democratizar los sindicatos, lo que representaba sacarles poder a sus líderes tradicionales. Estos se encargaron de impulsar nuevas marchas y exigencias salariales, haciendo huelgas y paros generales que contribuyeron a erosionar aún más

el gobierno de Alfonsín. Paralelamente, el Fondo Monetario Internacional exigía el pago de la deuda externa con intereses desproporcionados, lo que solo era posible achicando cada vez más el gasto público y privatizando empresas.

Para 1988 la situación se había descontrolado nuevamente y los precios volvieron a dispararse. Lo que años atrás había sido un período de inflación se convirtió en una crisis económica de proporciones desmedidas, en la que los precios cambiaban todos los días y la moneda se devaluó aceleradamente.

En ese contexto se dieron los levantamientos carapintadas y el copamiento de La Tablada.

El año 1989 era de elecciones presidenciales, y la figura de Alfonsín cada vez contaba con menos apoyo. En medio de una inmensa crisis política y económica, el gobernador peronista de La Rioja, Carlos Menem, fue elegido presidente, y asumió su cargo seis meses antes de lo previsto, dado que Alfonsín ya no contaba con ningún tipo de legitimidad ni fuerza para terminar su mandato.

Debido a la fuerte devaluación, era habitual la circulación de billetes con cifras muy elevadas, pero de escaso valor.

- Elaboren una red conceptual con los principales temas del gobierno de Alfonsín, sus causas y consecuencias.

La década menemista

Carlos Saúl Menem ganó las elecciones utilizando los elementos más clásicos del discurso populista del peronismo, apuntando a los pobres en general más que a las clases trabajadoras. Su llegada a la presidencia se dio en medio del contexto hiperinflacionario, de impericia generalizada con respecto a lo económico. Menem comenzó por instalar un régimen de privatizaciones de todas las empresas públicas argentinas: YPF, ENTel, Aerolíneas Argentinas, Gas del Estado, Ferrocarriles Argentinos, las jubilaciones, etcétera.

Su ministro de Economía, Domingo Cavallo, fue el principal responsable de implementar la llamada *convertibilidad*. Mediante esta, el Estado dejaba el austral y pasaba a una nueva moneda, el peso, que se basaba en el valor del dólar para establecer su propio valor. Así, bajo el lema "1 peso, 1 dólar", la inflación dio paso a una nueva etapa, durante la cual se tomaron medidas que estimularon las importaciones y tornaron muy difíciles las exportaciones, por lo que las pocas empresas nacionales que quedaban en pie vieron aún más complicadas sus acciones.

La vocágine de la política y la economía de la Argentina condujeron a que, en 1994, Menem firmara el Pacto de Olivos con Alfonsín. A través de algunos encuentros que mantuvieron los dos principales líderes políticos del país, se definió una reforma constitucional, que permitió la reelección presidencial y redujo la duración del mandato presidencial de seis a cuatro años. Gracias a esa reforma Menem pudo presentarse nuevamente a elecciones en 1995: ganó por un amplio margen y presidió la Argentina hasta 1999.

La UCR, por su parte, consiguió que la Capital Federal tuviera elecciones propias, ya que hasta ese momento la autoridad máxima de la ciudad era un intendente nombrado por el presidente. A partir de entonces, el nombre de la capital cambió por el de Ciudad Autónoma de Buenos Aires, históricamente mucho más afín al voto radical que al de los peronistas.

Menem gobernó democráticamente, sin embargo, cuando sus medidas no eran avaladas por el Congreso, las implementaba a través de "decretos de necesidad y urgencia". Su gobierno estuvo caracterizado por la corrupción abierta y descarada, la aplicación del más duro neoliberalismo, el achicamiento feroz del Estado, el privilegio de algunos sectores empresarios y el aumento de la pobreza y el desempleo. En 1991 decidió indultar a los militares que habían sido condenados por múltiples violaciones a los derechos humanos. Y, aunque muchos de ellos fueron encarcelados nuevamente, por la aparición de nuevos juicios tiempo después, esta medida generó un enorme malestar en la población.

El presidente Carlos Menem con su ministro de Economía, Domingo Cavallo.

• Realicen una entrevista a familiares que fueran adultos mayores durante el gobierno de Menem (1989-1999). Averigüen qué piensan ellos de esa época, y si en ese momento creían lo mismo. ¿Qué elementos caracterizaron ese período? ¿Qué consecuencias tuvo para ellos la década menemista?

El gobierno de la Alianza

Las elecciones de 1999 fueron ganadas por la Alianza, una agrupación política que encabeza a la UCR y el FREPASO, compuesto, a su vez, por sectores de centro-izquierda y disidentes del peronismo. El presidente electo, Fernando De la Rúa, contaba con una larga trayectoria política, y una imagen de seriedad y eficacia que contrastaba con la de despilfarro y corrupción del menemismo. Sin embargo, su gobierno no sólo no pudo revertir la herencia de la década menemista, sino que la empeoró.

A lo largo de diez años, el gobierno de Menem había erosionado de tal manera a la economía argentina que los niveles de desempleo se habían disparado de una manera alarmante. La deuda externa había continuado creciendo, y llegó a ser del 41% del producto bruto interno; la industrialización había desaparecido, los préstamos que se solicitaban al exterior sólo servían para pagar los intereses de la deuda, y en la Argentina había trece millones de pobres.

Frente a todo esto, la Alianza intentó realizar algunas reformas y ajustes, que no dieron el resultado esperado. Domingo Cavallo, el impulsor de ese modelo económico durante el gobierno de Menem, volvió a hacerse cargo de la economía argentina, pero no dio ninguna solución a los problemas que él mismo había generado con su plan. En paralelo, el Gobierno acataba obedientemente las directivas que daba el Fondo Monetario Internacional, debiendo cada vez más dinero y hundiéndose con rapidez en una crisis económica de gran escala.

A finales de 2001 esa crisis explotó, en un contexto de pobreza y enojo generalizado. Las marchas y manifestaciones se hicieron cada vez más difíciles de sostener para el Gobierno, que ejerció una dosis de represión lo suficientemente importante como para que el nivel de descontento llegara a un punto sin retorno. Un estallido social obligó a De la Rúa a renunciar, de la misma manera que su vicepresidente lo había hecho tiempo atrás. La situación era tan insostenible que nadie quería tomar el poder. Entre el 20 de diciembre de 2001 y el 2 de enero de 2002, la Argentina tuvo cinco presidentes: De la Rúa, Ramón Puerta (presidente provisional del Senado), Adolfo Rodríguez Saá (gobernador de San Luis, proclamado presidente por una Asamblea Legislativa), Eduardo Camaño (presidente de Diputados) y Eduardo Duhalde (presidente interino hasta el 2003, por la Ley de Acefalía).

Fernando De la Rúa.   Adolfo Rodríguez Saá.   Eduardo Duhalde.

Actividades

• Busquen en canciones, libros, diarios e Internet testimonios sobre los cacerolazos del 2001, la expulsión de De la Rúa y los "cinco presidentes en una semana".

El exilio

Páginas atrás hablamos brevemente acerca del contexto de exilio que se vivió en el país. Miles de argentinos abandonaron sus ciudades a partir de la dictadura de Onganía (1966-1970), siguieron haciéndolo en los años posteriores y, con el golpe de 1976, esto se intensificó aún más. El exilio es una experiencia muchas veces traumática, que deja huellas indelebles no solo en aquellos que se van, sino también en los que se quedan. Analicemos las experiencias y perspectivas de algunos de los actores de la época.

"Un verdadero migrante sufre, tradicionalmente, un triple trastorno: pierde su lugar, entra al ámbito de una cultura extranjera y se encuentra rodeado de seres cuyos códigos de conducta social son muy diferentes y, en ocasiones, hasta ofensivos, respecto de los propios. Y esto es lo que hace de los migrantes unas figuras tan importantes, porque las raíces, la lengua y las normas sociales son tres de los componentes más importantes para la definición del ser humano. El migrante, a quien le son negadas las tres, se ve obligado a encontrar nuevas maneras de describirse a sí mismo, nuevas maneras de ser humano".

Salman Rushdie, citado en *Ernesto Vitale, los migrantes*, España, Melusina, 2006.

"En la Argentina, desde por lo menos comienzos del siglo XIX, emigrante es una persona que viaja en tercera clase (España), que paga la tasa económica en el trámite para realizar la práctica que lleva a la obtención del pasaporte (Italia) o que llega en segunda/tercera clases en barcos procedentes de ultramar (La Ley Argentina de 1876). Los exiliados, en contraste, están forzados a partir y por lo tanto desean volver a su patria de nacimiento tan pronto cambie el régimen político. Así, los refugiados se distinguen de un emigrante porque han dejado su territorio de origen por hechos políticos, no por condiciones económicas o por la atracción económica en otro territorio. En síntesis, el refugiado se traslada a otro país contra su voluntad, lo cual lo condena al desarraigo, a la vez que lo priva de motivaciones para establecerse en cualquier otro lugar.

Sin embargo, la diferencia entre emigrantes y refugiados o exiliados es muchas veces ambigua. Para el caso de los emigrantes se ha enfatizado en las motivaciones económicas, aunque las persecuciones religiosas y políticas han sido para algunos grupos étnicos las que los han impulsado al abandono de su patria de origen. Sin embargo, no resulta sencillo distinguir entre las motivaciones políticas y económicas y las razones voluntarias e involuntarias que los llevan a emigrar".

Dora Schwarzstein, "Migración, refugio y exilio: categorías, prácticas y representaciones", *Estudios Migratorios Latinoamericanos*, N.° 48, año 16, agosto de 2001.

V
de los deberes del exilio:
no olvidar el exilio/
combatir la lengua que combate al exilio/
no olvidar el exilio/ o sea la tierra/
o sea la patria o lechita o pañuelo
donde vibrábamos/ donde miábamos/
no olvidar las razones del exilio/
la dictadura militar/ los errores
que cometimos por vos/ contra vos/
tierra de la que somos y nos eras
a nuestros pies/ como alba tendida/
y vos/ corazoncito que mirás
cualquier mañana como olvido/
no te olvides de olvidar el olvido

Juan Gelman, *Bajo la lluvia ajena*, Buenos Aires,
Libros de Tierra Firme, 1988.

"Nosotros pensamos que el exilio argentino en México está interesantemente, durante todos aquellos años, hacia un país que iba dejando de existir. La Argentina que añorábamos no era la argentina real. Y es que el mutico de lo imaginario tan tenazmente impedía delinear con exactitud un país aprehensible. Y seguramente lo que más dolía era, para la generalidad, el no protagonismo, la condena a la marginación, la imposibilidad de ser actores de lo que pasaba en nuestra sociedad y con nuestra gente."

José Luis Bernetti y Mempo Giardinelli, *México: el exilio que
hemos vivido*, Bernal, Universidad Nacional de Quilmes, 2003.

1. Salman Rushdie habla de los conflictos que sufre aquel que se va. Se trata de un escritor que conoce muy bien de lo que habla, ya que se vio obligado a dejar su país. Busquen información sobre su vida, averigüen por qué escribe sobre estos temas y qué pasa hoy con su situación.
2. ¿Cuál es la diferencia entre un migrante y un exiliado, según Dora Schwarzstein?
3. ¿Qué interpretan de la poesía escrita por Juan Gelman? Gelman es muy conocido no solo como escritor; él y su familia atravesaron por una situación realmente compleja durante muchos años. Investiguen cuál fue esta situación, qué características tuvo y cuál fue su definición.
4. ¿A qué se refieren Bernetti y Giardinelli cuando dicen que los argentinos exiliados en México miraban a un país que había dejado de existir?

La posmodernidad

Hemos visto en qué contexto surge la posmodernidad y cuáles son algunas de sus principales características. A continuación analizaremos la opinión de cuatro autores que escriben en este período. Algunos de ellos están a favor; otros, en contra, o bien se limitan a hacer descripciones sin dar su opinión. En la actualidad, el estudio del caso de la posmodernidad es un tema no saldado, que es altamente discutido. Para ciertos autores, estamos, a comienzos del siglo XXI, en medio del movimiento. Otros, en cambio, aseguran que este nunca comenzó. Otros, que la posmodernidad terminó y ahora nos hallamos en la post-posmodernidad, o en el retorno de la Modernidad. Veamos de qué hablan Alain Touraine (sociólogo y filósofo francés), Piergiorgio Corbetta (epistemólogo italiano), Zygmunt Bauman (sociólogo y filósofo polaco) y el matrimonio formado por Ulrich y Elisabeth Beck (sociólogos alemanes).

"¿No tenemos acaso la impresión de vivir en un mundo fragmentado, en una no sociedad, porque la personalidad, la cultura, la economía y la política parecen ir cada una en una dirección que se aleja de las otras? (...) esta disociación de los sentidos y del sentido, de la economía y de la cultura define de la mejor manera posible la crisis de la modernidad?".

Alain Touraine, en André Gorz, *Miserias del presente, riqueza de lo posible*, Buenos Aires, Paidós, 1998.

"Podemos definir de manera muy simple [a la posmodernidad] a partir de lo que rechaza. El Modernismo, entendido como heredero directo del iluminismo: ejercicio crítico de la razón sobre el hombre, sobre la naturaleza y sobre la sociedad; confianza en la ciencia, basada en el orden y la racionalidad, en la simplicidad de la explicación científica y en el carácter acumulativo del saber. El Posmodernismo sería un 'ir más allá' (y en contra) de los logros del Modernismo, en una crítica que podemos sintetizar brevemente en cuatro puntos: a) rechazo de textos generales, universales, acusados de totalitarismo homogeneizante, de imperialismo cultural, de negación y represión de las diferencias entre las sociedades con el fin de perpetuar las aspiraciones hegemónicas del mundo y la cultura occidental, a favor de planteamientos y lenguajes teóricos múltiples en una exaltación de la fragmentación y de la no unidad de la explicación científica, b) rechazo de la mensuralidad, de la linealidad, de la simplicidad del conocimiento científico, a favor de la paradoja, de la contradicción, de la opacidad, de la visión de múltiples facetas alternativas e irreconciliables, c) exaltación de las diferencias, celebración de las diversidades, de la multiplicidad de verdades locales y contextuales, rechazo del carácter acumulativo de la ciencia, y d) exaltación de lo 'Otro', de lo distinto, de las minorías, identificación con los oprimidos, consideración del 'poder' como categoría explicativa que está en el origen de todas las relaciones y las estructuras sociales".

Piergiorgio Corbetta, *op. cit.*

"Tal como afirma Ralph Waldo Emerson, cuando uno patina sobre hielo fino, la salvación es la velocidad. Cuando la calidad no nos da sustén, tendemos a buscar remedio en la cantidad. Si el 'compromiso no tiene sentido' y las relaciones ya no son confiables y últimamente quien, nos inclinamos a cambiar la pareja por las redes. Sin embargo, una vez que alguien lo ha hecho, sentar cabeza se vuelve aún más difícil (y desalentador) que antes –ya que ahora carece de las posibilidades que podrían hacer que la cosa funcionara–. Seguir en movimiento, antes un privilegio y un logro, se convierte ahora en una obligación. Mantener la velocidad, antes una aventura gozosa, se convierte en un deber gravador. Y sobre todo, la fea incertidumbre y la insoportable confusión que supuestamente la velocidad ahuyentaría, aún siguen allí. La facilidad que ofrecen el descompromiso y la ruptura a voluntad no reduce los riesgos, sino que tan sólo los distribuye, junto con las angustias que generan, de manera diferente".

Zygmunt Bauman, *Amor líquido*, Buenos Aires, FCE, 2003.

"La vida moderna está convirtiendo cualquier aspecto que se considere –la religión, la naturaleza, la verdad, la ciencia, la tecnología, la moral, el amor, el matrimonio– en libertad precaria'. Toda metafísica y trascendencia, toda necesidad y certidumbre, están siendo sustituidas por la habilidad personal.

[...] la individualización es una condición social no alcanzable por libre decisión de los individuos. Adaptando la famosa frase de Jean-Paul Sartre, la gente está condenada a la individualización. La individualización es una compulsión, aunque paradójica, a crear y modelar no sólo la propia biografía, sino también los lazos y las redes que la rodean, y a hacerlo entre preferencias cambiantes y en las sucesivas fases de la vida mientras nos vamos adaptando de manera interminable a las condiciones del mercado laboral, al sistema educativo, al Estado de Bienestar, etcétera.

[...] El individuo, abrumado por los problemas, busca, halla y produce incontables autoridades que intervienen en la vida social y psíquica, las cuales, actuando como sus representantes cualificados, le ahorran la pregunta de 'quién soy y qué quiero?' y reducen así su miedo a la libertad'. Esto crea un mercado para las fábricas de respuestas, el boom de la psicología, los libros de autoayuda, en una palabra, toda una mezcla de culto esotérico, grito primordial, misticismo, yoga y Freud, que se supone atenúa la tiranía de las posibilidades, pero que en realidad la refuerza con sus mudas cambiantes".

Ulrich Beck y Elisabeth Beck-Gernsheim, *La individualización*, Barcelona, Paidós, 2001.

1. ¿Qué tiene que ver el "mundo fragmentado", del que habla Alain Touraine, con la posmodernidad?
2. ¿Cuál les parece que es la posición de Piergiorgio Corbetta con respecto a la posmodernidad? Justifiquen su respuesta.
3. ¿Cómo se puede relacionar la idea del "amor líquido" y la velocidad, de los que habla Zygmunt Bauman, con la posmodernidad?
4. ¿A qué se refiere el matrimonio Beck cuando habla de "miedo a la libertad" y "tiranía de las posibilidades"?

1. Vean la película "Goodbye Lenin" (Becker, 2003), y luego respondan las siguientes preguntas:
   a. ¿En qué época está ambientado el filme?
   b. ¿Cuál es su argumento?
   c. ¿Cómo se relaciona con la caída del Muro de Berlín y la desintegración de la URSS?
   d. ¿Qué hubieran hecho ustedes en caso de ocurrirles lo mismo que al protagonista?
   e. ¿Cómo le explicarían a una persona, en pocas palabras, las consecuencias del derrumbe del comunismo?
   f. ¿Qué ven de positivo y de negativo en todo ese proceso?

2. Redacten un texto en el que aparezcan los siguientes conceptos (además, pueden utilizar otros que les parezcan convenientes):
   - Dictaduras militares.
   - Plan Cóndor.
   - Pinochet.
   - Estados Unidos.
   - CIA.
   - América Latina.
   - Neoliberalismo.
   - Cuba.
   - Intereses internacionales.
   - Industrialización.
   - Crisis de 1973.

3. Escriban preguntas para las siguientes respuestas:
   a. La consecuencia fue el golpe militar de 1976.
   b. Estuvo íntimamente relacionado con el Mundial de Fútbol de 1978.
   c. El retorno a la democracia tras la Guerra de Malvinas.
   d. Una cifra incierta pero terrible de muertos y desaparecidos.
   e. Alfonsín.
   f. A la teoría de los dos demonios.
   g. La CONADEP y el *Nunca más*.
   h. La firma del Pacto de Olivos.
   i. La segunda presidencia de Carlos Saúl Menem.
   j. El gobierno de la Alianza.

4. Respondan las siguientes preguntas:
   a. ¿Por qué podemos decir que el neoliberalismo y el conservadurismo son complementarios?
   b. ¿Qué relación existe entre las crisis de la URSS y las reformas en la China comunista?
   c. ¿Cuál es el sistema político y económico de Rusia en la actualidad? ¿Cuáles fueron las modificaciones más importantes tras la caída de la URSS?

d. ¿Cuál es el problema que existe en Europa con respecto a los nacionalismos?
e. A qué llamamos posmodernidad?

5. Identifiquen las siguientes medidas gubernamentales. Al lado de cada una coloquen a qué período pertenecieron: dictadura militar (1976-1983) o retorno de la democracia (1983 en adelante).
   a. Censura.
   b. Combate a la guerrilla.
   c. Elecciones presidenciales.
   d. Eliminación del desorden.
   e. Implementación del Plan Austral.
   f. Intervención de los sindicatos y exclusión de dirigentes.
   g. Juicio a las juntas militares.
   h. Levantamientos carapintadas.
   i. Leyes de Obediencia Debida y Punto Final.
   j. Reducción del gasto, el empleo y el déficit del gobierno.
   k. Reforma constitucional.
   l. Represión generalizada.

6. Busquen información sobre las siguientes personas:
   a. Aldo Rico.
   b. Mohamed Alí Seineldín.
   c. Enrique Gorriarán Merlo.
   d. Jorge Born.
   e. Mario Firmenich.
   f. Rodolfo Galimberti.
   g. Osvaldo Soriano.

   ¿Qué lugar ocuparon durante el período 1976-1983? ¿Por qué fueron importantes años más tarde, a partir del retorno de la democracia?

7. A partir de las imágenes de la página 147, reflexionen sobre las siguientes cuestiones:
   a. ¿Por qué el arte pop fue el más exitoso de los años sesenta?
   b. ¿Qué referencias políticas, económicas, sociales y culturales pueden deducirse a partir de estos cuadros?
   c. Esas imágenes, ¿siguen teniendo vigencia en la actualidad? ¿Por qué?
   d. ¿A qué se debía la repetición que practicaba Andy Warhol con sus cuadros?
   e. ¿Por qué las historietas fueron consideradas como parte del *Pop Art*?

5

La globalización y las incertidumbres

¿Qué es la historia? Algunas personas dicen que es un montón de chismes inventados por los soldados que se la pasaron en un campo de fuego. Ellos dicen que tal cosa ocurrió. Ellos crean, ellos la agrandan, ellos la mejoran. Yo conozco combatientes que inventaron basura. Estoy seguro de que los vaqueros hicieron lo mismo. La naturaleza de los seres humanos es la exageración. Así, ¿qué es la historia? ¿Quién sabe?

Robert Rosenstone

El problema de las identidades

Es una vieja costumbre de la Universidad Carolina de Praga que se interprete el himno nacional de la persona que va a ser nombrado doctor *honoris causa* durante la ceremonia de investidura. Cuando me llegó el turno de recibir tanto honor, me pidieron que eligiera entre los himnos británico y polaco... Pues bien, no me resultó fácil dar una respuesta.

Inglaterra fue el país que yo elegí y que me eligió a mí a través de una oferta de trabajo como profesor universitario, una vez que ya no podía quedarme en Polonia, el país en el que nací, porque me habían arrebatado mi derecho a enseñar. Por allí, en Inglaterra, era un inmigrante, un recién llegado, y hasta no hace mucho tiempo, un refugiado procedente de un país extranjero, un extraño. Desde entonces me he nacionalizado ciudadano británico. ¿Pero se puede dejar de ser un recién llegado una vez que lo eres? No tenía intención alguna de pasar por inglés y ni mis estudiantes ni mis colegas dudaron jamás de que era un extranjero, un polaco para ser exactos. Este acuerdo tácito 'entre caballeros' evitó que nuestras relaciones se agriaran: al contrario, las hizo sinceras, fluidas y, en general, despedidas y cordiales. ¿Así que tal vez deberían haber interpretado el himno polaco? Pero eso también habría significado actuar de manera fraudulenta: treinta y tantos años antes de la ceremonia de Praga me habían arrebatado la ciudadanía polaca. Mi exclusión era oficial, iniciada y confirmada por el poder que tenía autoridad para diferenciar el 'dentro' del 'afuera', y entre los que eran de allí y los que no, así que ya no tenía derecho al himno nacional polaco...

Janina, mi compañera de toda la vida y una persona que ha dedicado mucha sustancia gris a las trampas y las tribulaciones de la definición personal (...) encontró la solución: ¿y por qué no el himno europeo? Sin duda, europeo sí que era y nunca había dejado de ser: nacido en Europa, que vive en Europa, que trabaja en Europa, que piensa como europeo y, lo que es más, hasta ahora no hay delegación de pasaportes europeo con autoridad para expedir o desestimar un 'pasaporte europeo', ni, por tanto, para conceder o denegar nuestro derecho a llamarnos europeos.

Nuestra decisión de pedir que se interpretara el himno europeo era 'inclusivo' y 'exclusivo' al mismo tiempo. Hacía alusión a una entidad que abarcaba los dos puntos de referencia alternativa de mi identidad pero, al mismo tiempo, anulaba, como menos relevantes o irrelevantes, las diferencias existentes entre ellas y, por lo tanto, también una posible 'ruptura de identidad'. Eliminaba como prioridad la identidad ('una oblita en términos de nacionalidad'): ese tipo de identidad de la que me han excluido y que me ha resultado inaccesible.

Zygmunt Bauman, Identidad, Buenos Aires, Losada, 2010.

---

1. ¿Cuál es el problema que enfrenta el sociólogo Zygmunt Bauman, según explica más arriba? ¿Ustedes podrían definir con claridad cuál es su propia identidad?

Algunas fechas para contextualizar

La caída del Muro de Berlín fue uno de los hechos más significativos del siglo xx.

Movilización del Movimiento de los Trabajadores Rurales Sin Tierra, en Brasil.

Hugo Chávez, Presidente de Venezuela.

Néstor Kirchner jura como Secretario General de Unasur.

1964	Surgimiento de las FARC (Colombia)
1968	Creación de la Organización para la Liberación de Palestina (OLP)
1970	Surgimiento del Movimiento de los Trabajadores Rurales Sin Tierra (Brasil)
1980	Surgimiento de Sendero Luminoso (Perú)
1981	IBM lanza al mercado las computadoras personales (PC)
1990-1991	Guerra del Golfo
1990-2000	Presidencias de Fujimori (Perú)
1992	Captura de Abimael Guzmán (Perú)
	Golpe de Estado fallido de Hugo Chávez (Venezuela)
1993	Nacimiento de la Unión Europea
1994	Entra en vigor el Tratado de Libre Comercio norteamericano (TLC o NAFTA)
	Aparición pública del Ejército Zapatista de Liberación Nacional (México)
1995	Creación del MERCOSUR
	Acuerdo Oslo II entre Israel y Palestina
1996	Gran Bretaña cede Hong Kong a China
1998	Surgimiento de Google
1999	Entra en vigencia el euro
	Comienzo de las presidencias de Hugo Chávez (Venezuela)
2001	Atentado a las Torres Gemelas
	Inicio de la Guerra de Afganistán
	Renuncia de De la Rúa (Argentina)
2001-2009	Presidencias de Bush (Estados Unidos)
2002-2003	Presidencia de Duhalde (Argentina)
2003-2007	Presidencia de Kirchner (Argentina)
2003-2010	Guerra de Irak
2006	Ejecución de Saddam Husein (Irak)
2007	Comienzo de la presidencia de Cristina Fernández (Argentina)
2009	Comienzo de la presidencia de Obama (Estados Unidos)
2011	Renuncia del presidente de Egipto Mubarak
	Inicio del conflicto en Libia y otros países de la región de Medio Oriente

El mundo después de la caída del Muro

Hasta finales del siglo XX el mundo vivió dividido entre capitalismo y comunismo. Esta barrera dejó de existir con la caída del Muro de Berlín y de la URSS. Desde entonces, solo unos pocos países plantearon una política no capitalista, aunque de todos modos supeditada al sistema-mundo hegemónico. El capitalismo se extendió vertiginosamente por países que poco tiempo antes habían sido socialistas, modificando su cultura y sus costumbres.

El desarrollo de nuevas tecnologías trajo consigo la globalización de la economía, que, si bien venía gestándose desde tiempo atrás, se afianzó a finales de siglo. Muchos países comenzaron a disputar mercados con otras regiones muy alejadas, en otros continentes, que exportaban sus productos o materias primas a costos mucho menores. Así surgieron la necesidad y la conveniencia de formar grandes bloques económicos, que se constituyeron a través de alianzas que abarcan lo político y lo económico.

En América se firmó el NAFTA o TLC (Tratado de Libre Comercio de América del Norte), un bloque comercial que une a Canadá, Estados Unidos y México, y que tiene como principal objetivo evitar ciertas barreras comerciales y burocráticas. Con la idea de ampliar ese tratado, Estados Unidos diseñó el ALCA (Área de Libre Comercio de las Américas), pensando en incluir a todos los países del continente, excepto Cuba. Finalmente el proyecto no prosperó, dadas las protestas de muchos líderes políticos que se oponían a un tratado realmente desfavorable.

Del mismo modo, en los últimos años fueron formándose otros grandes bloques de poder político y económico, en todo el mundo, como puede observarse en el siguiente mapa:

- Investiguen qué significan las siglas que dan nombre a los diferentes bloques económicos y qué países abarca cada uno.
- Elijan uno que aparezca en Asia, África u Oceanía y amplíen la información, explicando sus principales características, sus objetivos y las críticas que se realizan en su contra.

La Unión Europea

Uno de los proyectos más ambiciosos del siglo XX fue la conformación del bloque de la Unión Europea. La idea se fue gestando a lo largo del tiempo, pero fue implementada en 1993, con el Tratado de Maastricht, y a partir de allí se inició un período de crecimiento y también de crisis ideológicas, políticas y económicas.

La Unión Europea está compuesta actualmente por 27 países, donde viven más de 500 millones de personas, que desarrollaron conjuntamente un sistema de democracia representativa. Si bien continúan existiendo las fronteras entre los países que la componen, todos forman parte de un sistema mayor, que cuenta con un Parlamento multinacional y órganos legales que están por encima de los intereses nacionales, como tribunales y un Banco Central Europeo, además de una moneda común, el

Leguas habladas en la Unión europea

euro, que en la mayoría de los países reemplazó a las monedas antes existentes.

Además de los países miembros, hay candidatos oficiales, que son los que están siendo evaluados para ingresar en la UE, y candidatos potenciales, que son los que aún no cumplen los requisitos exigidos por la UE.

En parte, su formación estuvo relacionada con la necesidad de competir con otros grandes bloques económicos, especialmente con aquellos que lidera Estados Unidos. Pero también con el interés por mantener a Europa unida, tratando de evitar los conflictos (ideológicos, religiosos, étnicos) que surgen allí desde hace cientos de años, y que siguen vigentes, como lo demuestran las guerras de la ex Yugoslavia, los permanentes conflictos raciales, o los actos terroristas de instituciones independentistas, como el IRA en Irlanda, o la ETA en España.

Países miembros y candidatos de la Unión Europea

Actividades

• Investiguen qué significan las siglas TLC, MCCA, MERCOSUR y CARICOM, y qué países abarca cada uno de estos bloques. Elijan uno de ellos y amplíen la información, explicando sus principales características, sus objetivos y las críticas que se realizan en su contra.

El atentado a las Torres Gemelas

La dominación política y económica de Estados Unidos a escala mundial es bien vista por ciertos sectores sociales y repudiada por otros. El modelo político y económico que sustenta trae como consecuencia una enorme desigualdad social y pobreza extrema en muchas regiones del mundo, donde además hay un permanente intento por transformar las culturas locales, en el contexto de la globalización. En algunos países de la región de Oriente Medio, donde las principales potencias tienen intereses con relación al petróleo, esta situación ha desencadenado importantes conflictos agravados por diferencias religiosas y culturales.

El 11 de septiembre de 2001, un grupo de terroristas musulmanes tomó como rehenes a varios aviones que volaban sobre territorio estadounidense, conduciendo a dos de ellos a estrellarse contra las Torres Gemelas de Nueva York, uno de los grandes símbolos del capitalismo global. El atentado dejó miles de muertos y quien se lo adjudicó fue una agrupación extremista, Al Qaeda, liderada por Osama bin Laden. El personaje no era nuevo para la CIA, ya que había sido entrenado por esta agencia durante la guerra entre la URSS y Afganistán.

El atentado a las torres no fue el único. Desde hace varios años, y aún hoy, otras organizaciones terroristas llevan a cabo actos similares, generalmente en las ciudades más importantes de los estados capitalistas. En los últimos años, por ejemplo, hubo violentos atentados en centros neurálgicos de Madrid, Tokio, Londres, Jerusalén, Moscú, Bali y Buenos Aires (o la embajada de Israel y la AMIA).

Muchos críticos del sistema suponen que en ocasiones los atentados fueron conocidos de antemano por Estados Unidos, y hasta estimulados de manera encubierta. Esta opinión se basa en el hecho de que, cada vez que ocurrió un hecho similar, Estados Unidos aprovechó el contexto para iniciar guerras expansivas, salir de grandes crisis económicas o de legitimidad, y afianzarse como la principal potencia en el mundo. El recurso de utilizar un atentado como excusa para justificar acciones bélicas se empleó muchas veces a lo largo de la historia. Estados Unidos ingresó en la Primera Guerra Mundial cuando un submarino alemán lanzó torpedos a un barco estadounidense que trasladaba armas a Europa; en la Segunda Guerra Mundial lo hizo a partir del bombardeo japonés a Pearl Harbor. Del mismo modo, el atentado a las Torres Gemelas sirvió de excusa al entonces presidente George W. Bush para iniciar una "guerra defensiva" contra los enemigos de Estados Unidos".

Las torres se encontraban en el *World Trade Center*, que significa *centro de comercio mundial*.

Actividades

- ¿Cuáles fueron las consecuencias del atentado a las Torres Gemelas? Busquen información sobre las medidas que se tomaron en el interior de Estados Unidos y debatan sobre sus fundamentos.

Guerras en Afganistán e Irak

Inmediatamente después del atentado a las torres, Bush ordenó el ataque a Afganistán, el país asiático donde se suponía estaba escondido Osama bin Laden. Amparándose en un estatuto de la ONU que legitima el inicio de una guerra en defensa propia, Estados Unidos e Inglaterra comenzaron el bombardeo y el desembarco de tropas. El objetivo era encontrar al líder de Al Qaeda y arrestarlo, junto con los demás miembros de la organización, para enjuiciarlos por el atentado. Paralelamente, alegando causas humanitarias universales, se buscaba derrocar el régimen musulmán ortodoxo denominado talibán, que gobernaba Afganistán y no permitía el libre comercio de aquel país (estratégico por sus reservas de petróleo) con el mundo capitalista.

Poco tiempo después, a las operaciones de guerra se sumaron otros países miembros de la OTAN, que hasta el momento continúa allí, con cerca de 100.000 soldados de más de 40 países diferentes. En los diez años que lleva la guerra murieron más de 2000 militares de la coalición, pero muchísimas personas más entre los combatientes y civiles locales.

Anteriormente, el padre del presidente Bush (también llamado George Bush, que gobernó Estados Unidos entre 1989 y 1993) había iniciado una guerra contra otro país asiático, Irak, en 1990-1991, luego de que este invadiera a un pequeño estado petrolero, Kuwait. Esa guerra, conocida como la Guerra del Golfo, fue un enfrentamiento en el que Estados Unidos desplegó toda su nueva tecnología, siendo televisado en tiempo real a todo el mundo.

Dos años después de la invasión a Afganistán, en 2003, Estados Unidos inició una nueva guerra contra Irak. Bush (hijo) la justificó argumentando la existencia de un "Eje del Mal", compuesto por Afganistán, Irak, Irán y Corea del Norte. Con el pretexto de que en Irak se almacenaban enormes cantidades de armas de destrucción masiva, Estados Unidos, al frente de una coalición de países como el Reino Unido, España e Italia entre otros, lo invadieron y se mantuvieron allí hasta el año 2010, cuando sus tropas comenzaron a retirarse sin haber encontrado nada de lo que habían ido a buscar. Como consecuencia de esas acciones, el dictador iraquí Saddam Husein, quien gobernó aquel país desde 1979, fue detenido, condenado a muerte y ejecutado en 2006. Curiosamente, con Husein ocurrió algo similar a lo sucedido con Bin Laden, ya que pudo llegar al poder gracias al apoyo económico, logístico y militar de la CIA durante la década de 1970.

Las guerras llevadas a cabo por Estados Unidos, supuestamente dirigidas contra personas que en Occidente resultan repudiados (dictadores, terroristas, fundamentalistas, fabricantes y distribuidores de armas o drogas, etcétera), tienen consecuencias tremendas para la población civil: miles de personas inocentes mueren en los enfrentamientos y otros miles se convierten en refugiados que pierden su vivienda, su familia y su modo de vida. Paradójicamente, tras cada guerra, Estados Unidos se sigue imponiendo como potencia hegemónica y puede continuar digitando condiciones comerciales y políticas favorables a sus intereses.

El resurgimiento de ideas nacionalistas

Cuando Alemania perdió la Segunda Guerra Mundial contra las potencias aliadas, con Estados Unidos e Inglaterra a la cabeza, se estableció en casi todo Occidente la idea de que la forma de gobierno de mayor legitimidad era la democracia. Esta forma de gobierno es la que predomina en Europa y en Estados Unidos a partir de entonces. Sin embargo, en los últimos años comenzó a resurgir en Europa una importante adhesión a ciertas ideas intolerantes del nacionalismo de ultraderecha, identificables con las figuras de Hitler, Mussolini y Franco. Es importante aclarar que esta ideología no dejó de existir entre 1945 y la actualidad, sino que se mantuvo latente y fue poco difundida, posiblemente porque sus líderes no contaban con prestigio ni con las condiciones para hacer públicas sus propuestas.

Con las crisis económicas ocurridas en los últimos años y el aumento considerable de los niveles de inseguridad, poco a poco algunas ideas de la extrema derecha volvieron a adquirir fuerza y a circular en toda Europa. Organizados en partidos políticos, los representantes de estas ideas conservadoras se presentan a elecciones, obteniendo resultados significativos y, en algunos casos, accediendo al poder, como en Francia, Nicolas Sarkozy, o en Italia, Silvio Berlusconi. Directa o indirectamente, lo que la mayoría de ellos promueve es un retorno a algunos ideales nacionalistas que tienen como ejes la xenofobia y el racismo. Esto se traduce en políticas de rechazo a los inmigrantes, ya que consideran necesario cerrar sus fronteras a todas aquellas personas que provengan de otros países, aunque sean víctimas de la pobreza, la guerra o la falta de expectativas en su lugar de origen.

Si bien se amparan dentro de un sistema democrático y utilizan muchas de las estrategias populistas, mantienen un discurso basado en la libertad de mercado, complaciente con los grupos económicos dominantes, y adoptan medidas políticas y económicas de claro tono conservador. Una de las estrategias que utilizan para convencer a los electores es la tipificación del inmigrante, presentado como alguien que viene a sacarles el trabajo y a alterar las condiciones de bienestar de la sociedad europea. Estos prejuicios sirven para estimular el odio y la intolerancia, y conseguir la adhesión de los votantes. Uno de los puntos principales de cualquier discurso conservador de derecha es que el caótico mundo actual necesita de alguien que ponga orden y seguridad. Lo que no debe dejar de considerarse es que los aspectos del sistema denunciados por los representantes de esta ideología (caótico, inseguro, desordenado, etc.) son consecuencia de las medidas y acciones que fueron disfrutadas por los mismos grupos económicos que ellos defienden y que profundizaron la fragmentación social. Esto, que es parte de la realidad actual de Europa, es también un componente fuertemente instalado en las políticas de otros países desarrollados, como Estados Unidos.

Actividades

• Investiguen, organizados en grupos, qué partidos gobiernan actualmente en los países de Europa Occidental, registrando el nombre del partido, cuál es la situación socioeconómica del país y cuál es su política en relación con los inmigrantes.

La cuestión palestina

Como se vio en el primer capítulo, la creación del Estado de Israel en 1948 fue sumamente conflictiva. Un entramado de cuestiones ideológicas, económicas, religiosas e históricas, en el contexto de la Guerra Fría, desató el enfrentamiento entre Israel y muchos de los países árabes. En las décadas que siguieron a ese conflicto inicial, la paz fue siempre algo precario e inestable. Así como el Estado israelí pudo consolidar sus fronteras, miles de palestinos se vieron afectados por ese avance.

En el año 1993 se firmó un acuerdo entre el Estado de Israel y la OLP (Organización para la Liberación de Palestina), por el cual se estableció la formación de un estado autónomo palestino en la franja de Gaza y en Cisjordania. Pero este acuerdo no resolvió el conflicto, en primer lugar, porque hay zonas del territorio en disputa, ubicadas en Jerusalén, a las que ninguno de los dos pueblos está dispuesto a renunciar por motivos políticos y religiosos. Además, Israel siempre mantuvo el control de esos territorios a través de bloqueos económicos y de servicios esenciales, y por medio de la fuerte militarización de las fronteras. La escalada de violencia se fue incrementando en la región, con atentados suicidas de algunos grupos terroristas palestinos y ataques del ejército israelí que suelen provocar graves daños materiales y la muerte de miles de civiles de los dos pueblos.

En la actualidad, más de 4 millones de palestinos se encuentran refugiados, a la espera de una solución al conflicto que aún parece lejana.

Lo voz de los intelectuales

En este conflicto se conjugan elementos diversos. Nació como la disputa por un territorio entre dos movimientos nacionales con diferentes proyectos nacionales; provocó la intromisión de las potencias durante la Guerra Fría; con el tiempo implicó a otros actores regionales, ocasionando conflictos bélicos, y se complicó aún más al entremezclarse ideologías, religión, control de los recursos naturales...

A lo largo de los años se han enfrentado principalmente dos fuerzas desiguales: el Estado de Israel y un movimiento de liberación nacional, encarnado desde hace 30 años en la Organización para la Liberación de Palestina. Esta desigualdad ha permitido que Israel ocupase el territorio susceptible de ser la base del Estado palestino y mantuviera bajo control militar a la población árabe autóctona conculcando sus derechos fundamentales. La ocupación de Cisjordania y Gaza le ha valido a Israel la condena de la comunidad internacional, aunque esta haya sido incapaz de imponer sus resoluciones.

Además la cuestión palestina tiene una dimensión regional. La tensión entre Israel y sus vecinos incrementó los riesgos para la seguridad del área, en forma de militarización, presencia de población palestina refugiada y proliferación de grupos armados.

Isaías Barreñada, *Introducción al conflicto en Palestina*, en www.mundoarabe.org

Hambre y violencia en África

Si bien la violencia y la pobreza forman parte de la historia de la humanidad desde los tiempos más remotos, la situación que se vive en las últimas décadas en muchos de los países africanos es absolutamente límite. África, que históricamente fue un continente muy castigado por factores climáticos, se convirtió en un espacio de indigencia extrema, en el que más de 200 millones de personas sufren desnutrición y al menos 2 millones mueren de hambre cada año.

El proceso de descolonizaciones ocurrido a mediados del siglo XX fue en gran parte responsable de esta situación. Los países europeos que se habían instalado allí en el siglo XIX, se retiraron dejando a las regiones sumidas en una pobreza extrema, un caos administrativo y una anarquía política, que fue aprovechada por grupos locales de poder que se instalaron en los diferentes gobiernos de manera dictatorial. Los permanentes enfrentamientos entre facciones produjeron continuas guerras étnicas y religiosas, siempre condicionadas por los intereses económicos particulares.

Ese contexto se ve acompañado, además, por importantes sequías intensificadas por el cambio climático global, que tienen como consecuencia la alarmante falta de agua. Eso repercute directamente en la agricultura, ya que se torna cada vez más dificultoso obtener cultivos que contribuyan a la mejor alimentación de la población. De todos modos, si bien los factores climáticos son fundamentales para entender las problemáticas africanas, no son los únicos. La corrupción generalizada que afecta allí a prácticamente todos los países es un elemento fundamental que termina condicionando la situación, ya que gran parte de las inversiones y la ayuda humanitaria que se dirigen a África están mediadas por los mecanismos corruptos que impiden que eso llegue a sus destinatarios originales.

Otro de los puntos más preocupantes es el desmedido aumento poblacional. Entre 1975 y 2005, la población del continente pasó de 335 a 751 millones de personas, lo que complica las operaciones de ayuda internacional, ya que el número de personas aumenta a ritmo vertiginoso. Esto provoca hacinamiento, pésimas condiciones de vida e índices muy bajos de educación y de salud, que contribuyen a la proliferación de enfermedades como el SIDA, por ejemplo. En las regiones del sur de África, más del 30% de la población adulta es portadora del virus del HIV.

La desnutrición infantil es una de las caras más visibles de la pobreza.

Actividades

- ¿Qué situaciones y procesos históricos podrían mencionar que ayuden a entender las causas del hambre en África actualmente?
- Investiguen qué recursos naturales hay en el continente y qué sucede con ellos.
- Busquen en periódicos digitales de los últimos años qué sucedió con las revueltas populares en Egipto, Etiopía o Libia.

Los estudios poscoloniales

En las últimas décadas, algunos investigadores sociales comenzaron a reflexionar sobre las consecuencias del proceso de descolonizaciones que se inició después de la Segunda Guerra Mundial, cuando las grandes potencias europeas abandonaron sus colonias en otros continentes. Estos investigadores cuestionaron la herencia de esos imperios en las tierras conquistadas, algo que no solo se evidencia en las estructuras políticas, económicas y burocráticas, sino también en la ideología, los hábitos y la cultura.

Los argentinos, por ejemplo, somos mayoritariamente descendentes de europeos que fueron llegando a estas tierras en los diferentes procesos migratorios desde el siglo XVI. Sin embargo, anteriormente este espacio estaba ocupado por otras culturas, que fueron desplazadas o eliminadas: guerras, persecuciones, enfermedades, esclavitud, etcétera. Nuestra cultura es predominantemente europeísta en cuanto a la lengua, la alimentación y las costumbres, aunque incorporamos también algunas originarias de América, como el mate, por ejemplo.

Los estudios poscoloniales se ocupan precisamente de mostrar que cada persona tiene detrás de sí toda una larga tradición histórica, ideológica, de lenguaje y de costumbres, que habitualmente no reconoce, y que su pensamiento está condicionado por el pasado, las experiencias previas y una infinidad de factores invisibles que generalmente no llegamos a percibir. Todo esto, aseguran los estudiosos del poscolonialismo, contribuye a sostener y reproducir el discurso imperialista europeo, que se filtra sutilmente por nuestras palabras y nuestra visión del mundo sin que podamos percibirlo con nitidez.

El sentido común nos lleva a creer que en el mundo hay seres humanos blancos, negros, mestizos, indios. No los hay. Nosotros vemos como blancos o negros a individuos que en realidad no lo son. "Blanco" es una convención social: observe cualquier objeto blanco y desplace su mirada hacia una fotografía de personas a las que considera blancas. Reitere el contraste con aquellas a quienes considere negros. (...) En el transcurso de nuestra vida social adquirimos un lenguaje que clasifica las cosas y las personas. Y cuando vemos cosas y personas, deseamos que encajen en esas palabras. Si logramos que encajen es porque no pensamos su (¿?)cerdimiento.

Los distintos colores de piel existen, así como los diferentes cabellos o las distintas formas de nariz. Pero ningún rasgo físico tiene un significado intrínseco. Nosotros utilizamos esas diferencias para imaginar fronteras entre conjuntos de seres humanos, fronteras que son irreales dado que nosotros mismos las realizamos.

Alejandro Grimson, *Los límites de la cultura*, Buenos Aires, Siglo xxi, 2011

La globalización e Internet

Con la finalización de la Segunda Guerra Mundial, Estados Unidos y la URSS buscaron universalizar los sistemas políticos y económicos que defendía cada uno. Esa batalla se mantuvo hasta finales del siglo XX, cuando se hizo evidente que el comunismo había sido derrotado. Ese período de medio siglo fue, a la vez, una transición hacia una nueva etapa, la de la globalización. El capitalismo logró imponerse en prácticamente todo el mundo, unificando culturas que parecían no tener nada en común.

Las economías nacionales y regionales se encuentran cada vez más integradas entre sí, tal como analizamos al estudiar los grandes bloques económicos. Esto tiene consecuencias políticas, culturales, sociales, militares y tecnológicas, ya que los líderes mundiales deben replantearse nuevos modos de gobernar, muchas veces contrarios a las costumbres más tradicionales a las que pueden estar acostumbrados.

La globalización es un gran tema de conflicto y discusión. Algunos la defienden y estimulan, debido a que con ella se pueden instalar, en todo el mundo, ciertas pautas mínimas con respecto a los derechos universales como la democracia, la igualdad entre el hombre y la mujer, la prohibición de trabajo infantil, la educación obligatoria, la libertad religiosa, etcétera. Por otra parte, millones de personas se oponen rotundamente a la globalización y sus valores, ya que consideran que no son universales, sino propios de un Occidente que busca imponerlos al resto del mundo, como parte de un dominio político y económico no muy encubierto.

Una de las consecuencias más importantes de la globalización es el surgimiento de Internet, que, a la vez, es uno de sus principales motores de desarrollo. Internet es una puerta abierta al conocimiento, que, como toda propaganda de "libertad absoluta", debe ser medida con cuidado, al menos por dos motivos. El primero es que ninguna libertad es absoluta, nunca, ya que no todo está allí, como erróneamente suele decirse, y es muy importante que sus usuarios no pierdan conexión con la realidad: Internet es una herramienta fundamental del siglo XXI, pero no la única, ni la más importante. Esto es válido para pensar en el estudio, en las relaciones sociales, en el trabajo o en la comunicación. Por otro lado, el segundo elemento para tener cuidado es justamente una crítica poscolonial: cuando se navega por la Web hay que tener presente que lo que allí se ve y se lee fue escrito por alguien, probablemente desconocido, que está atravesado por intereses, ideologías, conveniencias, malestares, deseos, etcétera.

Es fundamental entender que, aun dentro de la globalización y de Internet, las subjetividades son algo precioso, y que la propia opinión debe ser algo para defender, confrontar y poner en permanente cuestionamiento, sabiendo siempre que cualquier palabra está condicionada por un entorno e invisible contexto.

Actividades

- Elaboren una lista con por lo menos cinco puntos positivos y cinco negativos de Internet. ¿De qué manera la Red puede resultarle útil a un estudiante en sus tareas escolares?
- ¿De qué manera la Red puede perjudicar a un estudiante en su proceso de aprendizaje?

El arte en el siglo XXI

El arte de finales del siglo XX y comienzos del XXI está marcado, como siempre ocurre, por el clima de época, por la situación política, económica, social y cultural que se vive en el momento. En este caso, la globalización y la posmodernidad influyen en los artistas, que buscan transmitir la idea de una época fragmentaria, inconclusa, abierta a sus múltiples posibilidades. Por supuesto, no hay una sola manera de definir el arte actual. Como decía Marcel Duchamp, "el arte tiene la bonita costumbre de echar a perder todas las teorías artísticas".

Algunos objetos de diseño son considerados obras de arte.

El arte del siglo XXI, a grandes rasgos, se caracteriza por ser conceptual. Es decir que las obras se convierten en ideas, en conceptos que transmiten algo más que lo que se ve a simple vista. Se dejan de lado los criterios de belleza e inmediatez, y se estimulan la percepción y la reflexión. Es muy común, además, la presencia de *happenings* y *performances*, donde los artistas mezclan fotografía, video, escultura, pintura, objetos cotidianos, modelos vivos, sonidos y aromas, haciendo que la posición pasiva del espectador se convierta en un *hacer* activo y participativo. También hay fuertes cercanías con el diseño, lo que puede comprobarse en las muchas tiendas en las que se venden objetos tradicionales con nuevos formatos, que son más *novedosos* que prácticos.

"La imposibilidad física de la muerte en la mente de algo vivo", de Damien Hirst.

Otros artistas van más allá, y buscan transgredir los límites del arte, exponiendo tiburones embalsamados en peceras gigantes ("La imposibilidad física de la muerte en la mente de algo vivo", del inglés Damien Hirst), jabones elaborados con grasa extraída de sus propios cuerpos mediante liposucciones (como "Savon de Corps", de la argentina Nicola Constantino), o hasta muestras con basura de ala amarillas.

Actividades

• Busquen información sobre Marcel Duchamp. ¿Quién fue? ¿Cuándo vivió? ¿Cuáles eran las principales características de su obra, que lo llevaron a ser un referente de la época? Observen algunas de esas obras. ¿Qué puntos encuentran en común con las del arte en el siglo XXI?

Las democracias en América del Sur

Con diferencia de algunos años, en la década del ochenta todos los países de América del Sur fueron saliendo de las dictaduras que los habían gobernado y retornaron a regímenes democráticos. Las experiencias de los diversos países tuvieron algunas características comunes, como la profundización del neoliberalismo instalado por los gobiernos de facto, la corrupción, los conflictos internos, recurrentes crisis económicas y la búsqueda dificultosa de un equilibrio político. Veamos tres casos representativos de la época.

Brasil salió de una dictadura de más de veinte años con José Sarney, quien sufrió una crisis económica hiperinflacionaria muy complicada y dedicó sus esfuerzos a fortalecer la democracia. Su sucesor, Fernando Collor de Mello, debió renunciar poco tiempo después de haber asumido, por acusaciones sobre corrupción y enriquecimiento ilícito, y fue reemplazado por otro polémico presidente: Itamar Franco. Brasil consiguió estabilizarse políticamente recién a partir del gobierno del siguiente presidente, Fernando Henrique Cardoso, quien gobernó hasta el 2003, cuando las elecciones favorecieron a Luiz Inácio Lula Da Silva –conocido como Lula–, un sindicalista muy respetado que se había presentado varias veces como candidato a presidente, y que en sus dos períodos como presidente de Brasil logró un crecimiento sin precedentes en la historia del país, y fue sucedido por la primera mujer presidenta de Brasil: Dilma Rousseff.

En Perú, donde existía una gran pobreza y una actividad guerrillera muy intensa, Alan García fue elegido presidente en 1985, y si bien consiguió terminar su mandato, las acusaciones de corrupción fueron un tema permanente y conflictivo. Su sucesor, Alberto Fujimori, gobernó hasta el año 2000. A las acusaciones de corrupción se sumaron muchas otras, que lo llevaron a huir del país y refugiarse en Japón, donde admitió no haber nacido en Perú, sino en aquel país. Finalmente fue extraditado a Perú, donde fue enjuiciado y encarcelado bajo diversos cargos, entre ellos, de tortura y de asesinatos. Estando preso, su hija se presentó como candidata a presidente para el período 2011-2016, pero fue derrotada en segunda vuelta por Ollanta Humala.

Chile pudo librarse de la opresión de Pinochet mediante un plebiscito en 1988, en el que el 56% de la población manifestó su deseo de que el dictador dejara el cargo. Un año después Pinochet abandonó el cargo. Las elecciones democráticas fueron ganadas por una alianza de partidos de centro-izquierda, la Concertación, que llevaba como candidato a Patricio Aylwin. A él lo sucedieron otros integrantes de aquella fuerza, Eduardo Frei, y los socialistas Ricardo Lagos y Michel Bachelet. En el 2010 quien triunfó fue el líder de derecha y empresario Sebastián Piñera.

Actividades

* ¿Qué puntos en común encuentran en estos tres casos? ¿Cuáles son las diferencias más importantes?
* Investiguen las sucesiones presidenciales y sus orientaciones políticas y económicas en Paraguay, luego de la dictadura de Stroessner.

Las réplicas del golpismo

Si bien las democracias pudieron retornar de manera casi simultánea en todo el Cono Sur, los intentos militares de llevar a cabo golpes de Estado fueron algo corriente en muchas de las regiones. En algunos casos esas revueltas fueron más serias que en otros, y muchas veces las manifestaciones bélicas tuvieron como objetivos principales presionar a los gobiernos democráticos, más que intentar derrocarlos. Un caso muy claro de esta situación es la que se vivió en la Argentina con los levantamientos carapintadas, como vimos en el capítulo anterior, donde los grupos sublevados buscaban imponerle al Gobierno exigencias con respecto a los juicios contra los militares que cometieron crímenes de lesa humanidad durante la dictadura, ciertos privilegios de las Fuerzas Armadas, criterios de elección de jerarquías, etcétera.

La primera aparición de Hugo Chávez en los medios de comunicación el mismo día del golpe.

En otros casos el intento golpista tenía otras aspiraciones. Es el caso de Hugo Chávez en Venezuela. Fundador del Movimiento Bolivariano Revolucionario 200, lideró el Caracazo, una serie de protestas contra el gobierno del presidente Carlos Andrés Pérez en 1989. En 1992 Chávez, militar de carrera, pasó a las armas y trató de derrocar al presidente, pero fue derrotado y encarcelado, y fue liberado dos años más tarde. En 1999 se presentó a elecciones democráticas y las ganó. A partir de entonces ha implementado una serie de medidas cercanas al socialismo, que generaron mucho malestar en ciertos grupos de poder, los cuales organizaron un nuevo golpe de Estado en el 2002, derrocándolo por unos pocos días. Desde entonces Chávez continúa como presidente, en medio de un clima de tensiones que hacen que la política venezolana sea sumamente incierta.

Con tanques en las calles, el presidente Alberto Fujimori anuncia en cadena televisiva la disolución del Congreso Nacional.

En Perú, Fujimori protagonizó una experiencia bastante particular, cuando en 1992 disolvió el Congreso de la República y suspendió las actividades del Poder Judicial. Alegando que la oposición le ataba las manos para tomar las medidas necesarias para solucionar los problemas de Perú, implementó tales medidas antidemocráticas con el apoyo de las Fuerzas Armadas, en lo que se conoce como un "autogolpe". La medida, paradójicamente, contó con un amplio aval de la población, que llegó a ser de 80% a su favor.

Otros intentos golpistas fueron los que buscaron derrotar a Evo Morales, presidente de Bolivia, en el 2008, y a Rafael Correa, presidente de Ecuador, en el 2010. Ambos casos tienen como factor común el hecho de que los dos presidentes se caracterizan por mantener, y en ocasiones implementar, un discurso de izquierda que, al igual que ocurre con el caso de Hugo Chávez, resulta intolerable para algunos grupos de poder que los consideran dirigentes populistas y que, apoyados por Estados Unidos, buscan conservar su influencia en la región.

La crisis de las deudas externas

Como hemos visto en los capítulos anteriores, las décadas que siguieron a la Segunda Guerra Mundial fueron muy activas en cuanto a la cantidad de préstamos que grandes bancos e instituciones crediticias otorgaron a los países de América Latina. Supuestamente el dinero que se entregaba estaba destinado a realizar grandes obras públicas, pero también era solicitado para pagar deudas externas, que los países acarreaban desde muchos años atrás. En la Argentina, por ejemplo, la deuda externa comenzó a existir a partir de un empréstito solicitado por Rivadavia, en 1821.

Sin embargo, esos préstamos traían consigo una serie de inconvenientes. En primer lugar, la corrupción hacía que grandes porcentajes de esas sumas desaparecieran en el camino, algo que ya ocurría en el siglo XIX y se intensificó durante el XX. En segundo lugar, muchas veces los intereses que aquellos bancos e instituciones ponían como condición del préstamo resultaban impagables. Esas sumas, que se acumulaban año a año, finalmente multiplicaban a las del crédito recibido, por lo que los países terminaban pagando las cuotas de los intereses, y no las del préstamo que habían solicitado. En tercer lugar, se presentaba una paradoja: para crecer económicamente, los países debían solicitar préstamos que les permitieran construir industrias, desarrollarse, etcétera. Pero, cuando el dinero llegaba, debía ser destinado al pago de otras deudas, con lo cual el crecimiento era postergado, no se podía avanzar con la economía, y era necesario pedir nuevamente dinero para subsistir.

Estos mecanismos circulares no son casuales. Los responsables frente financistas como los gobernantes que solicitan esos créditos) son muy conscientes de los efectos colaterales del procedimiento y, sin embargo, deciden llevarlo a cabo, priorizando sus intereses y los de las corporaciones o grupos de poder a los que representan. En las últimas décadas fue el Fondo Monetario Internacional (FMI) el principal impulsor de estas medidas. Sus dirigentes, aprovechando la necesidad imperiosa de los países en vías de desarrollo, impusieron durante muchos años las medidas políticas y económicas a seguir, asegurando que si los gobernantes aceptaban las recetas que ellos sugerían —que consistían, por ejemplo, en achicar el gasto público, privatizar empresas estatales y la extracción de recursos naturales, y ajustar salarios de trabajadores y jubilados—, las economías serían saneadas y cada Estado podría salir adelante.

La realidad muestra que los resultados son exactamente inversos, y que los países que se alinearon ortodoxamente a esos principios terminaron padeciendo grandes crisis económicas, como las que se vivieron en México (1994), Brasil (1999) o la Argentina (2001). Los mismos resultados pueden verse desde el año 2009 en otros países latinoamericanos, pero también en cualquier otro continente. Estas crisis de las deudas externas ponen en jaque las ideas tradicionales del neoliberalismo, que deberá implementar nuevas soluciones y recursos para poder continuar con sus acciones a escala global.

• Investiguen en diarios y en internet cuál es la relación entre las políticas crediticias mencionadas y las crisis económicas sufridas, en los últimos años, en Estados Unidos, España, Grecia y Portugal.

Desigualdad y exclusión social

América Latina continúa sufriendo una enorme desigualdad y exclusión social, en parte, por los efectos inmediatos y a mediano plazo de las crisis de las deudas externas, pero también por la explotación de la clase dominante de cada región. Esto puede verse en cualquiera de los países del continente, sin importar cuál sea su PBI (producto bruto interno), su índice de desarrollo y crecimiento, o la propaganda política que sus gobernantes muestran al resto del mundo. No existe ningún Estado latinoamericano donde la pobreza y la desigualdad no sean los ejes que atraviesan su cotidianidad. Y si bien es cierto que algunos países mantienen, desde hace años, ritmos de crecimiento realmente acelerados (como Chile y Brasil), la indigencia sigue siendo un tema altamente preocupante.

América Latina está marcada por la pobreza, entendiendo como tal no sólo la situación de ingresos de los hogares, sino también parámetros de acceso a servicios básicos. Esta característica, que ha sido una constante en el continente, obedece estrictamente a razones de tipo político-económico.

Hacia la década de 1970, el sector industrial comenzó a decaer en todo el mundo, se produjo un cambio en la economía mundial, que dejó de apostar a la industria y comenzó a fomentar el sector financiero, es decir, el movimiento de dinero a través de préstamos e inversiones.

La industrialización latinoamericana había sido un proceso limitado por la dependencia tecnológica y los capitales externos, y los países se vieron obligados a orientar sus economías nuevamente a la exportación de productos agrícolas.

Los grandes productores invirtieron en agroquímicos, semillas genéticamente transformadas y maquinarias, con el objetivo de aumentar su producción e integrarse al mercado mundial. Pero los pequeños productores y campesinos no tuvieron la capacidad de incorporar tecnología y debieron vender sus tierras. Al mismo tiempo, las nuevas formas de explotación requerían mucha menos mano de obra, por lo que muchos trabajadores rurales debieron migrar a los centros urbanos, incorporándose al mercado de trabajo en forma muy precaria e inestable.

A partir de la globalización, todos los países de América Latina tomaron créditos de organismos internacionales con tasas de interés flexibles, es decir que el porcentaje de interés que los bancos cobraban variaba en función de ciertas tasas tomadas como indicador por el banco acreedor. Esto provocó un aumento desmedido de las deudas y generó la imposibilidad de saldar los pagos, motivo por el cual los organismos de financiamiento impusieron a los países latinoamericanos la implementación de políticas económicas neoliberales que se apoyaban en fuertes reformas del Estado, como privatización de empresas nacionales y recorte del gasto público.

Estas políticas tuvieron muchas consecuencias negativas en la sociedad, aumentaron notablemente las cifras de desempleo y los niveles de pobreza.

La desigualdad social se evidencia en la segregación espacial. En todos los países latinoamericanos conviven los asentamientos marginales con barrios de gran categoría.

Sendero Luminoso

Sendero Luminoso comenzó a existir en la década de 1960, en las regiones centrales de Perú. En un principio se convirtió en una agrupación política de izquierda, seguidora del maoísmo chino, pero con el correr de los años fue cobrando más poder, reclutando más miembros y expandiéndose hasta abarcar en su área de influencia la mitad del territorio peruano. Para ese momento, Sendero Luminoso había pasado de las palabras a las acciones, transformándose en uno de los grupos guerrilleros más grandes y violentos de América.

Su presencia era temida por los campesinos, la policía, las Fuerzas Armadas y el Gobierno, que veían con terror un avance que parecía incontenible. Las propuestas de este grupo, al igual que las de Mao en China, consistían en derribar el capitalismo a través de una revolución popular campesina, instalar el comunismo, e imponer una serie de nuevos valores que debían ser respetados y seguidos por toda la población.

Sus zonas de influencia, siempre rurales, tenían la sierra como principal foco de acción. Desde allí reclutaban nuevos adeptos y asesinaban a sus opositores, fueran estos militares del Gobierno, o bien campesinos que no quisieran sumarse a la agrupación. Durante los años de influencia de Sendero Luminoso, especialmente a partir de la década 1980, fueron permanentes los actos terroristas, que convirtieron a Perú en uno de los países más inseguros de la región. Porque no solo la guerrilla cometía este tipo de actos, sino que el Estado organizaba continuamente operaciones similares, que tenían como meta disminuir las fuerzas de su enemigo y atemorizar a las poblaciones campesinas.

Estas, a su vez, formaron otras agrupaciones en defensa propia, que se oponían a cualquiera que ingresara a sus tierras. De este modo, la situación en Perú se volvió insostenible, ya que por momentos el territorio parecía ser una guerra de todos contra todos.

Finalmente, en 1992 Alberto Fujimori consiguió, operaciones de inteligencia mediante, conocer la ubicación del líder absoluto de la agrupación. Abimael Guzmán, un profesor de filosofía. Guzmán fue capturado y enjuiciado, y condenado a cadena perpetua. A partir de entonces Sendero Luminoso comenzó un paulatino proceso de desintegración, que tuvo como consecuencia la merma de sus integrantes y la disminución de sus actividades terroristas.

En la actualidad, si bien no se tienen noticias respecto de su actividad, se cree que la organización permanece oculta, con algunas centenares de miembros, en alguna parte del Amazonas peruano. Se estima que, en el período de las acciones de Sendero Luminoso, murieron en Perú alrededor de 70.000 personas, víctimas de la violencia tanto de la guerrilla como de la maquinaria estatal y del proceder de las ligas campesinas.

Bandera de Sendero Luminoso.

Actividades

• ¿Qué puntos en común encuentran entre los objetivos de Sendero Luminoso y las guerrillas en la Argentina? ¿Están de acuerdo con esos objetivos? ¿Y con la manera de llevarlos a la práctica? Argumenten las respuestas.

Las FARC

Las FARC (Fuerzas Armadas Revolucionarias de Colombia, o Ejército del Pueblo) son la guerrilla más antigua y numerosa de América Latina, fundada en 1964 y con cerca de 20.000 miembros activos en la actualidad, de los cuales, se cree, unos 9.000 son soldados armados y bien entrenados. Buscan instalar el sistema comunista en su país, y para ello combaten el capitalismo y los capitalistas con los medios que encuentran a su alcance. La enorme estructura con la que cuentan, y el largo tiempo que llevan operando en la zona, las convierten en una organización particularmente peligrosa, conocida en todo el mundo. No solo tiene miembros en Colombia, sino también en Venezuela, Panamá, Ecuador, Paraguay, Perú y Brasil.

Para recaudar fondos, las FARC cuentan con tres medios principales: el secuestro extorsivo de personas (colombianas o extranjeras), el robo y posterior venta de ganado, y el "impuesto al gramaje", que consiste en cobrarles un porcentaje a los cultivadores y productores de coca, según el peso de lo que cosechan. A esto se le suma la propia producción y venta de cocaína. En total, se estima que las FARC obtienen más de 1.500 millones de dólares anuales para financiar sus campañas terroristas.

A la guerra de guerrillas ya conocida en el mundo, las FARC le anexaron otras modalidades, como apariciones inesperadas en importantes ciudades, para generar pánico en la población. Algunos de sus secuestros tuvieron objetivos políticos. El más renombrado fue el de Ingrid Betancourt, capturada en el año 2002, cuando era candidata a presidente por Colombia, y liberada en el año 2008. Pero también se registraron otros secuestros seguidos de asesinatos de gobernadores, diputados y campesinos.

Las FARC constituyen un peligro innegable en la Colombia actual, pero no es el único. En un contexto sumamente complejo y delicado, aparecen también otras guerrillas de izquierda, el Ejército Nacional de Colombia, agrupaciones paramilitares financiadas por empresarios particulares, y una enorme red de narcotráfico, además de la presencia permanente de tropas de los Estados Unidos. En ocasiones, países vecinos, como Venezuela y Ecuador, de tendencias socialistas, se han hallado al borde de la guerra con Colombia, liderada en los últimos años por representantes activos de la derecha: Álvaro Uribe y Juan Manuel Santos. Los argumentos para estos incidentes fueron justamente incursiones de Colombia en esos países buscando campamentos de las FARC o bien acusaciones de proteger a la guerrilla. En un clima de violencia e inseguridad generalizadas, Colombia se ve atravesada por todos estos actores político-ideológico-militarizados, sin lograr establecer un proceso de paz y tranquilidad duraderos.

Bandera de las FARC.

Actividades

• Busquen en Internet opiniones y testimonios a favor y en contra de las FARC. Luego coméntenlos en la clase y confróntenlos con los de otros compañeros.

El Ejército Zapatista de Liberación Nacional

No todas las guerrillas siguen los mismos métodos. En 1994 surgió en uno de los estados más pobres de México, Chiapas, el Ejército Zapatista de Liberación Nacional (EZLN). Simbólicamente, su primera aparición pública coincidió con la fecha en que comenzaba a funcionar el Tratado de Libre Comercio de América del Norte (TLC).

Seguidores de las ideas revolucionarias de Emiliano Zapata, prócer de la Revolución mexicana de principios del siglo xx, estos guerrilleros promueven la defensa de los derechos de las poblaciones indígenas, muy numerosas en México. Buscan combatir el neoliberalismo e instalar un sistema más justo, basado en ideas comunitarias. Y si bien el EZLN es una organización armada, sus niveles de violencia no son comparables con los de otras guerrillas, como, por ejemplo, las FARC.

La voz de los protagonistas

Somos producto de 500 años de luchas: primero contra la esclavitud, en la guerra de independencia contra España encabezada por los insurgentes, después por evitar ser absorbidos por el expansionismo norteamericano, luego por promular nuestra Constitución y expulsar al Imperio Francés de nuestro suelo, después la dictadura porfirista nos negó la aplicación justa de leyes de Reforma y el pueblo se rebeló formando sus propios líderes, surgieron Villa y Zapata, hombres pobres como nosotros a los que se nos ha negado la preparación más elemental para así poder utilizarnos como carne de cañón y saquear las riquezas de nuestra patria sin importarles que estamos muriendo de hambre y enfermedades curables, sin importarles que no tengamos nada, absolutamente nada, ni un techo digno, ni tierra, ni trabajo, ni salud, ni alimentación, ni educación, sin tener derecho a elegir libre y democráticamente a nuestras autoridades, sin independencia de los extranjeros, sin paz ni justicia para nosotros y nuestros hijos.

Activistas del EZLN.

Pero nosotros HOY DECIMOS ¡BASTA!, somos los herederos de los verdaderos forjadores de nuestra nacionalidad, los desposeídos somos millones y llamamos a todos nuestros hermanos a que se sumen a este llamado como el único camino para no morir de hambre ante la ambición insaciable de una dictadura de más de 70 años.

[...] PUEBLO DE MÉXICO: Nosotros, hombres y mujeres íntegros y libres, estamos conscientes de que la guerra que declaramos es una medida última pero justa. Los dictadores están aplicando una guerra genocida no declarada contra nuestros pueblos desde hace muchos años, por lo que pedimos tu participación decidida apoyando este plan del pueblo mexicano que lucha por trabajo, tierra, techo, alimentación, salud, educación, independencia, libertad, democracia, justicia y paz. Declaramos que no dejaremos de pelear hasta lograr el cumplimiento de estas demandas básicas de nuestro pueblo formando un gobierno de nuestro país libre y democrático.

Declaración del EZLN del 1 de enero de 1994.

Los movimientos Sin Tierra

En las últimas décadas fueron apareciendo también otros movimientos sociales en la búsqueda de combatir las consecuencias del capitalismo global, en muchos casos evitando utilizar la violencia característica de las guerrillas. Uno de estos casos es el de los movimientos Sin Tierra, de los cuales la experiencia más desarrollada es la del Movimiento de los Trabajadores Rurales Sin Tierra (MST), en Brasil.

El MST surgió en la década del setenta, y desde entonces es una organización en permanente crecimiento; actualmente cuenta con más de un millón y medio de personas, en 24 de los 27 estados de Brasil. Su principal objetivo es la redistribución de tierras a trabajadores rurales que no las tienen, a fin de que cuenten con un medio de vida que les permita sostenerse dignamente.

Para eso formulan continuamente propuestas en pos de conseguir una reforma agraria.

El MST organiza acciones variadas, aunque no todas están dentro del marco de la ley: protestas callejeras en las ciudades, grandes manifestaciones, entrevistas con gobernantes regionales y nacionales, campamentos en zonas neutrálgicas, cortes de ruta, huelgas de hambre y, principalmente, la ocupación directa de terrenos considerados como improductivos. Estos, que suelen ser propiedades privadas o bien áreas estatales, se convierten en un campo de disputa, ya que sus dueños se niegan a cederlos, mientras que los movimientos sociales consideran legítima la usurpación, ya que hay que anteponer las necesidades básicas del ser humano a los intereses capitalistas de los propietarios.

Lo voz de los protagonistas

La concentración agraria en Brasil aumentó en los últimos diez años [...] El área ocupada por los establecimientos rurales mayores de mil hectáreas concentra más de 43% del espacio total cuando las propiedades con menos de 10 hectáreas ocupan menos de 2,7%. Las pequeñas propiedades están reduciéndose mientras crecen las fronteras agrícolas del agronegocio.

La estrategia de lucha del MST siempre se caracterizó por la no violencia, aun en un ambiente de extrema agresividad por parte de los agentes del Estado y de las milicias y sicarios al servicio de las corporaciones y del latifundio. Las ocupaciones tienen como objetivo presionar a los gobiernos para realizar la reforma agraria.

Se busca una agricultura socialmente justa, ecológica, capaz de asegurar la soberanía alimentaria y basada en la libre cooperación de pequeños agricultores. Eso sólo será conquistado con movimientos sociales fuertes, apoyados por la mayoría de la población brasileña.

Manifiesto público de parte de numerosos intelectuales y artistas
en defensa del MST de Brasil, 23/10/09.

Actividades

* ¿Cuáles son las grandes diferencias entre las guerrillas como las FARC o Sendero Luminoso, el EZLN y los movimientos "Sin Tierra"? ¿De qué modo organizarían ustedes reclamos sin transgredir las leyes vigentes?

Las migraciones

Las migraciones fueron siempre una constante en América Latina, desde los primeros pobladores, pasando por los siglos de la conquista española y portuguesa, hasta la instalación masiva de europeos desde finales del siglo XIX hasta la actualidad.

En las últimas décadas, los europeos dejaron de llegar para "hacer la América", ya que el continente se fue empobreciendo progresivamente y dejó de ser atractivo. Además, el flujo migratorio se revirtió, ya que muchos americanos se trasladaron a Europa en busca de mejores condiciones laborales. Asimismo, se comenzaron a registrar grandes movimientos migratorios dentro del continente, generalmente desde países con mayores índices de pobreza, violencia y falta de trabajo. Muchos de sus habitantes, huyendo de las malas condiciones de vida, prefieren emigrar, con los enormes cambios y abandonos que esto implica, aprovechando las redes sociales que se generan con otros compatriotas que ya dejaron el lugar de origen tiempo atrás. En ocasiones pueden mejorar su nivel de vida, pero en muchas otras el nuevo destino resulta peor que el punto de partida.

La voz de los intelectuales

Los movimientos migratorios latinoamericanos son el resultado de la conjunción de una amplia serie de factores de índole histórica, política, económica, cultural y demográfica. Desde la época colonial hasta mediados del siglo XX la región se caracterizó por un amplio contingente de población inmigrante especialmente proveniente del sur de Europa. Otro grupo humano importante en la región llegó forzadamente bajo el tráfico esclavista. Otros inmigrantes de la región fueron, en menor medida, chinos y japoneses.

A partir de la década de 1950, lentamente, la región dejó de ser receptora de migración para convertirse en expulsora. Hoy la migración internacional es la gran válvula de escape allí donde no se consigue generar opciones de desarrollo genuinas. Los ciudadanos se movilizan en busca de oportunidades personales, laborales, económicas y sociales, aunque en muchos casos las condiciones de vida en los nuevos países son de mala calidad y se vulneran sus derechos humanos.

Patricia Gainza, "Tendencias migratorias en América Latina", en www.globalizacion.org

El extranjero no está siempre del otro lado de la frontera; también la ha cruzado para venir a vivir con nosotros. El extranjero somos nosotros cuando arribamos a otra parte, cuando "otra parte" no solo significa otro espacio físico distante sino otra espacialidad simbólica.

Alejandro Grimson, óp. cit.

Actividades

- ¿Cuáles son las ideas principales de Patricia Gainza y de Alejandro Grimson en estos textos breves? ¿Conocen historias de migrantes de otros países en sus familias, en sus barrios o en la escuela? ¿Qué motivos determinaron la migración?

Un continente incierto

El futuro de América Latina es incierto. Las realidades sociales son analizadas permanentemente por estudiosos del tema, investigadores, periodistas, críticos internacionales, y ninguno de ellos puede realizar un pronóstico que cuente con un consenso mínimo. Los análisis difieren entre sí, y lo que parecería ser seguro un día, cambia totalmente al día siguiente. De la misma manera que los meteorólogos difunden un pronóstico climático que luego es muy diferente del previsto, los politólogos, economistas y partidos del contexto latinoamericano ven modificarse la situación de modos imprevistos. Esto no es nuevo, por supuesto, sino que forma parte de ciertas estructuras vinculadas a la historia del continente desde hace muchos años, tal vez desde el proceso de independencias en el siglo XIX.

En la actualidad muchos países cuentan con gobiernos de izquierda o centro-izquierda, con mayor sensibilidad para afrontar los problemas de los sectores más desfavorecidos, algo inviable unas décadas atrás. Pero, a la vez, conviven en el mismo espacio partidos de derecha que también acceden a los gobiernos y los puestos jerárquicos del poder, y presionan desde sus lugares para mantener las estructuras neoliberales. En algunos Estados, el clima político parecería ser más estable que en otros, pero las contingencias internacionales y las tensiones entre intereses sectoriales poco compatibles hacen que ese equilibrio sea muy frágil.

Estas tensiones se van manifestando a diario en diferentes conflictos, como el intento de un golpe de Estado en Ecuador durante el gobierno de Correa, la idea de realizar una amnistía a los militares pinochetistas en Chile con el gobierno de Piñera, los enfrentamientos entre Evo Morales y la derecha tradicionalista y petrolera en Bolivia, etcétera.

Cada país posee algunos conflictos que son muy particulares y distintivos de su historia. Pero, a la vez, todo el continente está marcado por una historia común, quien atienda a la conquista pero que se homogenizó en gran parte a través de ella. El control español y portugués primero, luego la influencia inglesa y francesa, y, finalmente, la hegemonía estadounidense son condicionantes de la política, la economía, la educación, los movimientos militares, las acciones culturales y las manifestaciones sociales en toda Latinoamérica. Todas esas influencias, reales y contundentes, no determinan el futuro de cada país, pero sí lo condicionan.

La voz de los intelectuales

Es mucha la podredumbre para arrojar al fondo del mar en el camino de la reconstrucción de América Latina. Los despojados, los humillados, los malditos tienen, ellos sí, en sus manos, la tarea. *La causa nacional latinoamericana* es, ante todo, una causa social: para que América Latina pueda nacer de nuevo, habrá que empezar por derribar a sus dueños, país por país. Se abren tiempos de rebelión y de cambio. Hay quienes creen que el destino descansa en las rodillas de los dioses, pero la verdad es que trabaja, como un desafío candente sobre las conciencias de los hombres.

Eduardo Galeano, *Las venas abiertas de América Latina*, Buenos Aires, Siglo XXI editores, 2010.

La literatura latinoamericana después del *boom*

A fines de los años ochenta, comenzó a aparecer en la literatura latinoamericana una necesidad, por parte de algunos escritores jóvenes, de despegarse del *boom* latinoamericano que había marcado el panorama local en las décadas anteriores. Surgieron entonces, bajo la luz del nuevo contexto social y cultural, nuevas tendencias literarias.

El realismo mágico dio paso a un realismo más crudo, a situaciones cotidianas ambientadas ya no necesariamente en las áreas rurales, sino en las grandes ciudades. Gran parte de todo este movimiento, espontáneo y generalizado, fue retratado por Alberto Fuguet y Sergio Gómez, dos escritores chilenos que compilaron un libro con otros escritores latinoamericanos. Ese libro se llamó *McOndo*, una parodia del gran referente del *boom*, *Cien años de soledad*, de Gabriel García Márquez, que estaba ambientado en un pequeño pueblo llamado, precisamente, Macondo.

La voz de los protagonistas

Sobre el título de este volumen de cuentos no valen dobles interpretaciones. Puede ser considerado una ironía irreverente al arcángel San Gabriel (por Gabriel García Márquez), como también un merecido tributo. Más bien, la idea del título tiene algo de llamado de atención a la mirada que se tiene de lo latinoamericano. No desconocemos lo exótico y variopinto de la cultura y costumbres de nuestros países, pero no es posible aceptar los esencialismos reduccionistas, y creer que aquí todo el mundo anda con sombrero y vive en árboles. Lo anterior vale para lo que se escribe hoy en el gran país McOndo, con temas y estilos variados, y mucho más cercano al concepto de aldea global o mega red.

El nombre (¿marca registrada?) McOndo es, claro, un chiste, una sátira, una talla. Nuestro McOndo es tan latinoamericano y mágico (realista) como el Macondo real (que, a todo esto, no es real sino virtual). Nuestro país McOndo es más grande, sobrepoblado y lleno de contaminación, con autopistas, metro, tv cable y barriadas. En McOndo hay McDonald's, computadores Mac y condominios, amén de hoteles cinco estrellas, construidos con dinero lavado y malls gigantescos.

[...] Vender un continente rural cuando, la verdad de las cosas, es urbano (más allá de que sus sobrepobladas ciudades sean un caos y no funcionen) nos parece aberrante, cómodo e inmoral.

Lo que nosotros queremos ofrecerle al público internacional son cuentos distintos, más atomizados si se quiere, de un grupo de nuevos escritores hispanoamericanos que escriben en español, pero que no se sienten representantes de alguna ideología y ni siquiera de sus propios países. Aun así, son íntimamente hispanoamericanos. Tiene esa prisma, esa forma de situarse en el mundo.

Alberto Fuguet y Sergio Gómez, *Prólogo a McOndo*, Barcelona, Mondadori, 1996.

La Argentina después del 2001

Tras la caída estrepitosa de la Alianza en el 2001, la sucesión vertiginosa de presidentes y el gobierno provisorio de Duhalde, en 2003 se realizaron nuevamente elecciones presidenciales. El clima político estaba muy enrarecido después de la crisis, y no había ningún candidato con demasiado peso. En la primera vuelta electoral, quien sacó más votos fue el expresidente Menem, con el 24,4%. Como la Ley establece un porcentaje mínimo para que haya un ganador, y él no lo cumplía, se llamó a una segunda vuelta, en la que participarían Menem y el gobernador de Santa Cruz, Néstor Kirchner, que había quedado en segundo lugar. Las encuestas previas daban ampliamente ganador a este último, lo que motivó que Menem se bajara de su candidatura y así Kirchner fuera elegido presidente con solamente el 22,2% de los votos: la cifra más baja con la que un gobernante ocupó ese cargo en la Argentina, aun por debajo de los votos que obtuvo Arturo Umberto Illia en 1963.

Néstor Kirchner gobernó desde el 2003 hasta el 2007, y fue sucedido por su mujer, Cristina Fernández. Representantes de un peronismo de centro-izquierda, los gobiernos Kirchner comenzaron contando con muy poco apoyo popular, lo que motivó que rápidamente empezaran a tejer alianzas estratégicas con diversos sectores políticos y económicos. Sus medidas estuvieron centradas en realizar una progresiva redistribución de la riqueza, reducción de la pobreza y del desempleo, y mejora de la calidad de vida de las clases bajas. Si bien todo esto resultó muchas veces insuficiente si se considera todo lo que se necesita para revertir la inequidad, los resultados tuvieron saldos positivos, por lo menos en comparación con los gobiernos de años anteriores. Muchas de las medidas de carácter redistributivo pudieron ser implementadas gracias a una reactivación de la economía en el ámbito regional, en la que gran parte de América del Sur se vio beneficiada.

Los gobiernos Kirchner se caracterizaron por volver a estatizar empresas privatizadas y aplicar estímulos para las industrias nacionales, a través de una devaluación de la moneda que sirvió para privilegiar las exportaciones por sobre las importaciones. Otro de los puntos más importantes fue la cancelación de la deuda externa que la Argentina mantenía con el FMI, despegándose así de las exigencias que esa institución venía aplicando al país desde mediados del siglo XX.

Con el correr de los años, el kirchnerismo se fue afianzando en el poder y se convirtió en el principal actor político de la década, ganando tantos amigos como enemigos a escala local e internacional. La situación no se modificó, pese a las especulaciones, con la inesperada muerte de Néstor Kirchner, el 27 de octubre de 2010.

Estos gobiernos no estuvieron exentos de acusaciones de corrupción, malversación de fondos, complots, censura, estímulos a la inflación y falseo de datos (sobre todo, en el INDEC). Estos son temas candentes de la política argentina, y requieren de cierta distancia temporal para ser analizados desde una perspectiva historiográfica.

Asunción de la presidenta Fernández de Kirchner.

Las políticas de la memoria

Si bien muchas de las medidas implementadas por Néstor Kirchner y Cristina Fernández fueron controvertidas, probablemente ninguna lo haya sido tanto como aquellas que se asocian a las políticas de la memoria. Bajo sus mandatos revocaron las leyes de Obediencia Debida y Punto Final, anulando amnistías, juicios, indultos y otros fallos judiciales. Esto permitió reabrir causas penales en contra de los militares y otros sujetos comprometidos con violaciones a los derechos humanos durante la última dictadura militar.

Así, comenzó toda una nueva serie de procesos judiciales en los que se reabrieron viejas causas y se iniciaron otras. Los principales responsables de los crímenes de lesa humanidad durante la década del setenta empezaron a ser juzgados. En la mayoría de los casos, se los encontró culpables, siendo sus condenas un elemento material y simbólico muy importante, y que a la vez generó un clima de debate permanente acerca de qué hacer con respecto a la memoria y sus consecuencias en la vida cotidiana de un país.

La voz de los intelectuales

Paul Ricoeur plantea una paradoja. El pasado ya pasó, es algo ya determinado, no puede ser cambiado. El futuro, por el contrario, es abierto, incierto, indeterminado. Lo que puede cambiar es el sentido de ese pasado, sujeto a reinterpretaciones ancladas en la intencionalidad y en las expectativas hacia el futuro. Ese sentido del pasado es un sentido activo, dado por agentes sociales que se ubican en escenarios de confrontación y lucha frente a otras interpretaciones, otros sentidos, o contra olvidos y silencios. Actores y militantes "usan" el pasado, colocando en la esfera pública de debate interpretaciones y sentidos del mismo. La intención es establecer / convencer / transmitir una narrativa, que pueda llegar a ser aceptada.

Elizabeth Jelin, *Los trabajos de la memoria*, España, Siglo xxi, 2001.

El pasado es siempre conflictivo. A él se refieren, en competencia, la memoria y la historia, porque la historia no siempre puede creerle a la memoria, y la memoria desconfía de una reconstrucción que no ponga en el centro los derechos del recuerdo (derechos de vida, de justicia, de subjetividad).

[...] Del pasado no se prescinde por el ejercicio de la decisión ni de la inteligencia; tampoco se lo convoca simplemente por un acto de voluntad. El regreso del pasado no es siempre un momento liberador del recuerdo, sino un advenimiento, una captura del presente.

Proponerse no recordar es como proponerse no percibir un olor, porque el recuerdo, como el olor, asalta, incluso cuando no es convocado. El legado de no se sabe dónde, el recuerdo no permite que se lo desplace; por el contrario, obliga a una persecución, ya que nunca está completo.

Beatriz Sarlo, *Tiempo pasado*, Buenos Aires, Siglo xxi, 2005.

Los nuevos movimientos sociales

En las últimas décadas comenzaron a aparecer nuevos movimientos sociales, que se sumaron a los muchos preexistentes, como los movimientos obreros, estudiantiles, feministas, ecologistas, etcétera. Si bien su formación es consecuencia de otras experiencias históricas, a partir de la crisis del 2001 muchos de ellos fueron impulsados por las circunstancias, y a partir de entonces comenzaron a cobrar cada vez más fuerza.

Su principal característica suele ser que buscan convertirse en grupos de presión para que el Estado adopte determinadas medidas, ya sean sociales, económicas, educativas, políticas, etcétera. En una Argentina que cuenta con alrededor de cuatro millones de pobres, estos movimientos proliferan cada vez más, especialmente en las áreas urbanas. Las exigencias están ligadas a la creación de nuevos puestos de trabajo y a la construcción de viviendas para aquellos que no disponen de una. Actualmente el Estado responde distribuyendo planes sociales, cuestionados por algunos sectores, con los que se ven beneficiados unos dos millones de personas.

Los nuevos movimientos sociales son muy variados y heterogéneos, y responden a distintos intereses políticos y pensamientos ideológicos. Algunos de los más recientes son los que nuclean a los piqueteros, a las asambleas barriales (que tuvieron un momento de furor luego del 2001 y luego decayeron), a los trabajadores agrupados en torno a empresas recuperadas por ellos mismos, a los campesinos que luchan por obtener tierras para cultivar y a otras agrupaciones que buscan difundir la cultura a través de un modelo no neoliberal, como puede ser, por ejemplo, el caso de las ferias de libros independientes. Otras, en cambio, luchan por obtener reconocimiento de sus derechos sexuales, como sucedió con la ley que aprobó el matrimonio igualitario entre personas del mismo sexo.

La voz de los intelectuales

Los orígenes de la protesta social actual son múltiples, aunque puede señalarse un punto de partida común en la desarticulación de la sociedad de trabajo, el aumento de la pobreza, la retirada del Estado como promotor y garante del bienestar, la descentralización de los servicios de salud y educación y la crisis de representación política que acompañó el proceso abierto tras la retirada de los militares del poder, así como la dificultad de las clases dirigentes y de los partidos políticos (sean ellos los tradicionales o de izquierda) para dar respuesta a las legítimas demandas de la sociedad y para promover y generar consensos básicos alrededor de las bases sobre las que debía producirse la reorganización del Estado nacional.

Corte de ruta en el Gran Buenos Aires.

Mirta Zaida Lobato, "Lo nuevo y lo viejo en la protesta social", en *Entrepasados*, N.° 22, Año XI, 2002.

La voz de los intelectuales

Maristella Svampa, socióloga, cree que hay una campaña que estigmatiza y simplifica el fenómeno piquetero con mala fe. Las clases medias, dice, encuentran en los desocupados organizados el fantasma de la decadencia. Autora, con Sebastián Pereyra, del libro *Entre la ruta y el barrio*, busca dar a conocer el trabajo comunitario y la dinámica asamblearia de muchos grupos piqueteros que hoy son minimizados. [...]

—¿A qué se refiere cuando habla de un discurso simplificador?

—Me parece inquietante la campaña que se ha montado desde varios medios y sectores políticos de derecha que intentan instalar la imagen de una democracia jaqueada por los piqueteros. Hay que dar vuelta el argumento: veinte años de democracia han dado cuenta de un despojo de derechos que la protesta piquetera vino a poner de manifiesto.

[...]

—¿Por qué se elige estigmatizar a los piqueteros?

—Eso se origina en una demanda de "normalidad institucional" que recurre a ciertos sectores e involucra una peligrosa simplificación de los fenómenos sociales. El movimiento piquetero aparece como una alteridad amenazante, lo anormal, en la cual se proyecta el fantasma de la decadencia social.

—¿Qué involucra ese reclamo de normalidad institucional?

—En el imaginario de las clases medias argentinas implica, además de integración social y transparencia, la idea de retorno a condiciones de vida perdidas. Pero hay que hacerse cargo: esta sociedad tendrá altos índices de desocupación y no volveremos a ser lo que éramos. Es positivo que los desocupados estén organizados y el no reconocerlos, el negar legitimarlos, requieren apoyo de las clases medias y otros sectores políticos.

—¿Cómo evalúa usted la política de distribución de subsidios sociales?

—Desde su origen los piqueteros demandaron trabajo. El gobierno menemista respondió con planes. Esa demanda se institucionaliza y da cuenta de las escasas posibilidades del modelo neoliberal de satisfacer el reclamo de trabajo. Hoy los planes son la única vía para la sobrevivencia. Ahora la política asistencial los alienta, es paliativos, es central en la relación con los sectores desfavorecidos, ya no se da vía sindicatos. Aun el Plan Jefas y Jefes consolida la política asistencial y, además, no es universal.

—¿Qué consecuencias tiene esta preeminencia del asistencialismo?

—El Estado neoliberal desarrolla estrategias de contención del conflicto social, sin que ninguna apunte verdaderamente a la integración o resolución de los reclamos. Y en la medida en que los sectores populares están cada vez más subsidiados queda abierta la puerta al clientelismo.

Entrevista de Irina Hauser a Maristella Svampa, *Página/12*, 2 de diciembre de 2003

Actividades

- ¿Qué función cumplen los movimientos sociales mencionados en estas páginas? ¿Qué piensan sobre las medidas que deberían tomar los gobiernos con respecto a los planes de trabajo y de vivienda? ¿Qué opinan sobre los piquetes y otras formas de manifestaciones?

La ESMA

La ESMA (Escuela de Mecánica de la Armada) fue el centro de detención clandestino más grande e importante durante la última dictadura militar. Por sus salas pasaron más de cinco mil detenidos-desaparecidos, lo que la convierte en uno de los símbolos más emblemáticos de la época. Con el retorno de la democracia fue clausurada, y en 2004 volvió a abrir sus puertas, pero con el nombre de "Espacio para la Memoria y para la Promoción y Defensa de los Derechos Humanos". La ESMA fue convertida en un museo que busca dejar un registro permanente de los crímenes de la dictadura y las consecuencias que ello tuvo en la historia argentina. Todo esto generó un enorme debate social, ya que se trata de un espacio disputado por diferentes actores, que responden a diferentes ideologías e intereses.

A continuación se presentan tres fuentes que hacen alusión a este edificio con sus diferentes significados y funcionalidades.

Del horror a la memoria

"Regreso a las tierras que a uno lo vieron nacer. De ahí al primer acto de nuestra realidad: en la ESMA, presentación del libro Historia del Terrorismo de Estado en la Argentina. La desapareció fantasía de la realidad. La historia de toda la crueldad presentada en el antro de la máxima y cobarde ignominia de nuestra historia. Que constituieron las denominadas Fuerzas Armadas. En este caso, la marina de guerra, de uniforme azul, camisa blanca y manchas de sangre que nunca podrán borrar. Massera. Astiz y algunos apodados 'tigres', sí, tigres que atacaron a Madres que llevaban como única arma pañuelos blancos en sus cabezas. La ESMA, un antro de perversión absoluta, donde se pisoteó la nobleza humana en todas sus ideas y generosidades. Antes de preguntar ¡Qué nos pasó a los argentinos desde aquellos generosos llamados del 25 de Mayo de 1810?, me paran por esos patios. Auschwitz, ESMA. Pienso en esas tres primeras Madres: Azucena, Mary y Esther, tiradas en el suelo durante el invierno, en un calabozo para una sola persona, sin mantas para cubrirse. Y, después, llevadas a un avión de la 'gloriosa' marina de guerra argentina, y arrojadas con vida al mar. La máxima hazaña de nuestros marinos en su historia contemporánea.

La ESMA. Ahora un ámbito para la cultura, el debate de las ideas, el recuerdo de las acciones a fin de lograr el 'Nunca Más' para nuestros hijos, nietos y todas las generaciones que habiten en una tierra que sea sede de la paz eterna y el respeto por la vida.

La lucha de las Madres ha convertido a la ESMA de la más siniestra mazmorra de nuestra historia en una casa del saber y la esperanza. Camino por sus patios. Me encuentro con el Walsh aquel de los fraternos abrazos. Pienso: aquí respiró su último aire de vida. Mataron la mente más clara, la mano más generosa. La esperanza con seis alas […]".

Osvaldo Bayer, fragmento de la contratapa de *Página/12*, del 27 de marzo de 2010

Un espacio para la memoria

"Durante la última Dictadura, la Escuela de Mecánica de la Armada ('ESMA'), ubicada en la zona norte de la Ciudad de Buenos Aires sobre la Avenida del Libertador y muy próxima a la costa del Río de la Plata, funcionó como un Centro Clandestino de Detención, Tortura y Exterminio en el que se calcula que estuvieron secuestradas alrededor de cinco mil personas.

(...) Todo el predio estuvo involucrado en la acción represiva, ilegal y clandestina realizada por la Armada como parte del accionar del Terrorismo de Estado, pero las funciones principales de la 'ESMA' se centralizaron en el Casino de Oficiales. Inclusive se llevó alternativamente prisioneros a algunos otros edificios, como el Pabellón Central, la enfermería, la imprenta, el taller mecánico y el Pabellón Coy. El Casino fue el lugar más importante de concentración y tortura de los detenidos-desaparecidos, al mismo tiempo que funcionó como dormitorio de los oficiales y como espacio de oficinas de inteligencia y de los rangos superiores de la armada.

(...) También existió una maternidad clandestina en la que fueron recluidas y dieron a luz prisioneras secuestradas (...) Al momento del parto eran asistidas por médicos y enfermeras destinados a la 'ESMA' y por otras secuestradas; en caso de complicaciones eran llevadas al Hospital Naval. Poco después de su nacimiento los bebés eran separados de sus madres y, en la mayor parte de los casos, apropiados por marinos o por miembros de otras fuerzas represivas. Las madres posteriormente sufrían el mismo destino que la mayoría de los detenidos-desaparecidos: eran 'trasladadas' en los 'vuelos de la muerte' que se realizaban en forma semanal o quincenal.

En junio de 2000, la Legislatura de la Ciudad de Buenos Aires aprobó por unanimidad la Ley 392 por la que se dispuso revocar la cesión del predio en el cual se encuentra emplazada la Escuela de Mecánica de la Armada y destinar los edificios a la instalación del denominado Museo de la Memoria. El 24 de marzo de 2004, el presidente Néstor Kirchner ordenó desalojar las instituciones militares del lugar y restituirlo a la Ciudad de Buenos Aires, creando la comisión tripartita para que siguiese el cumplimiento de esta misión. El desalojo total del predio se concretó el 30 de septiembre de 2007 y el 20 de noviembre del mismo año se creó un Ente interjurisdiccional conformado por un Directorio integrado por los Organismos de Derechos Humanos; un Consejo Asesor integrado por ex detenidos-desaparecidos de la 'ESMA' y representado también en el Directorio; y un órgano ejecutivo conformado por el Gobierno Nacional, representado por el Archivo Nacional de la Memoria; el de la Ciudad, representado por el Instituto Espacio para la Memoria; y un representante de los Organismos de Derechos Humanos elegido por el Directorio.

Se dispuso que allí funcionara el 'Espacio para la Memoria y para la Promoción y Defensa de los Derechos Humanos'."

Extraído del Instituto Espacio para la Memoria, www.institutomemoria.org.ar

1. ¿Qué es un centro de detención clandestino?
2. ¿Por qué Osvaldo Bayer afirma que se encuentra con Rodolfo Walsh? Investiguen quién fue y por qué está vinculado con el tema de la ESMA.
3. ¿Cuáles son las ideas principales de los textos aquí citados?
4. ¿Qué opinan acerca de convertir un ex centro de detención clandestino en un museo? ¿Qué argumentos a favor y en contra pueden encontrar?

El poscolonialismo

Los estudios poscoloniales proponen una lectura radicalmente diferente de las investigaciones sociales que se realizaron hasta la fecha, explicando que, desde un punto de vista histórico, estos estuvieron condicionados por la influencia de las potencias europeas. A continuación veremos varias perspectivas distintas sobre este tema, que discuten entre sí.

"Oriente no es sólo el vecino inmediato de Europa; es también la región en la cual Europa ha creado sus colonias más grandes, ricas y antiguas; es la fuente de sus civilizaciones y sus lenguas, su contrincante cultural y una de sus imágenes más profundas y repetidas de lo Otro. Además, Oriente ha servido para que Europa (u Occidente) se defina en contraposición a su imagen, su idea, su personalidad y su experiencia. Sin embargo, nada de este Oriente es puramente imaginario. Oriente es una parte integrante de la civilización y de la cultura material europea. El orientalismo expresa y representa, desde un punto de vista cultural e incluso ideológico, esa parte como un modo de discurso que se apoya en unas instituciones, un vocabulario, unas enseñanzas, unas imágenes, unas doctrinas e, incluso, unas burocracias y unos estilos coloniales (...) Así pues, una gran cantidad de escritores –entre ellos, poetas, novelistas, filósofos, políticos, cronologistas y administradores del Imperio– han aceptado esa diferencia básica entre Oriente y Occidente como punto de partida para elaborar teorías, epopeyas, novelas, descripciones sociales e informes políticos relacionados con Oriente, sus gentes, sus costumbres, su 'mentalidad', su destino, etc."

Edward Said, *Orientalismo*, Madrid, Ediciones Libertarias, 1990.

"Las representaciones, las concepciones del mundo y la formación de la subjetividad al interior de esas representaciones fueron elementos fundamentales para el establecimiento del dominio colonial de occidente. Sin la construcción de un imaginario de oriente y occidente, no como lugares geográficos sino como formas de vida y pensamiento capaces de generar subjetividades concretas, cualquier explicación (económica o sociológica) del colonialismo resultaría incompleta. Para Said tales formas de vida y pensamiento no se encuentran, solamente, en el habitus de los actores sociales sino que están ancladas en estructuras objetivas: leyes de Estado, códigos comerciales, planes de estudio en las escuelas, proyectos de investigación científica, reglamentos burocráticos, formas institucionalizadas de consumo cultural. Said piensa que el orientalismo no es sólo un asunto de 'conciencia' (falsa o verdadera) sino la vivencia de una materialidad objetiva."

Santiago Castro Gómez, *La poscolonialidad explicada a los niños*, Popayán,
Editorial Universidad del Cauca-Instituto Pensar, Universidad Javeriana, 2005.

"Claramente, si usted es pobre, negra y mujer está metida en el problema en tres formas. Si, no obstante, esta formulación es trasladada desde el contexto del primer mundo al contexto poscolonial –que no es idéntico al del tercer mundo–, la descripción 'negra' o 'de color' pierde significado persuasivo.

(...) La viuda hindú asciende a la pira del esposo muerto y se inmola a sí misma sobre ella. Este es el sacrificio de la viuda. (La transcripción convencional de la palabra sánscrita para viuda podría ser sati...). El rito no era practicado universalmente y no tenía una fijación de casta o de clase. La abolición de este rito por los británicos ha sido entendido como un caso de 'hombres blancos salvando mujeres cafés de hombres cafés'. Las mujeres blancas (...) no han producido una interpretación alternativa. Contra esto está el argumento indio nativo, una paráfrasis de la nostalgia por los orígenes perdidos: 'Las mujeres realmente deseaban morir'.

Las dos frases hacen un largo trabajo para legitimarse mutuamente. Uno nunca encuentra el testimonio de la voz-conciencia de las mujeres. Tal testimonio no sería ideológicamente-inconsciente o 'plenamente' subjetiva, por supuesto, pero habría constituido los ingredientes para la producción de una contrafrase. Mientras uno va revisando los nombres grotescamente mal transcritos de estas mujeres, las viudas sacrificadas, en los informes de policía incluidos en los registros de la Compañía de las Indias Orientales, uno no puede poner en conjunto una 'voz'. Lo más que uno puede sentir es la inmensa heterogeneidad atravesando tal relación esquelética e ignorante –las castas, por ejemplo, son descritas regularmente como tribus–. Enfrentada a las frases dialécticamente entrelazadas que son construibles tales como 'Hombres blancos están salvando mujeres cafés de hombres cafés' y 'Las mujeres deseaban morir', la mujer intelectual pos-colonial hace una pregunta de simple semiosis, ¿qué significa esto?, y empieza a trazar una historia".

Gayatri Chakravorty Spivak, "¿Puede hablar el subalterno?",
Revista Colombiana de Antropología, Vol. 39, N.° 19, enero-diciembre 2003.

"El futuro de la paz y de la civilización depende de la comprensión y cooperación entre los líderes políticos e intelectuales de las principales civilizaciones del mundo. En el choque de civilizaciones, Europa y los Estados Unidos pueden permanecer asociados o no. En el choque máximo, el verdadero choque a escala planetaria, entre civilización y barbarie, también las grandes civilizaciones del mundo, con sus ricas realizaciones en el ámbito de la religión, el arte, la literatura, la filosofía, la ciencia, la tecnología, la moralidad y la compasión, pueden asociarse o seguir separadas. En la época que está surgiendo, los choques de civilizaciones son la mayor amenaza para la paz mundial, y un orden internacional basado en las civilizaciones es la protección más segura contra la guerra mundial".

Samuel Huntington, *El choque de civilizaciones*, Buenos Aires, Paidós, 1997.

---

1. ¿Cuáles son las ideas de Edward Said acerca de Oriente y Occidente?
2. ¿Cómo se relaciona eso con lo que propone Santiago Castro-Gómez?
3. ¿Quién es el subalterno para Gayatri Chakravorty Spivak? Desarrollen la idea.
4. Expliquen la visión de Samuel Huntington.

1. Elaboren un cuestionario con diez preguntas acerca de la situación política y económica mundial posterior a la caída del Muro de Berlín. Luego cámbienlo con el de otro compañero y resuelvan las preguntas que el otro formuló.

2. Miren diferentes programas de noticias de distintos canales de televisión durante una semana. Respondan luego estas preguntas, ampliándolas.
   a. ¿Qué noticias internacionales son las más importantes?
   b. ¿Se mencionan actos u organizaciones terroristas?
   c. ¿Aparecen comentarios sobre alguna guerra de la actualidad?
   d. ¿Hay información acerca de la cuestión palestina o las fronteras del Estado de Israel?
   e. ¿Qué se puede decir del rol de Estados Unidos en los asuntos globales?

3. Reúnanse en grupos para ver, discutir y analizar la película *La ola*, de Dennis Gansel. Luego respondan y realicen lo siguiente:
   a. ¿De qué año es la película?
   b. ¿De qué país es la productora que financió el filme?
   c. ¿En qué época está ambientada la película?
   d. ¿Cuál es su argumento?
   e. ¿Qué problemáticas aparecen y cómo se resuelven?
   f. ¿Qué harían ustedes si un profesor les propone algo similar en la escuela?
   g. ¿Qué elementos en común encuentran entre lo que se muestra allí y la ideología de ultraderecha?
   h. ¿Qué escenas muestran el nivel de intolerancia de la sociedad?
   i. ¿Qué casos de intolerancia cotidianos pueden mencionar en sus escuelas, barrios y hogares?
   j. Elaboren una lista de problemas sociales que deberían ser tratados en las escuelas.

4. Busquen en los diarios noticias sobre política actual en países de América Latina. Luego respondan:
   a. ¿Cuáles son los conflictos que aparecen en las noticias halladas?
   b. ¿Qué puntos en común hay entre los problemas de un país y los de otro?
   c. ¿Aparecen en las noticias referencias históricas que sirvan para explicar el desarrollo de esas situaciones?
   d. ¿Se mencionan problemáticas sociales?
   e. ¿Hay en la Argentina de hoy problemas similares a los que existen en otros países?
   f. ¿Qué espacio le da ese diario a esa noticia? ¿Es central o secundario?
   g. ¿Cuál es la opinión que el diario busca generar a partir de la redacción del artículo?
   h. ¿Cómo lo hubieran redactado ustedes?

5. Revisen los diarios de la última semana, y a partir de eso contesten las siguientes preguntas:
   a. ¿Cuáles son los temas de debate de la política argentina?
   b. ¿Y los de la economía?
   c. ¿Aparecen menciones sobre los juicios a militares de la última dictadura o sobre las políticas de la memoria?
   d. ¿Se habla de protestas sociales o de los reclamos de algún grupo?
   e. ¿Qué relación tienen con lo estudiado en este libro?
   f. ¿Qué rastreo puede hacerse de las causas históricas de esos problemas?
   g. ¿Cuál es la tendencia del diario? ¿A favor o en contra del Gobierno?
   h. Comparen las perspectivas de distintos periódicos con otros compañeros.
   i. ¿Qué conclusiones se pueden extraer de todo eso?

6. El párrafo que sigue es parte de un artículo publicado por la periodista Adriana Meyer en el diario *Página/12*, el día 11 de abril de 2011, con el título "Situaciones de tortura":

"'Algunos canallas se retiraron con sus valores democráticos y dejaron a este grupo como chivo expiatorio, como pato de la boda o como quieran llamarlo', dijo ayer el represor Adolfo Miguel Donda en el juicio oral que lo juzga por su participación en el centro clandestino que funcionó en la Escuela de Mecánica de la Armada (ESMA). Donda dijo que actuó allí como 'operativo' y cargó contra sus antiguos jefes de la Marina. 'La ESMA era un lugar público, todo el mundo sabía que era un centro clandestino', fue otra de las frases con que sorprendió a los protagonistas del juicio que se les sigue a él y a otros 18 sicarios de la dictadura. Locuaz y detallista, Donda dio precisiones del accionar represivo en ese campo de exterminio e involucró a toda la Armada al describir su estructura, tal como había hecho en su primera declaración. 'Arriba mío había 2500 personas, y yo tengo que estar dando explicaciones acá y todos ellos están libres', dijo al mencionar el organigrama de las fuerzas de tareas, de las cuales dependían los grupos que, a su vez, dirigían las unidades".

Las declaraciones de Donda son muy fuertes, ya que las realizó 25 años después del golpe de 1976. Al respecto, discutan sobre los siguientes puntos:
   a. ¿Cuáles son los argumentos que Donda esgrime?
   b. ¿Qué valor tiene hacer esta declaración en la actualidad?
   c. ¿A quiénes implica? ¿De qué manera?
   d. ¿Cómo creen ustedes que debería actuar la justicia en consecuencia?

Bibliografía

AA.VV, *La situación de los refugiados en el mundo*, ACNUR-Icaria, Barcelona, 2000.

Altamirano, Carlos, *Bajo el signo de las masas (1943-1973)*, Ariel, Buenos Aires, 2001.

Altamirano, Carlos, "Montoneros", en *Punto de vista* N.º 55. Año XIX, Buenos Aires, agosto de 1996.

Amaral, Samuel, "De Perón a Perón", en *Nueva Historia de la Nación Argentina*, Tomo VII. Academia Nacional de la Historia, Planeta, Buenos Aires, 2001.

Amaral, Samuel y Ben Plotkin, Mariano (compiladores), *Perón: del exilio al poder*, EDUNTREF, Buenos Aires, 2004.

Barrancos, Dora, *Mujeres en la sociedad argentina*, Sudamericana, Buenos Aires, 2010.

Bauman, Zygmunt, *Modernidad líquida*, Fondo de Cultura Económica, Buenos Aires, 2000.

Beck, Ulrich y Beck-Gernsheim, Elisabeth, *La individualización*, Paidós, Barcelona, 2001.

Benz, Wolfang y Graml, Hermann, *El siglo XX. II. Europa después de la Segunda Guerra Mundial, 1945-1982*, Tomo I, Siglo XXI, Madrid, 1986.

Bernetti, José Luis y Giardinelli, Mempo, *México: el exilio que hemos vivido*, Universidad Nacional de Quilmes, Bernal, 2003.

Bhabha, Homi (compilador), *Nación y narración*, Siglo XXI, Buenos Aires, 2010.

Boersner, Demetrio, *Relaciones internacionales de América Latina*, Nueva Imagen, México, 1982.

Brennan, James, *El Cordobazo*, Sudamericana, Buenos Aires, 1996.

Carnero, Silvia, "La condición femenina desde el pensamiento de Simone de Beauvoir", en *A Parte Rei, Revista de filosofía*, N.º 40, julio de 2005.

Carta de Warren Ambrose al *New York Times*, Buenos Aires, 30 de julio de 1966.

Castoriadis, Cornelius, *La institución imaginaria de la sociedad*, Tusquets, Buenos Aires, 2007.

Castro-Gómez, Santiago, *La poscolonialidad explicada a los niños*, Editorial Universidad del Cauca-Instituto Pensar, Universidad Javeriana, Popayán, 2005.

Casullo, Nicolás, "La pérdida de lo propio", En *Revista Sociedad*, Facultad de Ciencias Sociales de la UBA, N.º 25, Buenos Aires, 2006.

Claudín, Fernando, *La oposición en el socialismo real*, Siglo XXI, Madrid, 1981.

Corbetta, Piergiorgio, *Metodología y técnicas de investigación social*, McGraw Hill, Madrid, 2003.

Correspondencia Peron-Cooke, Tomo 2, Colección Política de Ediciones Papiro, Buenos Aires, 1972.

Cupull, Adys y González, Froilán, *Cálida presencia. La amistad del Che y Tita Infante a través de sus cartas*, Oriente, Montevideo, 1997.

Devoto, Fernando y Madero, Marta (directores), *Historia de la vida privada en la Argentina*, Tomo III, Taurus, Buenos Aires, 1999.

Diario del Juicio, Perfil, Buenos Aires, 1995.

Documentos sobre la amistad soviético-cubana, Pravda, Moscú, 1963.

Dorfman, Ariel, "Pinochet y los muertos de la historia". En http://www.pagina12.com.ar/2000/00-05/00-05-25/contrata.htm

Fausto, Boris, *Historia concisa de Brasil*, Fondo de Cultura Económica, Buenos Aires, 2003.

Fuentes, Carlos, *Los 68*, Debate, Buenos Aires, 2005.

Fuguet, Alberto y Gómez, Sergio, *Mc Ondo*, Mondadori, Barcelona, 1996.

Furet, François, *El pasado de una ilusión, Ensayo sobre la idea comunista en el siglo XX*, Fondo de Cultura Económica, México, 1996.

Galbraith, John Kenneth, *El nuevo estado industrial*, Ariel, Barcelona, 1967.

Galeano, Eduardo, *El fútbol a sol y sombra*, Siglo XXI, Buenos Aires, 2003.

Gelman, Juan, *Exilio*, La Página, Buenos Aires, 2009.

Gillespie, Richard, *Soldados de Perón*, Grijalbo, Buenos Aires, 1987.

González, J, *Historia del mundo contemporáneo*, Edebe, Barcelona, 2001.

Gordillo, Mónica, *El Cordobazo*, Sudamericana, Buenos Aires, 1996.

Gorz, André, *Adiós al proletariado*, Imago Mundi, Buenos Aires, 1989.

Gorz, André, *Miserias del presente, riqueza de lo posible*, Paidós, Buenos Aires, 1998.

Grimson, Alejandro, *Los límites de la cultura*, Siglo XXI, Buenos Aires, 2011.

Halperín Donghi, Tulio, *Argentina, La democracia de masas*, Paidós, Buenos Aires, 1983.

Heker, Liliana, "Los intelectuales ante la instancia del exilio: militancia y creación", En Sosnowski, Saúl, (Comp.) *Represión y reconstrucción de una cultura: el caso argentino*, Eudeba, Buenos Aires, 1988.

Herberg, Miguel, *El Periodista*, Buenos Aires, La Urraca, Año II, N.º 53, septiembre de 1985.

Hobsbawm, Eric, *Historia del Siglo XX*, Editorial Crítica, Buenos Aires, 2002.

Hourani, Albert, *La historia de los árabes*, Vergara, Buenos Aires, 2003.

Howard, Michael y William, Roger Louis (editores), *Historia Oxford del siglo XX*, Planeta, Barcelona, 1999.

Huguet, Montserrat, "El proceso de las descolonizaciones y los nuevos protagonistas", en Aróstegui, Buchrucker y Saborido (comps.). *El mundo contemporáneo: historia y problemas*, Biblos-Crítica, Barcelona, 2001.

Huntington, Samuel, *El choque de civilizaciones*, Paidós, Buenos Aires, 1997.

Huyssen, Andreas, *Modernismo después de la posmodernidad*, Buenos Aires, Gedisa, 2010.

James, Daniel, *Resistencia e integración*, Siglo XXI, Buenos Aires, 2010.

James, Daniel (director), *Nueva historia argentina*, Tomo IX, Sudamericana, Buenos Aires, 2003.

Jameson, Frederic, *El giro cultural*, Manantial, Buenos Aires, 1999.

Jelin, Elizabeth, *Los trabajos de la memoria*, Siglo XXI, España, 2001.

Kundera, Milan, *El arte de la novela*, Tusquets, Barcelona, 2004.

Laclau, Ernesto, *La razón populista*, Fondo de Cultura Económica, Buenos Aires, 2005.

La cuestión de Palestina y las Naciones Unidas, Departamento de Información Pública de las Naciones Unidas, DIP/2276, Marzo de 2003.

Lanusse, Alejandro Agustín, *Mi testimonio*, Lasserre, Buenos Aires, 1977.

Laplanche y Pontalis, *Diccionario de Psicoanálisis*, Paidós, Barcelona, 1996.

Lobato, Mirta Zaida, "Lo nuevo y lo viejo en la protesta social", en *Entrepasados*, N.º 22, Año XI, 2002.

Luna, Félix, "En memoria de Guido", en *Todo es Historia*, N.º 99, 1975.

Marini, Ruy Mauro, *América Latina, dependencia y globalización, Fundamentos conceptuales Ruy Mauro Marini*, Siglo del Hombre - CLACSO, Bogotá, 2008.

Menchú Tum, Rigoberta, *Hacia una cultura de paz*, Lumen, México, 2002.

Mires, Fernando, *La revolución permanente*, Siglo XXI, México, 1998.

Novaro, Marcos, *Historia de la Argentina 1955-2010*, Siglo XXI, Buenos Aires, 2010.

Ollier, María Matilde, *De la revolución a la democracia*, Siglo XXI, Buenos Aires, 2009.

Palti, Elías José (compilador), *"Giro lingüístico" e historia intelectual*, Universidad Nacional de Quilmes, Bernal, 1998.

Pavlovsly, Eduardo, "El cinismo de la neutralidad", En *Rebeldes y domesticados, Conversaciones con Raquel Ángel*, El Cielo por asalto, Buenos Aires, 1992.

Pereira Castañeda, Juan, *Los orígenes de la Guerra Fría*, Editorial Arco, Madrid, 1997.

Pigna, Felipe, *Lo pasado pensado*, Planeta, Buenos Aires, 2005.

Polit Dueñas, Gabriela, *Cosas de hombres, Escritores y caudillos en la literatura latinoamericana del siglo XX*, Beatriz Viterbo, Rosario, 2008.

Powaski, Ronald, *La guerra Fría, Estados Unidos y la Unión Soviética, 1917-1991*, Crítica, Barcelona, 2000.

Rein, Raanan, *Peronismo, populismo y política: Argentina, 1943-1955*, Editorial de Belgrano, Buenos Aires, 1998.

Rosenstone, Robert, *El pasado en imágenes*, Ariel, Barcelona, 1997.

Russell, Roberto y Samoilovich, Daniel, *El conflicto árabe-israelí*, Editorial de Belgrano, Buenos Aires, 1979.

Said, Edward, *Nuevas crónicas palestinas*, Mondadori, Barcelona, 2002.

Said, Edward, *Orientalismo*, Ediciones Libertarias, Madrid, 1990.

Sarlo, Beatriz, *Tiempo pasado*, Siglo XXI, Buenos Aires, 2005.

Sarlo, Beatriz, *Tiempo presente*, Siglo XXI, Buenos Aires, 2010.

Sartre, Jean Paul, "El existencialismo es un humanismo", Conferencia de 1945.

Schwarzstein, Dora, "Migración, refugio y exilio: categorías, prácticas y representaciones", *Estudios Migratorios Latinoamericanos*, N.º 48, año 16, agosto de 2001.

Servetto, Alicia, *73/76*, Siglo XXI, Buenos Aires, 2010.

Service, Robert, *Historia de Rusia en el siglo XX*, Crítica, Barcelona, 2000.

Sigal, Silvia y Verón, Eliseo, *Perón o muerte*, EUDEBA, Buenos Aires, 2003.

Skidmore, Thomas y Smith, Peter, *Historia Contemporánea de América Latina*, Crítica, Barcelona 1996.

Smulovitz, Catalina, "En busca de la fórmula perdida: Argentina 1955-1966", Documento CEDES/51, Buenos Aires, 1990.

Smulovitz, Catalina, "La eficacia como crítica y utopía: notas sobre la caída de Illia", en *Desarrollo Económico*, v. 33, N.º 131 (octubre-diciembre de 1993).

Spivak, Gayatri Chakravorty, "¿Puede hablar el subalterno? *Revista Colombiana de Antropología*, Vol. 30, N.º 39, enero-diciembre 2003.

Svampa, Maristella, *Página/12*, 2 de diciembre de 2003, Entrevista realizada por Irina Hauser.

Terán, Oscar, *Historia de las ideas en la Argentina*, Siglo XXI, Buenos Aires, 2009.

Vargas, Getúlio, Carta-testamento del 24 de agosto de 1954.

Veiga, Francisco, *La Paz Simulada, 1941-1991*, Alianza, Madrid, 1998.

Vezzetti, Hugo, *Sobre la violencia revolucionaria*, Siglo XXI, Buenos Aires, 2009.

Vitale, Ermanno, *Ius migrandi*, Melusina, España, 2006.

White, Hayden, *El texto histórico como artefacto literario*, Paidós, Barcelona, 2003.

www.elhistoriador.com

Žižek, Slavoj, *La sublime ideología del objeto*, Siglo XXI, Buenos Aires, 2003.

Žižek, Slavoj, *Porque no saben lo que hacen, El goce como un factor político*, Paidós, Buenos Aires, 1998.

Zolo, Danilo, "La cuestión palestina", en *Il Manifesto*, 10 de abril de 2002.

Made in United States
Orlando, FL
14 March 2025

59465010R00115